U0567187

自由与增长

1300～1750 年
欧洲国家与市场的兴起

〔美〕S. R. 爱泼斯坦　著

宋丙涛　译

彭凯翔　校

商务印书馆

2011 年·北京

S. R. Epstein

FREEDOM AND GROWTH

THE RISE OF STATES AND MARKETS

IN EUROPE , 1300 ~ 1750

© 2000 S. R. Epstein

First Published 2000 by Routledge

本书根据劳特利奇出版公司 2000 年版译出

新制度经济学从私人产权
向国家主权的拓展

（译者序）

20世纪90年代,新制度经济学一经引进,就迅速在我国学术界引发了一场革命。然而矫枉必然过正,新制度经济学对产权制度的过分强调,掩盖了政府在经济发展过程可能发挥的积极作用。显然,这样一种学术偏见很可能不利于我国研究水平的提高。因此,进一步拓展视野、全面引进观点互不相同的各类新制度经济学家们的代表性著作,就成为学术界不可忽视的一项基础性工作。

斯特凡·R.爱泼斯坦的《自由与增长》就是这样一本著作。作者在本书中指出,新制度经济学的产权理论本身并不能完全解释近代欧洲经济的兴起,国家主权制度同样是近代经济革命的决定性制度变量。

众所周知,"传统的"新制度经济学体系主要是以罗纳德·科斯、道格拉斯·诺斯和奥利弗·威廉姆森等人的产权理论为基础的制度变迁理论。这个理论认为,清晰界定的产权是市场交易的前提,而对产权的保护则是市场交易得以持续的条件,产权制度确保了对市场主体参与交易的激励。但上述逻辑并没有说明产权制度的变迁是如何发生的,特别是诺斯,虽进行了长期的研究,却一直没有找到合适的分析路径,不得不在意识形态、认知理论与社会秩序等社会学的描述中徘徊。

在新制度经济学发展的进程中,没有多少人理解这个困境的存在。由于生活于发达国家的大多数研究者，都把市场体制视作是理所当然的讨论前提，于是多元化的政治结构与对政府的宪政制约就都成了经济分析的前提，而不是研究的对象。因此，当有人进一步追问，有利于增长的制度是如何产生的问题时，新制度经济学对经济发展历史的解释就遇到了难以逾越的障碍。

国家主权理论研究本来是突破这个困境的一个尝试，但鉴于意识形态竞争的考虑，"传统的"新制度经济学却有意或无意地回避了国家主权理论，并退回到意识形态的争辩中去。

而本书正是爱泼斯坦考察国家主权制度对经济增长影响的一个尝试。他在本书中指出，由于贬低了那些首先在大陆出现的中央集权式主权与统一的司法管辖权的意义，所以新制度学派错误地解读了前现代国家经济增长的制度性原因。爱泼斯坦强调，对现代经济发展的起步来说，主要的制度障碍不是一个，而是两个，即诺斯所说的掠夺性国家对产权的侵犯与囚徒困境带来的协调失败，这两个制度障碍都增加了交易的成本，从而将诺斯开创的制度分析从产权制度推进到国家主权制度的层面。

爱泼斯坦指出，市场本身就是一个公共产品，是政治制度与法律体系的产物。对这个公共产品的供给来说，一个以集权的财政体制为基础的国家主权是十分必要的。相反，中世纪欧洲遗留下来的多元化政治结构导致的政治主权的局限性以及特许垄断权的泛滥，可能会不利于前现代经济的增长，因为这些分散的寻租行为与它们之间的协调困境都会增加市场经济主体的交易成本。由于自治城市与城市共和国的居民们更热心于各种经营垄断权的获取，相反，乡村的贵族与封建的君主为了增加其主权的控制力却比较愿意培育城镇之间与城乡之间的竞争，因此，对市场经济的发展来讲，君主体制很可能比城市共和国更为有利。

　　在"传统的"新制度经济学体系中，以城市资本为代表的市场经济力量与以君主为代表的封建力量的斗争，决定了欧洲经济发展的结果。他们认为，君主的过度财政压力与对强制力的追求导致了市场经济萌芽的夭折，因此，经济增长只能发生在城市实力较强，而君主势力较弱的政治偏远地区的城市共和国内。然而，有证据表明，城市国家在与封建贵族的斗争中往往与君主结盟，而从君主那里拿到的特权最后都将城市特权阶层转化成寻租者，经济特权与政治结构的一致性使这个制度安排固化成一种不利于市场经济竞争的社会结构，因此，城市共和国中的商业繁荣并不能引发改变人类命运的产业革命。

　　对此，爱泼斯坦敏锐地指出，在前现代时期，民主，特别是政治意义上的共和制并不能带来经济增长，产权制度的发展并不会必然带来生产率水平的提高，对经济发展来说，重要的不仅是国家事先约定的权力与规则，而且包括它的管辖权的大小及主权的强弱。真正的制度瓶颈不是合同式规则与宪政制度的缺乏，而是在政治经济领域中不可分割的主权的缺乏。

　　爱泼斯坦认为，强有力的中央集权政府（尽管不必然是专制的）是经济有效率的必要前提，并表现为政府获取收入的能力。在18世纪以前的欧洲，英国是一个政府最为有效的国家，并不是因为英国有更多的个人自由，而是因为英国有统一的中央集权。爱泼斯坦指出，经济发展是封建社会中经济分权（市场经济体系）与政治集权或专制（财政体系）两种力量共同作用的结果，前者表现为市场交易的许可带来的广泛尝试，后者表现为交易成本降低与专业化的发展带来的效率提高，因此，近代国家的形成成为19世纪以前市场扩张与斯密增长的主要推动力。

　　作为一本新经济史与新制度经济学的论著，本书共分八章，前四章是理论分析,后四章是证实前面提出的理论猜想的经济史材料。其中第一章,在对现有的西方世界兴起的理论进行了评价之后作者提出了自己的观点,即除了掠夺型国家之外,国家主权的缺位也是交易成本过高的原因。第二章在区分自由与自由权利、产权和主权的基础上,作者质疑了共和制的经济优势,并用利率对比的数据表明,君主制在资本市场发展方面并不劣于共和制。通过对中世纪以来欧洲长期经济史的考察,在第三章中,爱泼斯坦质疑了中世纪危机的性质,特别是对技术决定论进行了反驳,从而强调了制度的作用。作为一个国家推动制度变迁的例子,第四章分析了整个欧洲区域性市集的产生过程。与传统的新制度经济学家不同,爱泼斯坦认为市场制度的发展不是取决于城市共和国的自治带来的权力分散,恰恰来自于君主集权的努力对城市司法管辖权的制约。从第五章开始,作者选择意大利的三个地区性国家进行分析,从政治制度差异的角度讨论了大都市产生、市场一体化以及中世纪后期原工业化发展差异的原因。

在书中,作者指出了城市共和国或城市主权的政治结构,对市场制度的形成与自我演化扩张的不利影响,强调了国家主权与公共产品供给结构在经济发展中的决定性影响。或许正如他自己所说,本书没有提供新的观点,只是提供了意大利各地区之间的对比这样一个新的材料证据。但刚刚在清华大学结束的亚洲经济史国际研讨会的多篇论文表明,作者所开创的用制度经济学的分析方法来研究国家主权在经济发展中作用的学说已经产生了积极的影响。

作为长期从事财政学研究的译者来说,对新经济史与新制度经济学的热爱始终只能算是一个业余爱好,因此向作者自荐翻译此书,似乎既是莽撞之举,又有不自量力之嫌。特别是在翻译刚开了一个头，本书作者就突然因病去世，更使得本书的翻译工作雪上加霜，但本书的学术价值与吸引力、各位学术界前辈与朋友的鼓励与帮助促使译者欲罢而不能。

在这些前辈与朋友中特别需要感谢的是我在厦门大学做博士后研究的导师张馨教授的推荐与鼓励、商务印书馆张胜纪老师的信任与鞭策、中国社科院张宇燕老师与河南大学彭凯翔教授的鼓励与支持，此外，作者生前好友伦敦经济学院的马德斌博士、乌德勒支大学马尔腾·普拉克教授、作者的生前女友丽塔·阿斯图蒂在作者去世后对译者的诸多疑难问题提供了耐心的解答，厦门大学的留学生叶丽莎·巴伦蒂对部分意大利语及相关事件的背景知识提供了帮助，而我的几位学生余雷、夏宏、朱文旭、李敬、罗珊珊等同学帮助查阅了大量的人名地名，在此一并致谢。但翻译中的纰漏与错误肯定仍然难以避免，所有这些均由译者负责，并请各位读者不吝指正。

自由与增长

在讨论欧洲前现代经济的增长时，个人自由与国家的作用正在受到越来越多的关注。本书对不同类型的"自由权利"——比如极权主义的、议会的和共和制的自由权利——是否带来了不同的经济结果进行了分析，并揭示了不同政治体制对经济长期发展的影响。

在 S. R. 爱泼斯坦的创新性研究方法中，政治体制是被当作为促进共同利益而进行经济合作的途径来予以考察的。他认为，市场就是一个以合作为基础的公共产品，而合作的实现需要强制。《自由与增长》一书表明，1300 ~ 1750 年间，集权国家兴起的最重要的经济结果是它们使协调的竞争性市场的增长成为可能，而不是它们确保了个人的自由。中世纪晚期"危机"、一体化的谷物市场、城市级层等特定案例的研究以及欧洲市集网络体系利用的研究都表明，国家在克服政治分权带来的市场失败方面起到了工具性的作用，而危机本身则成了欧洲政治经济一体化方面的一个分水岭。

本书讨论了欧洲史研究中两个主要的有争议的话题——并且更为重要的是，还发现了它们之间的联系：其中一个是有关政治体制对经济增长的影响；一个是有关中世纪晚期社会经济的"危机"。作者从一个全新的视角分析了前工业化增长与差异的原因，并从一个全新的角度对从封建主义向资本主义经济的转型过程进行了讨论。

S. R. 爱泼斯坦是伦敦政治经济学院经济史高级讲师①
(Reader)。他以前发表的著作有《一个自在的岛国：中世纪晚期
西西里的经济发展与社会变迁》(*An Island for Itself：Economic De-*
velopment and Social Change in Late Medieval Sicily)(1992)，编辑的
著作有《欧洲的城镇与乡村，1300 ~ 1750》(*Town and Country in*
Europe，1300 ~ 1750)(2000)，与他人合编的著作有《行会、经济与
社会》(*Guilds，Economy and Society*)(1998)。

由伦敦政治经济学院与劳特利奇(Routledge)共同授权出版
的著作都是由伦敦政治经济学院出版委员会批准的拥有非常高学
术价值的作品。这些作品是从大量的社会科学学术研究中挑选出
来，而在这些领域，伦敦政治经济学院一直拥有良好的国际声誉。

---

① 在 2007 年年初作者去世时，他已是伦敦经济学院的教授、经济史系主任。本
书是作者的成名作，出版后第二年就获得了 1999 ~ 2001 年经济史学会(EHA)为表彰欧
洲经济史研究中最杰出的学术著作而设立的最负盛名的兰基奖(Ranki Prize)。——译
者

目　　录

插 图 目 录

表 格 目 录

感　谢　语

　　我对本书所讨论的问题感兴趣，最早是从我在意大利上大学时开始的，因此，意大利的许多朋友与同事给我的帮助可以追溯到很久以前。在那些指导我熟练运用图书馆、现代档案文件与前现代意大利制度材料时给我提供了建议、给我提供了他们自己的研究成果的朋友与同事当中，我要特别感谢犹利亚娜·阿尔比尼，马尔科·贝拉巴尔巴，卢恰诺·博诺米（为他那个使用起来特别方便的关于1427年佛罗伦萨城郊税的处理程序），马里斯特拉·博蒂奇尼（是他最早让我知道了这个程序），劳拉·德·安格利斯，路易莎·基亚帕·莫里，乔治·基托里尼，纳迪亚·科维尼，洛伦佐·法布里，佛朗哥·弗兰切斯基，弗兰卡·莱佛罗蒂，伊戈尔·米内奥，奥雷塔·穆齐，塞利纳·佩罗尔，卢恰诺·佩佐洛，马里奥·里索和安德烈亚·索尔西。我尤其要感谢佛罗伦萨国家档案馆的桑德拉·孔蒂尼、弗兰切斯卡·克莱因和伊雷妮·斯通波几位博士，他们如此欣然地同意了我的查阅请求。同时我还从丽塔·阿斯图蒂，维姆·布洛克曼，马克·布恩，布鲁切·坎贝尔，比尔·戴，詹姆斯·加洛韦，理查德·戈德斯韦德，彼得·霍佩布鲁维斯，德雷克·基恩，迈尔·科恩，马林安妮·科瓦莱夫斯基，帕特里克·奥布莱恩，尼克·庞德，马尔滕·普拉克，彼得·斯塔贝尔，詹姆斯·汤姆森，埃里克·托恩，理查德·昂格尔和克里斯·维克姆提供的信息与评论中受益匪浅。我还要特别感谢伦敦政治经济学院绘图设计部的米娜·摩西克丽为我制作了精准的地图。我当然要衷心感谢下面各个基金为本项目提供的各种支持：它们是摩利棉花研究基金（the Molly Cotton Research Fund），英国科学院，纽菲尔德研究基金以及三得利和丰田国际中心为伦敦政治经济学院经济学及相关学科提供的资助。本书的许多观点来自于我给伦敦经济学院研究生开设的课堂，我要对他们所有人在课堂上的积极反馈表示共同的感谢。像往常一样，我要感谢费南达和卡洛·阿斯图蒂，他们把自己的私人空间贡献出来供我堆放档案资料和其他材料，而丽塔和肖恩则一直是我耐心的听众。

S. R. 爱泼斯坦

缩 略 语

ACPc Piacenza, Archivio comunale 皮亚琴察社区档案

AFL Arezzo, Archivio della Fraternita dei Laici 阿雷佐世俗兄弟会档案

ASAr Arezzo, Archivio di Stato 国家档案阿雷佐卷

ASCBs Brescia, Archivio storico comunale 布雷西亚社区历史档案

Asco Como, Archivio di Stato 国家档案科莫卷

ASCr Cremona, Archivio di Stato 国家档案克雷莫纳卷

ASFi Florence, Archivio di Stato 国家档案佛罗伦萨卷

AL Arte della lana 羊毛工业行会

ARLS Arte dei rigattieri, linaioli e sarti 亚麻工业、裁缝与商业

CCPM Camera del Comune, Provveditori e massari, Entrata e uscita 市供应、食品与外贸局

CRS Corporazioni religiose soppresse dal Governo francese 法国政府查禁的宗教协会

DAC Dogana di Firenze, Dogana antica e campioni (sec. XIV -1808) 佛罗伦萨海关, 古代海关博物馆

PR Provvisioni registri 供应登记簿

SRD Statuti, riforme, ordini e tariffe della dogana 法规、改

革、法令与海关关税条例

ASMi	Milan, Archivio di Stato	国家档案米兰卷
ASPc	Piacenza, Archivio di Stato	国家档案皮亚琴察卷
ASPi	Pisa, Archivio di Stato	国家档案比萨卷
ASPt	Pistoia, Archivio di Stato	国家档案皮斯托亚卷
BA	Milan, Biblioteca Ambrosiana	米兰安布罗夏纳图书馆藏书
BCBg	Bergamo, Biblioteca civica A. Mai A.	贝加莫 A. 马伊市民图书馆藏书
BCPv	Pavia, Biblioteca comunale	帕维亚社区图书馆藏书
BCV	Volterra, Biblioteca comunale	沃尔泰拉社区图书馆藏书
BT	Milan, Biblioteca Trivulziana	米兰特里武尔齐亚纳图书馆藏书
ECA	Milan, Archivio della Istituzioni pubbliche di assistenza e beneficenza (ex - E. C. A.)	米兰公众慈善救助制度档案

第一章　引　言

国家和市场

当事情肯定会发生时,时间上的阴差阳错总是难以避免的。

奈恩(Nairn)　1997:16

经济史有三大叙述主题:从自给自足经济向市场经济(或市 1
场一体化)的转型,技术或生产力的发展,以及在一个以农业为
主的社会里制造业的扩展。而其中的核心问题是:为什么过去
的增长是如此的缓慢并时有间断?为什么在历史的演变过程
中,社会结构的差异会带来如此不同的经济绩效?本书通过对
中世纪后期到现代早期欧洲——简称前现代欧洲[①]——市场兴
起过程和市场一体化结果的考察,来对历史上曾经出现过的增长
进行解释。

直到最近,大多数的史学工作者仍然觉得这些问题是没有意

[①] "前现代"这个术语没有规范的深层含义,只是用来指 1200 ~ 1800 年这段时期。

义的。关于前现代社会,广为流行的李嘉图-马尔萨斯的观点是极
其悲观的。[①] 由于技术的停滞以及农民缺乏控制人口的意识,前
现代的经济增长从概念上讲就是自相矛盾的。那时,报酬递减是
不可避免的,供不应求也是一个必然的经常现象。从流行的与**年
鉴学派**(*Annales*)有关的历史学家的观点来看,费尔南德·布罗代
尔(Fernand Braudel)的**长时段**(*longue durée*)已经在概念上成为可
与埃马纽埃尔·勒华拉杜里(Emmanuel Le Roy Ladurie)的**历史的
停滞**(*histoire immobile*)相互换的术语了。其中前者认为日常生活
几乎是一成不变的,后者则是指人口过剩与农业内卷带来的"马
尔萨斯循环"的永久轮回。理论的简洁性、与众多已知事实的吻
合性以及它对 19 世纪浪漫主义信仰的迎合,都使得新马尔萨斯主
义模型颇受欢迎,这些浪漫主义者认为农民的思想是极为保守的、
是"反资本主义"的。但是该模型的简洁性也正是其跛脚的主要
原因,因为它既不能说明在这样一个保守的经济和社会里,18 世
纪末到 19 世纪初的现代化是如何出现的,也不能解释不同的国家
和地区的经济绩效为什么会互不相同。

对这些缺点的批评在 20 世纪 70 年代达到了高潮,当时有
四篇著名的文献问世,这些文献对欧洲资本主义和世界经济霸
权的兴起给出了新的解释。在这些解释中,每一项研究都把自
己的注意力集中在决定经济增长和经济发展的某一个因素之
上。以农村工业的中心地位为基础,富兰克林·门德尔斯
(Franklin Mendels,1972)构建了一个关于社会、文化与人口现代
化的完整理论体系,伊曼纽尔·沃勒斯坦(Immanuel Wallerstein,
1974)采纳并发展了布罗代尔强调长距离贸易重要性的观点,罗

---

① 清晰详尽的阐述见格兰瑟姆(Grantham,1999)。

伯特·布伦纳(Robert Brenner,1976)则强调了阶级斗争和土地产权的重要性,道格拉斯·诺斯(诺斯和托马斯,1973)关注的则是交易成本和国家。

由门德尔斯,克里特(Kriedte),梅迪克(Medick)和施伦博姆(Schlumbohm)共同发展的原工业化理论是四个理论中最复杂、但也是最为清晰的一个。该理论与马克思主义的区别在于它强调财产和资源所有权的变化是一个缓慢的、长期的累积性变化过程,而不是一个剧烈的明争暗斗过程;它和新古典增长模型的区别之处在于它强调供给方面人口的变化,而不是技术或价格以及收入效应的影响。原工业化理论指出,17世纪中叶以后农村工业的扩散改变了农村劳动力的激励结构,这个变化把农民引入他们先前所极力逃避的市场,把农民从有限的土地供给所造成的、限制了家庭规模的传统束缚中解脱出来;该变化还削弱了"传统的"、封建的城市制度,特别是那些技术守旧、不利于工业发展的手工业行会,创造了一批被剥夺了(生产资料)的劳动力——即未来的工业无产阶级的前身,它也为工厂提供了工业发展所必需的资本积累。

这些理论对未来进行的清晰预测使得对它的检验相对容易。经过25年来不断精准化发展的研究的验证,最初的理论中能够经得起检验而仍然成立的观点已经所剩无几了。现在,大家都很清楚,原工业化并不总是和结婚年龄的下降与出生率的上升相联系,因为有人在没有原工业化的地区也发现了类似的人口统计结果;原工业化并没有引起城市手工业行会的衰落,因为后者雇用的熟练劳动力是原工业所缺乏的;并且最为重要的是,原工业作为现代工业的先驱其实只是一种巧合。另一方面,原工业化是前现代的、市场导向或斯密式增长的主要推动力之一的观点也已经得到了大家的认可。通过在最需要劳动力的谷物和葡萄酒收获时为它们提供雇佣劳动力的储备，原工业吸纳了土地上的剩余劳动力，它以廉价的纺织品和金属制品供应着前机器时代的经济，并刺激了地区间生活品和消费品贸易的发展。但是，原工业并没有从根本上改变前现代经济的结构，而且原工业化理论也未能对下面的问题给出逻辑一致的解释，即当商业或其他条件改变时，它如何能够引发现代工业的诞生？或许，支持这个印象的最强有力的证据是如下的事实：17～18世纪的原工业其实只是兴起于1347～1350年的黑死病之后的专业化进程的持续；此外，原工业对"传统的"、以手工工艺为基础的城市工业技术和劳动力市场外溢性的强烈依赖，是对其革命性特点进行质疑的另一个深层原因。我将在本书第六章讨论这两点。

　　沃勒斯坦认为，在1500年左右，欧洲出现了一个"资本主义的世界体系"，该理论假定欧洲和它的海外殖民地都是一个不可分割的经济体系的组成部分。在这个经济体系中，它的"中心"、"次外围"、"外围"之间拥有复杂的劳动分工关系，并且来自海外贸易的利润决定了欧洲大陆经济发展的轨迹。这篇文献引发了两个实证分析方面的反对。第一个是由奥布赖恩（O'Brien）提出的，他认为18世纪的海外贸易量尽管已经比16世纪大很多，但其总量仍然太小，因而不会对英国和欧洲大陆的经济产生太大的影响。[①]第二个反对来自中世纪和现代早期市场一体化（第三、第七章）进程的证据，该证据表明前现代时期最主要的贸易对象——小麦——的全国市场在18世纪后期之前的大多数地方，都还没有得到发展，并且欧洲和大西洋市场一体化的进程仅仅出现在火车和

---

　　① 奥布赖恩，1982。

汽船引进之后的 19 世纪。① 因此,断定在 1500 年左右已经有一个统一的以国家为单位进行专业化分工的"世界体系"犯了一个在时间上差了近 300 年的时代错误。

1976 年,在一篇原创性的特别关注所谓的"中世纪晚期危机"(一段大约从 1300 年持续到 1475 年的人口锐减、经济、社会、政治动荡的历史时期)经济影响的文献里,布伦纳提出了一个很难检验的观点:这场危机是由农民和贵族之间的分配冲突(阶级斗争)引起的。然后他指出,土地的财产所有权是决定不同国家之间在危机形式与后果方面互不相同的真正原因,对市场活动和技术革新来说,该产权形成了一个几乎无法突破的严重障碍,并因此导向了迥然不同的增长路径。② 沿着马克·布洛赫(Marc Bloch)、莫里斯·多布(Maurice Dobb)和巴林顿·穆尔爵士(Barrington Moore Jr.)的研究思路,布伦纳指出,1200 年到 1800 年间的欧洲农业既具有"封建主义"经济的特征,又具有"资本主义"经济的性质。③ 在封建主义条件下,农民拥有生产工具,在食物上自给自足,并迫于军事和法律上的强制而将一部分剩余产品交给封建贵族(包括国家和教堂)。当封建贵族通过鼓励人口增长、土地上集约劳动的增加、战争和掠夺为自己增加收入时,农民没有创新的激励或为市场而进行专业化生产的动力,因为创新和专业化生产都要冒很大的风险。于是,土地的封建产权制度就产生了一个再分配与反市场性质的反激励。相反,只有在资本主义的农业经济中,被迫在

---

①　见帕尔森(Persson),1999;切夫特(Chevet),1996;费德里克(Federico),1999。全国性的市场在英国出现得较早一些,很可能是在 17 世纪后半叶,见库斯莫尔(Kussmaul),1990;沙特尔(Chartres),1995。

②　布伦纳(1976;1982;1997)。

③　见布洛赫(Bloch),1970;多布(Dobb),1946;巴林顿·穆尔(Barrington Moore),1966。

市场上进行生产性竞争的佃户和雇佣劳动者才会取代农民。然而,只有英国才出现了资本主义农业,因为只有英国将农民从土地上驱逐出来了;而在欧洲的其他地方,农民仍被牢牢地束缚在土地上,封建产权仍然在起作用。无论这个观点是否为前现代欧洲农业的发展提供了一个准确的解释,但以新马尔萨斯的悲观主义和产权决定论为基础,布伦纳似乎为英国农业和欧洲大陆农业迥异的增长率之谜提供了解释。① 同时,它也为广泛流传的如下信念提供了理论依据:直到中世纪结束时,"市场在(欧洲大陆的)经济体系中仍不起关键作用;决定着社会经济发展轨迹的仍然是其他的制度"。②

实际上在封建社会中,对经济变迁的任何解释来说,市场关系的性质都是至关重要的,并且正是因为这个原因,布伦纳的理论才未能令人信服。首先,布伦纳认为,在封建社会中,农民能够抵制市场压力的原因是他们在食物上是自给自足的。③ 但事实是,在13世纪晚期的英格兰超过半数的农民已经没有足够的土地来维持生活,他们被迫从制造、贸易和其他的雇佣劳动报酬中去寻求额外的收入。并且由于欧洲大陆的城市化、市场化和专业化水平至少和英格兰一样、甚至更为发达,④因此欧洲大陆上"自给自足"农民的比例也不可能会比英格兰高到哪里去。第二,布伦纳认为从技术上讲农民的创新意识要低于地主的创新意识,但是第三章中讨论的证据却再次得出了相反的结论。第三,他认为农业展示出

---

① 在这个问题上,布伦纳的观点受到普遍的质疑;见阿斯顿和菲尔品(Aston and Philpin,1985)对布伦纳的实证重构方面的大量批判。

② 波拉尼(Polanyi),1944,第55页。

③ 注意:只有当自给自足能减少与为市场生产相比的收入的波动性时,才能提高农民的福利。见第71页。

④ 见第三章,第71页注①。

来的规模经济要求农民将其拥有的小片农田合并；然而，并没有多
少实证的证据支持这一点。① 第四，他预言，将农民从土地上驱逐
出来将会大幅提高农业劳动生产率。然而，在意大利，尽管农奴制
度早在 1300 年实际上已被废除，农民社团力量也很弱，并且"中产
阶级"所有权非常流行——换句话说，那里的农民被从土地产权
中"驱逐"出来要远早于英格兰——但 1500 年之后那里的劳动生
产率就一直停滞不前。② 对现代发展中国家的实证研究也证实了
前现代意大利的例子所隐含的结论：土地所有权结构和农业合同
的选择并不直接决定农业生产的绩效。③

　　布伦纳的解释深受其"产权浪漫主义"狭隘形式与"类型学的
本质主义"的综合之害。其中，前者认为土地产权结构决定了市
场的存在和技术变迁的路径，而后者则仅仅用一个被认为代表了
本质属性的特征（土地产权）来定义封建经济。布伦纳的问题在
于他将封建产权——即对收入流的控制权力——极其狭隘地定义
为土地产权，这就把贵族拥有的可以对交易（生产和贸易）过程收
取租金的"超经济"权力④排除了，从而导致了他的模型不能对变
迁作出内生性解释，并且也使他无法解释市场实际上是如何从封
建社会内部产生出来的。更为重要的是，布伦纳不仅没有讨论在

---

　　① 见加森和希尔（Gasson and Hill，1984）、霍夫曼（Hoffman，1996）、奥弗顿（Overton，1996，第 127，205 页）、格兰瑟姆（1997b）、艾伦（1999）。

　　② 爱泼斯坦，1998b。

　　③ 见大冢等（Otsuka et al.，1992）、福斯特和罗森茨魏希（Foster and Rosenzweig，1995）、希夫和蒙特内格罗（Schiff and Montenegrol，1997）、博蒂奇尼（Botticini，1998）和本章第 6 页注释①。

　　④ 即类似国家主权的公共经济强制权力，实际上是供给公共产品的报酬，但因外部性特征而采取了主权强制的手段。这个强制性权力的形式变化是国家产生、市场产生等制度变迁的基础，因此，爱泼斯坦认为布伦纳对这个权力的忽视导致了其模型无法解释制度变迁与市场的产生。——译者

封建条件下市场是如何出现的,而且也没有讨论在资本主义条件下市场是如何出现的。他只是假定,在农民被驱逐、新的土地产权出现之后,资本主义的市场就自然而然地出现了。[①] 事实上,这些问题都是可以通过辨析交易权或租税权在封建经济内生变迁中的决定性作用来予以解答的,这些将留到第三章再讨论。

道格拉斯·诺斯和新制度经济学的理论,曾被修改并用来解释制度僵化和寻租行为,该理论不仅和古典的马克思主义惊人地相似,而且为制度变迁提供了一个似乎更为可信的解释模型。[②] 通过重点研究有关资源配置与限制个人选择的、正式的社会规则和交换关系,新制度经济学提出了一个将马克思的技术制度决定论和新古典的市场配置功能论相结合的理论。新制度经济学的假说——只要产权受到保护,正式的市场就会产生;当交易成本(代理问题)下降时,市场就会发展——纠正了布伦纳、沃勒斯坦和门德尔斯共同持有的将封建制度和竞争性市场割裂开来的错误,从而使在非资本主义世界里市场的存在和市场的性质成为一个能被实证评估的问题,而不仅仅是一个被演绎出来的思维抽象,同时该理论还为市场的历史性增长进行跨时空对比提供了一个方法。[③] 最后但也并非不重要的一点是,在他们的经济增长和经济发展理

---

① 在布伦纳的简洁明白的陈述中,英格兰能够摆脱封建主义是因为,和其他地方不同,这个中央集权程度很高的国家在中世纪后支持封建贵族驱逐农民。然而,他并没有解释为何在1350年的封建危机到17世纪完全向农业资本主义制度转变之间有300年的时间间隔(布伦纳,1982,1997)。布伦纳暗示,资本主义制度出现在英格兰是历史的偶然。对于一个自称是马克思主义者的学者来说,这是一个奇怪的观点,因为马克思主义区别于与它相对立的社会科学解释的主要特征就是它的技术决定论(柯亨(Cohen),1978)。布伦纳的观点更接近于早期的"产权学派"(阿尔钦与德姆塞茨1973)。

② 诺斯,1981和1990;德罗柏克与奈(Droback and Nye),1997。

③ 对封建制度的经济定义,见本书第73~77页。

论中,国家从一个边缘角色跃升成为一个核心的角色。

不过新制度经济学的雄心与研究范围限制了它在解释过去的宏观经济绩效方面的有用性,结果产生了四个特别难以解决的问题。第一,尽管交易成本既可以用来解释经济上的失败,也可以用来解释经济上的成功;但为了避免陷入循环论证,我们首先需要一个制度变迁理论,然而迄今为止的新制度学派却还没有提供这样一个理论。第二,在一个还没有统计概念的社会里,交易成本是很难度量的,从而使一个不能被测量的量被赋予错误的因果关系的可能性大大提高了。第三,经济上有效的政治制度安排究竟应该是个什么样子事先并不清楚。例如,一个经常用来为民主政治辩护的理由是,在某一时点上是次优的制度在长期中却可能是更为有效的;同样,一个强权国家会更容易克服寻租活动的说法和一个弱小国家更难以让寻租者的贪欲得逞的说法似乎同样是有道理的。第四,也是最为重要的一点,新制度经济学一直将次优或无效率制度的存在归因于国家政策,更确切地说是归结为本性为"掠夺者"的统治者的行为,因为这样的统治者通过最大化自己来源于臣民的收入削弱了财产权,进而削弱了对投资、贸易的激励。因此,正如玛格丽特·利瓦伊(Margaret Levi)所指出的那样,新制度经济学假定"规则是由统治者制定的。换句话说,统治者往往凌驾于制度之上,并且该制度决定并执行政策和法规,而这些政策与法规又影响现有的政体和国家在提供公共产品方面的行为"。①

尽管本书要讨论不同政治制度效果的测量和对比,但我关于前现代国家和它们的经济结果的观点却和新制度经济学家的观点大不相同。新制度学派倒置了19世纪在欧洲大陆上首先实现的

---

① 利瓦伊(Levi),1988,第2页。

主权集中与司法权统一的进程，因此，他们误解了前现代国家的本质特征。现代国家与前现代国家的一个基本区别是前现代国家的成员资格并不具有普适性的事实，更确切地说，成员权利的大小是根据其法定身份和被赋予的特权或"自由权利"的多少来进行区分的。这个基本区别有着重要的经济含义。因为缺乏中央集权的、作为主权的司法权，前现代的政体根本无法和现代的联邦制相比。在现代联邦制中，"司法间的竞争，使公民可以厘清自己的需求类型并为自己的偏好选择一份特别的当地公共品服务的清单"，并且和前现代的"邦联"国家不同，联邦制通过一个中央集权的主权权力机关发挥作用，这一权力机关将所有低于它的司法管辖权组合在一起并协调它们的运作。[①] 由于应用了一个时代错误的国家模型，新制度学派误解了前现代经济绩效的主要制度原因。

尽管门德尔斯、沃勒斯坦、布伦纳和诺斯都一致认为，对经济的增长来说，制度——不论是土地产权制度、市场结构，还是国家的权力——都是至关重要的，但他们的解释要么未能通过实证检验，要么还没有得到实证检验。当沃勒斯坦和诺斯将19、20世纪的条件放到前现代时期去考察时，原工业和土地产权，这两个门德尔斯和布伦纳认为是独立的增长原因却变成了因变量。本书的目的，就是要探究以前这些关于前现代经济增长的解释中漏掉了什么，即通过对市场历史、制度条件的分析以及通过一种新度量标准——市场一体化——的应用来评估政治制度的相对经济效率。

本书的研究建立在如下三个前提假设之上。第一，在相当大的程度上，前现代增长是"斯密式的"增长，是由需求增长拉动的，

---

① 见基安（Quian）与维格斯特（Weingast），1997，第83页。也见维格斯特（1993，1995），该文献明确地把18世纪的英格兰作为前联邦制的模型。

需求的增长降低了交易成本(由于商业服务中的规模经济),从而增加了创新带来的潜在收益。第二,创新主要来自于在实践中对原有的未开发技术的更好的采纳,来自于技术边界循序渐进的外移,而不是来自于重要的技术突破。第三,从原则上讲,对市场规模的制度性束缚主要有两个:一个是新制度经济学所说的掠夺式国家使私人产权更不安全;另一个是协调失败和囚徒困境的存在使交易成本上升。

在第二章中,我们将讨论第一个束缚。我们将讨论对个人自由和商人自由的保护及其增加是否是前现代增长的动力,这些自由往往以反抗国家专制权力为目的,并且还要探讨是否不同种类的政体——极权主义、议会政治和城市共和政体——会产生互不相同的经济后果。事实上,我们的研究表明,不仅国家掠夺的证据要么是否定的,要么是非结论性的,而且研究还发现,前现代经济增长的主要政治制度障碍反而是国家在执行一个统一的、没有歧视的财政和法律制度方面的无能。司法权的支离破碎和法律许可的垄断,这些大多数早期现代国家从它们过去的中世纪政体中继承下来的遗产增加了谈判、执行和课税的成本,是寻租行为和高交易成本的主要原因。因此,实际上是对主权的限制而不是对主权的滥用阻碍了竞争性市场的兴起。

在本书的研究中,我们把政治体制视为一种为了共同利益而加强合作的手段来进行检验。这样一个观点源于以下简单的观察:市场是一种以合作为基础的公共或集体产品,而合作却并非是免费的。适应新的技术和需求模式的制度的重新设计需要涉及许多不同的、环环相扣的因素;对这些相互依存的因素来说,不从根本上变革所有其他因素,就很难替换掉它们中间的任何一个。由于集体代理问题的存在,在集权型社会中进行制度变革的成本将会低于在权力分散——将权力分散在各个不同的社会角色、利益集团与司法权主体中间——的社会中进行制度变革的成本。在提供包括国防、法律和秩序、保护产权安全在内的公共品方面，一个联合起来的垄断者，比如国家，肯定会比那些分权的多个垄断者的提供更为有效，因为后者会出现多重协调失败（一个会导致共同受损的制度安排仍会继续存在的原因是没有人愿意改变它，并且他们也不允许别人来改变它）和囚徒困境（在这样的制度安排中，理性人不会维护共同规则的约定，因为违反规则才是他们的短期利益所在）问题。①

为了克服协调失败和建立竞争性市场，就像诺斯主张的那样，需要改变约束性的"游戏规则"。而改变这些规则一般需要一个外部代理人，这个代理人能够推动变革并且（当出现囚徒困境时）执行游戏的新规则。然而，由于新规则的执行会导致建议提出者源于旧规则的收入流遭受损失，市场失灵在损失者没有得到补偿时是很少能得到解决的。政治体制不同，补偿的多少或补偿成本——以及因此产生的改变规则的可能性——也互不相同。从某种程度上讲，制度激励决定了一个社会经济增长的机会，因此，克服分配冲突和解决反复出现的协

---

① 对公共品提供问题的经典论述是奥尔森（Olson, 1965）。博弈论认为，即使可以从合作中受益，当两个参与者的（即总是优先选择的）主导策略都是"利己"行为与相互"背叛"时，囚徒困境就产生了。这种结果可以归因于缺乏关于另一个参与者的行动信息，也可以归因于以合作中的短期回报为前提的决策程序，当然，最常见的是归结于相互关联的双方在一致行动方面缺乏外在的强制执行能力。尽管囚徒困境的解决办法涉及一些对个人行动的集权强制，但它对于将选择哪种制度来说并不是决定性的。当缺乏另一方行动的信息时，非重复博弈或最后的相互影响能够被预见以及大量的相互关联人的参与将会使囚徒困境更容易产生。而且，由于导致背叛的是个人的自私心，囚徒困境的解决方法并不稳定，因此，解决办法通常都是需要一个中央权威来执行。

调失灵的能力将成为决定经济绩效差异的最重要的因素。[1]
于是,经济绩效为什么有差异这个问题事实上就转化为前现代
市场是怎样产生的这样一个问题。

我刚刚概括的观点可以引申出两个明显的预测:第一,
国家主权的不同将会在国内贸易正式或非正式的障碍中反
映出来——通行费、关税、支离破碎的度量衡、法律的垄断和
财政的特权等诸如此类的问题——这些差异依次决定了增长
率的不同和福利水平的差异。第三章会将这一假说应用于
中世纪晚期的危机解释,从而说明14、15世纪得到强化的中
央政治集权是怎样降低创立新制度和修改产权的制度变迁
成本的,并进一步解释这个集权过程是如何引起一种制度上
的"创造性破坏"的,因为正是这个破坏将欧洲经济推升到一
个更高的增长路径上去。

第二,该观点预言,不同制度束的影响是至关重要的,以
至于他们解决协调失败问题的程度会有所差异,并最终产生
不同的经济均衡水平,[2]这个问题将在第四～七章中予以探
讨。在第四章,作为一个国家推动制度变迁的例子,我将分
析整个欧洲区域性市集的产生过程,在这个例子中制度变迁
将协调失灵和囚徒困境问题糅合在了一起;其中协调失灵是

---

① 与基于集体(阶级)行为的理论相比,由个人行为引起的协调失灵,为经
济上无效的制度的存续提供了一个微观水平上更为合理的解释,尽管这一解释没
有说明协调失灵是由流行的宏观制度结构引起的,而这一宏观结构是结构性阶级
分析的对象。阿瑟毛戈鲁与齐利波蒂(Acemoglu and Zilibotti, 1997)(书末参考资
料中误为1996。——译者)与格兰瑟姆(1999)也强调了协调失灵对于前现代增
长的重要性,但却没有讨论怎样克服它们。

② 在经济术语中,当其他人维持他们的行为不变时,如果没有人能够通过
改变行为而持续获得收益,均衡就出现了。它是用于强化参与者特定行为的反
馈过程的结果,因此是自我强化。

由市集之间必要的内在联系引起的,而囚徒困境则源于乡镇和城市的寻租活动。在第五~七章,我以意大利的区域为例,检验了当地的制度安排是怎样在一个区域的层面影响发展进程的。在第五章,我研究了城市增长的区域模式,解释为什么前现代的意大利是唯一产生了几个竞争性的大城市,而不是产生一个处于支配地位的大都市的欧洲主要国家,并讨论它的经济后果。第六章,我分析意大利黑死病后原工业区的产生,探讨为什么原工业并不是均衡地分布于伦巴第平原上,并讨论原工业是怎样成功地从国家行为和技术外部性中受益的。在第七章,我讨论市场化政策和市场一体化,并研究城市谷物供给竞争体系中产生的囚徒困境在黑死病后是怎样被克服的,同时,也表明从一个制度均衡向另一个均衡移动时,协调问题是怎样使成本增加的。

选择意大利作为样本来对先前提出的关于黑死病与国家形成后果的假说进行检验,从某种程度上讲是有问题的。因为对生活水平的评估表明,尽管该国的大部分地区的生活水平在黑死病后很快达到了一个顶峰,但随后就是1500年之后的一段长时期的经济停滞;在这一方面,意大利有着很多其他中世纪增长极——南部低地国家——都有的相同点。但在这段时期里,相对贫穷的国家,比如英格兰则经历了快速的增长,这使它赶上了欧洲中世纪晚期比较发达的地区。英格兰和托斯卡纳的人均GNP的比较是可以说明一些问题的。英格兰人均GNP在1300年**左右**为0.78英镑,在1470年**左右**增长到1.52英镑,到1561年则增至1.63英镑;而托斯卡纳人均GNP在1460~1470年**左右**为2.86英镑(高于英格兰88%),但在1560年则仅为2.11英镑,显示出一个26%

的绝对下降以及与英格兰相比 60% 的相对下降。① 尽管托斯卡纳的发展并不能代表整个意大利半岛在黑死病后的典型发展趋势——一些意大利不太发达的地区也经历了一段经济上追赶上像托斯卡纳那样发达的地区的时期——但城市化的总量指标和地区数据表明,在地区间趋同的 1350～1500 年之后,在整个半岛的大部分地区都出现了经济停滞。②

　　因此,选择像前现代意大利那样相对并不活跃的经济体来研究国家结构的经济影响看起来似乎是一个奇怪的选择,但是,该国明显的区域层面上的制度多样性却为我们所追求的比较方法提供了一个理想的检验地。第二章的一个结论是,以国家实体为基础的制度模型其实是一个误导,因为,一方面早期"国家的"宪制结构还不会对"基层的"产权有太大的影响;另一方面,在 18 世纪后期以前,在欧洲大部分地区,真正起作用的政治和行政结构主要是那些在区域层面上运行的政治组织。因此,对试图将较为宽泛的宪制模式和经济绩效联系起来的人来说,当然会存在一些潜在的麻烦。但在意大利,比较大的领土国家的政治界线和它们的区域

11

---

① 关于英格兰的(经过去通胀处理后的)估计来自梅休(Mayhew 1995:244);关于托斯卡纳 1460～1470 年左右的数据来自罗斯科(Roscoe,1862,第 1,2 卷,附录 XI,注释 78,第 78～80 页),并由鲁滕堡(Rutenburg,1988)进行了总结(原始数据是以弗罗林为单位)。关于托斯卡纳 1560 年左右的数据,我引自范登布洛科的文献(Vandenbroeke,1998,第 363～364 页),并将它从佛兰芒盾转换为英国先令。英国国家统计数据中的总量指标当然也隐藏了相当大的地区差异;然而,英国中世纪后期的区域经济并没有显示出像意大利那样的相同的趋同的迹象(斯科菲尔德(Schofield),1974)。托斯卡纳的经济很可能在 1460 年前就达到了顶峰;公布的人均房地产价值在 1480 年的资本化程度为 7%,比 1427 年低 13.6%(数据来自莫尔霍(Molho,1994a,第 363 页)以及我自己的计算)。

② 见克雷格与费希尔(Craig and Fisher,2000)所作的新的评估:表 6.2,该评估表明意大利在 1500～1750 年的增长率一直处于欧洲各国的底部。

经济相吻合的事实却使得判断政治影响较为容易。①

除了第二章在反对辉格党的历史政治经济学方法②时所进行的是一般性论述之外,本书关注的主要是 1300～1550 年这段"危机"时期;我认为,这段时期标志着工业革命前欧洲经济一体化发展中的一个根本突破点。其实,这一观点并不新颖——尽管不是由原工业化的理论倡导者提出的,但沃勒斯坦、布伦纳、诺斯等早就提出了这一观点——然而,他们的讨论更多的是武断的结论而没有提供令人满意的证明和证据,本书将为这一问题提出更为有力的证据。通过关注中世纪后期的危机,本书旨在将如下两个问题融合在一起:即从封建制度向资本主义制度的转型和前现代国家的发展型(developmental)③角色的讨论,直到目前为止这两个问题的争论似乎仍然是风马牛不相及的。

---

① 在前现代经济区域问题上的最新著述综述见普拉克(Prak,1995)、波拉德(Pollard,1997)和斯科特(Scott,1997)。

② 18 世纪英国辉格党人所奉行的研究方法,他们认为人类的历史是文化与政治进步的历史,而英格兰是这个进步的典范。——译者

③ 在本书中,作者试图强调国家在经济发展中的积极作用,该积极作用是发展经济学在 1980 年代以后因东亚崛起的奇迹而发现的新观点,见约翰逊(Johnson,1982)、怀特(White,1988)。——译者

第二章　自由、自由权利[①]与增长

自由与增长

近年来,认为摆脱独裁的政府统治,是前现代经济增长主要的 12
制度条件的观点再次变得时尚起来。1688 年,英国的光荣革命确
定下来的天赋自由、议会宪政与普通法的独特组合,以及城市共和
国与荷兰联省共和国所享有的自由权利似乎成了它们在经济上取
得成功的最根本原因。拥有议会与共和政体的国家的经验被拿来
与像法国、西班牙这样一些大陆独裁政体国家的教训进行比较;他
们认为,这些国家的横征暴敛、再分配型的经济政策与统治者独断
专行的任性,导致了政治上的压制与经济上的停滞。在对辉格党
学派的英国历史所作的最新附会中,根据其含义,英美式的法律与
宪政体制被认定为是一个经济上最优的政治制度模型。[②]

---

① 原文是"Freedom,Freedoms",在本章中,前者指绝对的人和人之间无差异的抽
象的政治自由,后者指人和人之间有差异的、与社会地位相关的、具体的经济自由权利
或特权(相对于君主或领主的自由权利与相对于下层的特权),因为这些实实在在的有
经济收益的权利往往是由一张张特许权证书提供的,因而是可数的。——译者

② 在这些方面的一些含蓄的论述见诺斯和托马斯(1973)、琼斯(Jones,1981)、盖
尔纳(Gellner,1988)。同样还可以见霍尔(Hall,1985,第 5 章)、奥尔森(1982)、卡梅伦
(Cameron,1989)、利瓦伊(1988)、曼(Mann,1989)、兰德斯(Landes,1997)。关于用类
似的口吻进行的宪政历史的讨论见卡内基姆(Caenegem,1995)。

　　然而,这些关于制度性障碍将会影响经济绩效的观点所赖以
建立的一些假设前提却是颇成问题的。首先,有的假设认为,不同
的政治体制或宪政结构会允许个人享有不同形式的自由,并引致
不同的个人行为模式,比如"个人主义"或"诚信";而这些行为会
产生不同的激励模式与经济增长速度。① 尽管这些观点似乎很有
道理,但无论是用历史的资料,还是使用当代的数据进行实证检
验,其结果都表明,政治体制与经济绩效之间并不存在确定的因果
关系;之所以如此,在很大程度上是因为我们不仅缺乏一个关于个
人如何对社会与制度准则或"意识形态"作出反应的理论,而且也
缺乏一个如何将个人的反应加总成我们通常称之为"文化"的集
体信念与预期的模型。②

　　第二个有问题的假设是关于前现代国家的性质的。由于产权
不清晰确实会削弱贸易与投资的积极性,所以,关于经济增长需要
产权保护的观点一般来说是没有争议的。现代的辉格党学派承认
国家是新制度与产权的主要供给者与执行者,并且承认国家能够
帮助减少贸易与交易成本。然而,容易引起争议的是,他们同时也
声称,影响市场发展的主要的决定性因素就是现任统治者的收入
最大化的愿望。换句话说,他们假定,任何可能出现的产权保护的
失败都主要是**国家**行为的结果,因此**统治者**单方面改变产权状况
的能力构成了增长最为严重的制度性威胁。解决这个经济发展中

（左侧页码）13

---

　　① 见麦克法兰(Macfarlane,1987)、甘贝塔(Gambetta,1988)和诺斯(1995)。在这
里,发展被狭隘地定义为人均收入的增长。从广义的和普通的福利(比如基本的公民
自豪感与政治自由)测量相结合的角度看,按照定义,一个(有限的、有条件的)民主将
会比非民主政体对发展来说更为有利。然而,由于这样一个现代民主自由在前工业化
时期并不是显而易见的,因此,问题的真相自然而然就被忽视了。

　　② 关于当代增长的宪政基础的文献综述与评价见豪登纽斯(Hadenius,1992)、谢
尔曼(Siermann,1998)。

的两难困境①的建议,是国家主权必须事先承诺将会尊重产权与
"游戏规则",但问题是当政者只有在政治体制——即议会的或共
和的政体——强迫他们这样做时才会做出上述承诺。简而言之,
除了1688年之后的英格兰和少数其他几个欧洲国家外,前现代的
经济增长为何如此零星少见与难以持续的主要原因,就是限制独
裁统治的共和制度与议会制度的缺乏。②

上述认为前现代政治的核心内涵就是如何约束国家的掠夺性
行为的观点存在两个问题:一个是关于19世纪以前国家主权性质
的、特别是关于欧洲"极权主义"(absolutism)国家性质的问题;另
一个是关于前现代议会与共和性质的问题。上述观点都有一个假
设前提,这个假设在比较强的意义上是讲前现代的统治者都有随
意改变产权现状的权力,而在较弱的意义上是指前现代统治者拥
有完全的、未被瓜分的主权以及拥有全面的对其臣民的终极权威。
由于这些权力确实是极权主义者及其敌人极力追求的核心诉求,
因此,作出这样的假设并非毫无道理;但该假设却与几十年来学者
对前现代时期政治实践所进行的研究得到的结果大相径庭,这些
研究结果表明,"极权主义"在很大程度上只是一个宣传工具,而
不是一个确确实实存在过的历史事实。③

---

① 原文"Catch22"意为第22条军规,即存在着内在矛盾的规则。——译者

② 以宏观与微观形式上的新制度经济学的理性选择假设为基础,掠夺性国家的
理论首先出现在布伦南与布坎南(Brennan and Buchanan,1980)财政宪法的分析中,另
外还可见诺斯(1981,第3章)、利瓦伊(1988,第5章)、巴泽尔(Barzel,1989)、埃格森
(Eggertsson,1990)。关于该理论的历史内涵,见诺斯和托马斯(1973,第8、10章)、诺斯
和维格斯特(1989)、奥尔森(1991)、诺斯(1995)、罗森塔尔(Rosenthal,1998)。

③ 本文作者对极权主义与国家的看法主要来源于对欧洲、特别是对西欧的讨
论,这在英文文献中具有一定的普遍性,但他的结论应用于全球视野时有一定偏差。
换句话说,在前现代欧洲没有极权主义国家的历史并不意味着在人类的文明历史上从
未存在过极权主义国家。——译者

14   除了英格兰——"一个由古老的、强有力的君主进行统治
的"、拥有非凡的中央集权的国家——之外，无论是所谓的极
权主义政体，还是所谓的共和制政体，（欧洲）①国家在 18 世纪
晚期之前、有些国家是在 19 世纪之前，都并未拥有完全的司法
管辖方面的主权。② 这些早期的政治与法律基础以及极权主
义的扩张在社会的各个角落都遇到了强有力的挑战，这些挑战
来自封建领主、市镇委员会、法团实体与宗教组织等。这些挑
战者的许多特权、利益与传统习惯——即他们的**自由权**（*liber-
ties*）和**自由权利**（*freedoms*）——在中世纪晚期君主制民族国家
出现的过程中，始终没有受到太大的触动而得以保留下来。作
为一种不受任何形式约束的统治方法，极权主义主要表现为当
代政治思想家理论构想的产物，③这种构想是对支离破碎的主
权在实践中遇到的问题，以及制度上的分权给统治者的合法性
带来的挑战的一种反应。

       中世纪中晚期④（High Middle Age）以来欧洲领土国家在
兴起的过程中所显现出来的系统的、循序渐进的发展轨迹表
明，大多数现代早期的国家主权是由统治权、传统习惯与一大
堆混杂的相互竞争的管辖权拼凑而成的。这些竞争性的管辖

---

       ①　"欧洲"为译者所加，欧美学者、特别是持"欧洲中心论"的学者在提到政
治体制时总将欧洲的模式视为基本的通用模式，不承认欧洲近现代以前有成熟的
国家政治存在，因此，在讨论国家政治体制的演变时提到国家，自然就是指欧洲国
家，往往不加限定词。但关于极权主义国家，不仅中东、南亚与东亚早就有比较成
熟的政治结构，而且统治者往往拥有完全的司法主权。因此，本句的结论不能推
广至所有的极权主义国家，必须仅限于欧洲的极权主义国家，甚至仅限于西欧的
极权主义国家，以下对国家或政治制度的讨论都同此限定。——译者
       ②　引述来自卡内基姆（1995，第 78 页）。
       ③　见上页注③对极权主义的讨论。——译者
       ④　指公元 1000 年到 1350 年间这一段时期。——译者

权给了地方社区以相当大的讨价还价的空间,有时甚至赋予它
们以**实际上**独立的财政与司法权。因此,地方和区域的代表性
组织(**议会**、土地贵族代表、市镇委员会及诸如此类的组织)能
够对君主的司法管辖权的合法性提出挑战,而行政管理的复杂
性以及城市寡头与封建领主的协调一致行动又不断给全国范
围内的法律标准化进程制造了难以克服的障碍。① 何况,一个
君主在理论上追求极权统治的迫切性往往与他**在实际中**拥有
的权力成反比。② 极权主义理论与实践之间的这个矛盾导致
了当代人普遍在极权主义(absolutism)与暴政专制(despotism)
的语义之间作出了明确的区分:前者是这样一种宪政安排,其
中宪法赋予的自由权利受到尊重与维护;而后者则是这样一种
政治体制,其中自由权利没有受到尊重与保护。③

  如果我们把主权定义为给定领土上的一束"公共"或集体
产权,那么,前现代(欧洲)政治制度的一个最明显的特征就
是:大多数极权主义国家并**没有**清晰地定义并执行它们在税收
方面的公共产权。如果用国家财政权力的三个标准——评估
的权力、遵守的程度与课征的效率——来评判,大多数前现代
(欧洲)国家都不符合主权国家的现代定义。由于同样的原 15
因,前现代国家也不能轻而易举地在它的臣民中执行没有争议
的私人产权,尽管如我们将要看到的那样,一个非常奇怪的事

---

  ① 在这里,我们先不区分来自有效决策的效率与来自建立激励结构的效
率,其中后者促进了资源的有效配置。在后面的论述中我们将作出这种区分。

  ② 尽管没有用这里的术语去考察法国极权主义的制度性锁定,但最近对18
世纪法国的分析仍暗含了一个类似的结论。见鲁特(Root,1989)、罗森塔尔
(1992)。

  ③ 见凯利(Kelley,1981,第314~322页)、布莱克(Black,1984,第11章)。

实是,英国的君主与他的欧洲同行相比更为接近上述标准。① 因此,在 19 世纪以前,一个可以检验的"极权主义"制度无效的原因,实际上主要是导致了多重协调失败的司法管辖权的支离破碎,而不是统治者的独裁专制。

认为前现代议会是财产与个人民事权利受到保护的最重要措施的观点,同样是以上述错误的前提假设为基础的。这个前提假设认为,前现代国家必然拥有完整的国家主权,并能把民事权利应用于领土内所有的居民。前现代社会的人们并没有用 19 世纪以后的自由主义者的概念来定义自由,即自由是指法律面前人人平等以及每个人都有免于被国家侵犯的自由思想与行动的权利;相反,前现代社会的人们是用"特权、豁免权或因命令与特许而拥有的权力"等显赫的社会地位与不平等的关系来定义自由的。② 前现代社会的经济自由并不是"法律与市场机会面前人人平等"这样一个抽象的原则,而是对合法特权及其产生的收入流进行认定与追索的权利。因此,前现代社会使用复数形式的表示具体(权利)的**自由权利**(*freedoms*)一词,而不使用单数形式的表示抽象(意志)的**自由**(*freedom*)一词。正是这些维持着前现代社会不同阶层——贵族和资产阶级、市民和农民、行会会员与流动的小贩——之间地位差异的同样的法律特权维持着前现代社会中封建

---

① 在卡斯蒂利亚并没有这样一个"财政极权主义"(汤普森(Thompson),1994b,第 182 页),这一点很容易被扩展到现代早期的法国(柯林斯(Collins),1988;邦尼(Bonney),1981)。关于近年来有关极权主义问题的文献综述见米勒(Miller,1990)、格林格拉斯(GreenGrass,1991)和亨歇尔(Henshall,1992);同样还可见里歇(Richet,1973)、萨林斯(Sahlins,1989)、埃利奥特(Elliott,1992)、纳德(Nader,1990)、汤普森(1994a)、博森加(Bossenga,1997)。英国的"财政极权主义"随后再讨论。

② 见《牛津英语辞典》第 1 版,第 7 节自由(s. v. Liberty §7);最早在这个意义上使用"自由"一词的是 1380 年的威克利夫(Wyclif)。

的、城镇的、社区的和法团的权利,使他们能够拥有不同的法庭、追求自己的财政特权、维持工业垄断,并排斥我们在后面的章节中将要讨论的竞争性市场。前现代社会中这些具体的"自由权利"并不是现代自由主义理论中那个与生俱来的宪法权利与不可分割的公共产品。它们是一个社会中暂时规定的、有条件的、经常是可以合法转让的特权与赦免权的源泉。当抽象的自由强调可以共享的公民权概念时,前现代社会具体的自由权利却对国家的不可分割的终极主权提出了挑战。①

由于政治权利与经济权利的定义有差异,前现代的欧洲人是用根本不同于他们的当代同胞们的思维来考虑具体的自由权利的。恰如现代国家主权原则上的不可分割性一样,前现代(欧洲)国家的主权是支离破碎,并可以讨价还价的。颇为自相矛盾的一点是,前现代社会是用个人的与当地的特权来定义具体的自由权利的事实,其实意味着拥有征税权威,并希望建立一个单一的、统一的司法管辖权的中央议会,实际上会威胁到整个社会的法律、政治与经济上的自由权利。因此,顺理成章的结论就是,拥有一个支离破碎的国家主权的社会,其经济无效的主要原因就是国家的、有时是议会的权力在扩张至相互竞争的司法管辖权之上时所受到的限制。②

本章将对辉格党学派关于前现代国家性质与欧洲经济增长原

---

①　作为特权的自由权利的概念同样是对现代自由进行理解的关键,见爱泼斯坦(1995b)。

②　在现代早期的卡斯蒂利亚,哈布斯堡王朝曾试图建立一套更为公平、更为有效的财政体制,但遭到了这些城市以及他们在议会中的代表们的抵制,因为这些人害怕丢掉自己的特权与豁免权。当议会决定支持国王的改革尝试时,这些城市拒绝合作并进行阻挠。因此,西班牙的"极权主义"税收是其治理特权的主要法宝,而那些法团组织则是主要的阻碍力量(汤普森,1994b)。

因的观点的实证基础进行检验。下面我们首先讨论宪政结构对产
权的影响，即对经济增长制度性条件的影响。而在"共和制与增
长"中，我们将讨论一个由城市精英寡头统治的更为"民主的"宪
政共和国是否比一个由单个君主统治的宪政共和国更能激励投资
与创新。事实上，既不是强有力的议会的出现、也不是它的缺乏或
城市中强有力的代议制基础的缺乏，决定了它们在经济绩效方面
的差异。相反，真正起决定作用的是国家主权的范围，以及政治权
力与经济权力相互隔离的程度。

君主制与增长

最近，诺斯与维格斯特（Weingast）用最为清晰无误的证据表
明，是 1688 年的光荣革命给 18 世纪的英国带来了经济发展的战
略优势，这些优势将英国推入了工业化的发展轨道。在讨论光荣
革命带来的经济利益时，他们的考量是以下面将要简单综述的观
点为基础的。[1] 在 17 世纪早期，当传统的收入来源，甚至包括变
卖王室土地的收入也不再能满足斯图亚特王朝的国王们日益增长
的资金需要时，试图课征税收的努力却使他们与议会发生了冲突。
詹姆斯一世与查理一世都采取了典型的"极权主义"行为，即在没
有获得"下议院"同意的情况下就课征了新税，并越来越多地依靠
强制性借款（这些借款，即使能够偿还，也总会被延期）、垄断性权
利和贵族特许权、粮食管制权（通过管制将粮价压低至市场价格
以下）等特权以及其他随意性的巧取豪夺的方法来筹集收入。斯

---

[1] 见诺斯和维格斯特（1989）和维格斯特（1997）。

图亚特王朝的君主们之所以能够这样做是因为他们同时拥有立法、司法与行政执行的权力,并拥有比所有的单个势力都要强大的军事力量。议会在约束王权方面的无能使国王可以违背以前约定 17 的政治契约,并没收征用贷款人和其他臣民的财产与收入。因此,在 1644～1646 年间的第一次内战期间,这些受到盘剥的臣民们曾纷纷奋起反抗以保护他们自己的个人自由、权利与财产的安全;但只有在议会确立了对税收的主权、获得了对政府收支进行审计的权力、钳制了国王的特权,并建立了真正独立的法律程序之后,英国人才通过 1689 年的权利宣言在全国范围内真正实现了对财产权利的保护。

诺斯与温格斯特认为,宪政的确立奠定了经济自由的基础;产权保护激励了投资与经济增长,并进而推动英国实力持续上升,使之最终在 18 世纪拥有了大国的地位。诺斯与温格斯特在 1688 年之后英国的资本与国债市场的发展中找到了这些制度变迁的证据。他们强调,由于国王不再能随意地规定借款期限,不再能随意拖欠借款,而议会又控制了征税权,因此,国王借款的信用得到了极大的改善;于是,借款利率急剧下降,并且国债规模在对外战争的刺激下迅速膨胀。到 1720 年公债规模已经超过 1688 年的 50 倍,而同期的名义利率则下降了一半多,从 10% 降至 4%。在发行这些国债的过程中,英国政府避免了通货膨胀的陷阱,并且国家的金融活动还刺激了私人资本市场的兴起。英国在 18 世纪战争中表现出来的实力是英国新体制在制度上与经济上获得成功的一个明证。[1]

---

[1] 然而,这个推论是没有根据的,因为我们没有理由假定军事实力是经济实力的函数(麦克尼尔(McNeill),1954;吉尔平(Gilpin),1981)。

以此为基础,诺斯和温格斯特强调,宪政制度中议会角色的差异导致了激励结构的根本性差异,并在一些没有明确的进一步的假设基础上主张,这些差异决定了经济增长长期绩效的差异。在这些隐含的假设中,他们首先假定政府公债的利率能够精确地反映私人部门中产权受到保护的程度;其次,他们假定,没有按照英国方式发展出议会制度的极权主义国家必然深受统治者的政治与金融掠夺之害。

可以比较的产权安全程度能够帮助我们定义投资的相对风险。如果像他们所怀疑的英国 1688 年之前或其他极权主义政体中曾经存在的情况那样,专制统治者可以随意地侵犯产权,那么,投资者就会要求更高的投资回报来弥补资本损失可能带来的风险。由于私人产权风险方面重要的制度性改进应该带来资本预期回报率、即所谓的应计利率或推算利率(the imputed rate of interest)的相应下降,因此,我们就可以期待,英国光荣革命后更好的制度保护将会引起**私人资本回报率**的急剧下降。

然而,这样的变化趋势事实上并没有发生,私人的回报率仍在18 沿着 14 世纪就开始的变化趋势向前发展。① 主要的资本投入回报率、土地的回报率与 1350 到 1837 年间英国的政治或宪政发展之间并没有明显的相关性。"在英国,对私人产权的保护至少早在 1600 年就存在了,甚至还可能会更早。但对大多数投资者来说,1688 年发生的政治事件并没有什么特殊的经济含义,对这里讨论的问题而言,甚至可以说在 1600 至 1688 年间根本没有发生任何特别有意义的事件。"②

---

① 见第 91 页(图 3.1)。
② 见克拉克(Clark,1996,第 565 页)。

同样,如果诺斯与温格斯特关于 1688 年之后的英国经济比它的极权主义邻国享有更为稳定的制度环境的观点是正确的话,那么,这个事实也应该在它们的利率比较中反映出来。幸运的是,我们可以很容易地对这个观点进行验证,因为大陆国家中也包含少数几个引人注目且很有影响的共和制国家。从原则上讲,共和制国家应该比君主制国家在金融与政治方面更为可靠,因为共和制国家将统治权与征税权都授予了集体组织(collective institutions),因此,它将受到公众更为谨慎的审查。于是当英国的名义利率在短短的几十年内从 10% 降到 4% 时,共和制国家就应该像光荣革命后的英国君主那样拥有一个类似的优势,从而比那些非议会的君主制国家支付更低的利率。换句话说,诺斯与温格斯特对 17 世纪英国制度变迁的描述同样应该适用于专制独裁政体向更为负责任的共和宪制政体的变迁。① 作为这种变迁最为明显的例子,荷兰在 1570 年代从哈布斯堡王朝统治下的君主制向以城市为基础的联邦共和制的变迁带来了同样关键的金融利益了吗? 极权主义国家支付的利率能够揭示哪些有关他们的金融可信度的信息呢? 如何用这些事实和英国 1688 年前后的历史相比较呢?

根据其宪政制度的差异,表 2.1 分类列出了各个欧洲国家 1350 至 1750 年间支付的利率,将这些数据绘在图上就制成图 2.1。除了 1688 年前的英格兰因缺乏长期债务是一个明显的例外之外,其他的数据都是政府的长期借款利率,因为长期利率比短期

---

① 就我所知,约翰·希克斯(John Hicks)是第一个将 1695 年之后的英国政府支付的利率下降与 1689 年的"宪政"带来的变化联系起来的学者,他注意到是宪政赋予英国君主以"共和国的长期信用"(希克斯,1969,第 94 页)。然而他认为不同政体的利率之间差异的原因是他们的可持续性:君主政体比共和政体更不稳定。

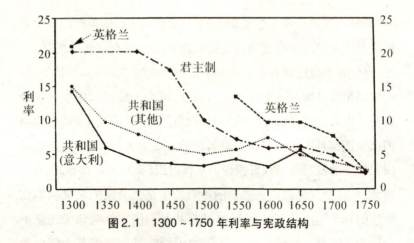

图 2.1 1300~1750 年利率与宪政结构

19 利率更为准确地反映了借款者的金融与制度可信度。① 当在君主制政体和共和制政体之间,以及在英国和大陆国家之间进行对比时,我们可以看到两个主要的特征:第一,不出所料,大多数城市共和国都比君主制国家支付了较低的息票利率;在 15 世纪后期至 17 世纪后期或 18 世纪的这一时期中,欧洲的君主制国家无法享受佛罗伦萨所支付的2.25%~3.25%、威尼斯所支付的 4%~5% 的低利率。然而,作为第二个特征,这里还有一个不能忽视的、同

---

① 长期利率既反映了国家财政的可置换性(预期收入的贴现值是否等于预期开支的现值),也反映了贷款者对未来收入流安全性的预期。注意表 2.1 中的所有数据都是用来支付票面价值的名义利率或者息票利率,而不是短期市场利率,这些短期利率往往要高很多。尽管名义利率并不能准确地反映利率水平,但它们必然是贷款者认定的比较合理的水平因此可以反映长期的趋势。认为国家可以随意设定利率的观点是没有根据的,原因将在下面解释;尽管前现代时期的君主们与共和国政府都经常采用强制性的手段向他们的富裕精英们借款,但在有巨大的空间与可能的条件下,却没有人反对这样的借款表明实际利率并非不可接受。由于我们在这里讨论的是相对的水平,而不是绝对的水平,我们就忽略了通货膨胀的影响。除了 16 世纪下半叶有可能是一个例外之外,对我们所考察的这一段时期的大多数期间而言,这种忽略是合情合理的。无论如何,通货膨胀率反映了一个国家对相对购买力平价的偏离,我们希望这里进行的长期考察能够弥补这个缺陷。

样重要的差异,由于拥有金融与行政管理上最好的专家,有些国家
支付了最低的利率。佛罗伦萨人的银行管理技巧与超前的时间观
念 解释了为什么尽管威尼斯的政治更稳定、经济更发达,但在15

表2.1　1270~1750 年欧洲公债的名义利率*

城市和城市共和国			
	时间	利率	资料来源
锡耶纳	1290~1320	15~30(ST)	4:附录13
	1325~1340	10~20(ST)	”
	1342~1354	5~10(ST)	”
佛罗伦萨	1347~1382	5	28
	1392	3.33	”
	1395	5	”
	1410	3.75	”
	1444~1450	3.375	”
	1471~1475	3.25	”
	1480	3	”
	1493	2.25	”
热那亚	1303~1340	6~12	19:98
	1347~1395	8~10	28
	1410	7	”
	1450	4	”
	1522~1549	4.37	7a
	1550~1599	4.33	”
	1600~1620	2.23	”
	1725~1785	3~3.4	12:22
维琴察	1274	36	7;239~253
	1281	25	”
	1287~1304	15~25	”
	1305	10	”

（续表）

城市和城市共和国

	时间	利率	资料来源
威尼斯	1285～1326	8～12	22:37,54
	1340～1530	4～5	22:86,93;26
	1521	5	26:738
	1531～1536	6	27:296
	1537～1540	7.5～8	″
	1541～1545	6	″
	1545～1555	4～5	″
	1560～1593	3	27:296;25:178
	1600	4	20:334
	1616～1625	5	27:296
	1645～1665	5～7	″
	1672～1680	2～3	″
	1725～1665	1.8～1.9	12:22
	1785	1.4	12:22
科隆	1351～1370	10(ST)	13:547
	1370～1392	5～5.5	″
	1450～1474	3～4	″
多特蒙德	14世纪后期	11～12.33(ST)	13:532
美因茨	1400～1430	3～4	13:532
	1430年代	5	″
	1444	10(ST)	″
纽伦堡	1377～1427	10(ST)	13:548
	1427	4～5	″
	1540～1550	5	17:117
	1561	6	″
	1565	5	″

（续表）

城市和城市共和国			
	时间	利率	资料来源
萨克森	1496 ~ 1497	5	13：523
瑞士	18 世纪	3 ~ 4	21：536
巴塞尔	1394 ~ 1402	6. 67	13：550
	1402 ~	5 ~ 5. 5	”
	1424 ~ 1428	10（ST）	”
日内瓦	1538	5	2：119
	1557	6. 67 ~ 7	”
	1572	8. 33	”
	1613	8	”
	1648	6. 67	”
	1668	5 ~ 6. 67	”
	1681	5	”
苏黎世	14 世纪中期	10	13：551
	1386 ~ 1415	9 ~ 16. 67（ST）	”
	1404	5	”
	1415 ~	10 ~ 11（ST）	”
布鲁日	1299	14 ~ 16（ST）	13：538
韦尔维耶	1678 ~ 1679	6 +	15：59
（列日）	1746 ~ 1748	3	”
尼德兰	13 世纪后期	12. 5（ST）	13：532
	”	10	”
	15 世纪早期	8 ~ 10（ST）	”
	”	6. 25 ~ 6. 67	”
联合省	1572	8. 33	17：118

（续表）

城市和城市共和国

	时间	利率	资料来源
	1599	8.3	34:123~124
	1606	7.15	"
	1608	6.25	"
	1640	5	"
	1655	4	"
	1660~1672	3.75~4	17:118
	1672~1700	3~3.75	"
	1709~1713	4~4.5	11:474
	1724~1725	3~4	"
	1740	3.5~4	"
	1750~1752	2.5~4.5	"
君主制			
丹麦	18 世纪	4~5	21:536
法国	1415~1417	25	13:483
	1438~1451	15~20	13:488
	1522~1543	8.33	17:117
	1594~1601	8.33	3:19
	1600~1610	3.5~4.3	8:73
	1630 年代	4~5	8:86
	1656~1661	14.5	3:318
	1661~1669	5.5~7	8:47
	1679	5~5.875	17:131
	1698~1699	5	14:227
	1717~1718	4	35:379
	1719	3	"
	1735	5	17:170
	1749	5	"
哈布斯堡的奥地利	1555~1579	5~10	16:74

（续表）

城市和城市共和国			
	时间	利率	资料来源
	1580～1594	5～8	"
	17 世纪后期	5～6	21：532
	1700～1740	5～6	21：536
	1760～1780	3～4	"
哈布斯堡的卡斯蒂利亚	1504	10	30：14
	1515	6.7	23：49
	1526	9	30：14
	1540	7.5	"
	1545～1550	6.25	"
	1557～1575	5.7～7.6	23：49
	1584～1598	5.8	23：49；30：14
	1623	5	23：49
	1667	7	"
哈布斯堡的低地国家	1500	8～12	17：118
	1515～1543	6.25	33：62
	1552～1565	9.8	33：94
哈布斯堡的米兰	1598	7	9：344
	1602～1614	5.25	9：73
	1637	5	10：330
	1655～1658	7	9：73～76
	1659～1661	2～4.5	9：81～86
	1706～1730	4	9：108
	1725	3.3	12：22
	1745～1785	2.6～2.9	"
哈布斯堡的那不勒斯	1520～1529	8.3～10	5：143～145
	1530～1538	9.7～11.7	"
	1540～1546	8.7～10.5	"
	1550～1559	8～9.4	"

（续表）

城市和城市共和国

	时间	利率	资料来源
	1560 ~ 1575	8. 8 ~ 9. 3	"
	1580 ~ 1598	6. 8 ~ 8	"
	1663 ~ 1700	7	27:313
	1785	3. 2	12:22
神圣罗马帝国	1312 ~ 1313	15 ~ 26. 67(ST)	13:512
荷兰（省）	1320	20(ST)	13:499
皮德蒙特	1680 年代	5	31:662
	1725	0. 3	12:22
	1745	1. 2	"
	1765 ~ 1785	1. 8 ~ 1. 9	"
教皇国家:博洛尼亚	1555 ~ 1595	7. 01	6:131 ~ 132
	1575	7. 01	"
	1595	7. 03	"
	1625	7. 04	"
	1655	6. 18	"
教皇国家:罗马	1560 年代	7	27:296 ~ 297
	16 世纪后期	6 ~ 8	29:467
	17 世纪早期	6	26:740
	1656	4	27:296 ~ 297
	1686	3	29:466
	1725 ~ 1785	1. 7 ~ 1. 9	12:22
托斯卡纳（公国）	18 世纪早期	4 ~ 6	21:536
	1726 之后	3. 5 ~ 4	"
	1725 ~ 1785	0. 4 ~ 0. 5	12:22

（续表）

城市和城市共和国			
	时间	利率	资料来源
英国	1293～1295	15.5(ST)	18:118～124
	1328～1331	26(ST)	13:456
	1540年代	18(ST)	24:302
	1546～1558	13～14(ST)	20:113
	1603～1624	10(ST)	1:155
	1624～1640	8(ST)	"
	1693	14(ST)	17:126
	1694	8	35:385
	1710	8.3	17:156
	1717	5	35:388
	1727	3.57	17:161
	1736	2.86	"
	1750	3	"

* 利率是长期借债发行时的平均利率,其中包括固定债务与永久性租金。比较高的短期利率(ST)主要用于流动债务与终身年金,并反映在可能稍低一点的长期债务的市场价值上。

资料来源:(1)阿什顿(Ashton,1960);(2)伯杰尔(Bergier,1962);(3)邦尼(Bonney,1981);(4)鲍斯基(Bowsky,1970);(5)卡拉布利亚(Calabria,1991);(6)卡尔博尼(Carboni,1995);(7)卡洛托(Carlotto,1993);(7a)奇波拉(Cipolla 1975,269～270页);(8)柯林斯(Collins,1988);(9)科瓦(Cova,1991);(10)登特(Dent,1973);(11)迪克森(Dickson,1967);(12)费洛尼(Felloni,1977);(13)弗里德和弗里德(Fryde and Fryde,1963);(14)古贝尔(Goubert,1970);(15)古特曼(Gutmann,1980);(16)希尔德布兰特(Hildebrandt,1992);(17)霍默和西拉(Homer and Sylla,1991);(18)科伊帕尔(Kaeuper,1973);(19)凯达尔(Kedar,1976);(20)克伦本茨(Kellenbenz,1986);(21)科尔纳(Körner,1995);(22)卢扎托(Luzzatto,1963);(23)莫罗和帕克(Mauro and Parker,1977);(24)乌思怀特(Outhwaite,1966);(25)佩佐洛(Pezzolo,1990);(26)佩佐洛(1994);(27)佩佐洛(1995);(28)佩佐洛(2001);(29)皮奥拉·卡塞利(Piola Caselli,1991);(30)马丁(Ruiz Martin,1975);(31)斯通波(Stumpo,1988);(32)汤普森

（Thompson,1994）;（33）特雷西（Tracy,1985）;（34）韦内恩德尔（Veenendaal,1994）；
（35）范德韦（van der Wee,1977）。

世纪后期佛罗伦萨人能支付比威尼斯人还要低三分之一以上的利率。然而，在意大利之外，在包括日内瓦以及德国南部、瑞士和阿尔萨斯中许多更小的城市国家在内的其他城市共和国中，利率**并不明显**地比君主制国家支付的平均利率低很多。尽管受意大利人与德国人的影响，荷兰人在 16 世纪的前半叶曾建立了一套复杂的金融体系，但他们也没有表现出任何明显的优势。在荷兰 1579 年正式从西班牙独立出来以前，他们的利率曾高达意大利城市共和国的两倍而与卡斯蒂利亚人的**公债**（juros）利率大体相当，但在独立之后，荷兰共和国的相对处境甚至更为**恶化**了：在最终和平于1648 年到来之前，由于贷款人担心荷兰人争取独立的斗争可能会失败，荷兰共和国必须支付比西班牙哈布斯堡王朝还要高的名义利率。另一方面，表面独立、实际上却被西班牙控制，并作为帝国的资金结算地而存在的 16 世纪的热那亚，却拥有欧洲最低利率的优势。

因此，很明显正式的宪政制度并不能解释城市共和国的利率现象，在资本市场上，城市共和国也并非天生就比君主制国家拥有优势。如果一个国家必须支付的利率真能反映它的政治与金融可信度，那么，这些可信度也不完全是其宪政结构的函数。我上面提到过的利率差异的另外一个原因很可能是，不同地区技术方面的差异，而不是政治方面的差异，比如借款人的财政、金融制度以及包括当地债券市场流动性在内的技术方面的差异。如果假定所有其他方面都不变，拥有更为有效的财政、行政与银行系统的国家能够用更低的利率筹到借款，因为当贷款更容易转让时，国家的债务也就更容易承兑，贷款人也就更容易找到。我们该相信哪一个解释呢？

　　判定宪政解释与金融技巧解释哪一个更有道理的方法之一，就是考察利率差异的长期变化趋势。如果宪政因素引起的决定风险水平的制度差异更为重要的话，不同的政治体制产生的差距就不会随时间的流逝而消失；但如果差异是由技术引起的，那么，随着先进的金融与财务技术的传播与广为接受，利率的差异就会逐渐变小。

　　图2.1表明，差异的原因在很大程度上是技术性的。在1350到1750年期间，长期的国债利率趋于收敛。到1750年，君主制与共和制之间的利率差异大体上已经消失了。与欧洲资本市场的收敛趋势相类似，另一个长期的趋势是君主制国家支付的平均名义国债利率，在同一个时期中下降了6个百分点（从8%～12%降至4%），其中大多数的降低是在1500至1700年间实现的。

　　无论对这两个特征中的哪一个来说，光荣革命之前的英国都是一个最为明显的例外。在1500至1700年间，英国政府支付的利率——由于英国在1694年之前缺乏综合公债，这里的数据都是短期利率——始终高于大陆君主制国家所支付的利率。在1690年代的早期，英国的国王仍然还要支付10%的短期利率，而这时的荷兰共和国已在享受着3%～3.75%的低利率，威尼斯则在享受着4%～5%的低利率，法国国王只需支付5%，哈布斯堡王朝统治下的奥地利也只需支付5%～6%的利率。就像图2.1与表2.1所清晰显示的那样，英国利率在1700年之后才有一个急剧的下降。对此，诺斯与温格斯特将之归功于议会体制的贡献。但无论是依照君主制的标准来看，还是依据共和制的标准来看，这实际上都主要是迟到的英国追赶欧洲大陆的结果，正是在这个追赶过程中，英国引进了大陆发达的现代金融体系及其相应的综合公债制度。至少从 1500 年以来就一直在高级的金融制度方面落后于欧洲大陆的英国,直到 1688 年之后才能够采用它的荷兰盟友所发明的最发达的金融管理技术。然而,尽管到 1750 年英国已经能够在一定程度上享受欧洲最低的利率(尽管仍不如小小的托斯卡纳公国的利率低!),但英国在金融方面超过其主要的军事对手的优势,与这些对手在过去的两个世纪中超过英国的优势的程度相比仍显得微不足道。因此,尽管光荣革命很可能也包含着一个英国的金融革命,但它对国家筹资成本的主要影响也仅仅是将英国提升到大陆国家的水平。①

　　对英国例外现象的全面解释,既需要关于英国财政制度的详尽知识,也需要对主要的欧洲国家的税收体制进行比较。对这两个如此关键的问题的讨论,我们都还仅仅是刚刚开始而已。② 不过,最近有关英国税制的一些研究文献,还是给这些解释的尝试提供了一些思路。③ 特别是,除了斯图亚特王朝的国王们支付的高利率有可能反映了他们在筹集公债时比他们的大陆同行们更为独断专行的事实外,真正的困难在于,为何 1500 至 1690 年间*所有的*英国君主都必须支付一个超过其大陆对手的风险溢价利率。④ 一

―――――――――――――――――

① 光荣革命与随后的战争加速了这个早在国内战争期间就开始的改革过程,见布拉迪克(Braddick,1996)和罗斯维尔(Roseveare,1991)。

② 这个领域中最基本的文献收集整理见邦尼(1995a 和 1999),对意大利现代早期材料的补充见佩佐罗(Pezzolo,1995)。

③ 随后对 17 世纪的发展状况的讨论是以下列文献为基础的:阿什顿(Ashton,1960)、罗斯维尔(1991)、布拉迪克(1994 和 1996)、奥布赖恩(1988)、奥布赖恩和亨特(1999)。对都铎王朝和斯图亚特王朝早期的研究见斯科菲尔德(1988)、霍伊尔(Hoyle,1998)、哈里斯(Harriss,1963)、赫斯特费尔德(Hurstfield,1955)、艾尔默(Aylmer,1957a 和 1957b)。

④ 到 1630 年代,斯图亚特王朝的声誉是如此的臭名昭著,以至于它不再能从国际资本市场上借得任何款项(诺斯和维格斯特,1989,第 820 页,注 36)。

个最为接近的答案是,英国的金融制度不够发达,然而更为根本的原因是,英国在政治与军事上长期与大陆的隔绝,使英国君主缺乏改进其财政和金融制度的最重要的激励,比如说缺乏战争的激励。

到 1500 年时,欧洲大多数国家的财政体系还仍然是以君主的领地收入为主,只是在有战争时才用一次性的、经过咨政会组织批准而征收的"国家"税收作为补充。额外的收入主要来自封建的特权,其中包括强制性借款、垄断权的特许、扣押、强制性军需物资的征用等。当然,有几个国家在 14、15 世纪就已经开始用经常性的"国家"税收来扩大他们的税基了,这个趋势在 16 世纪"军事革命"带来的金融与行政压力下进一步加速了。[①] 但战争仍是课征税收的主要理由,并且课税的行政效率是非常低的;此外,财政收入既不稳定,也很少能与短期内的开支需求波动相吻合。由于来自国家领地的稳定收入非常少,以至于不可能通过结余来熨平收入的波动,于是要求建立既可预测又较为稳定的收入来源的压力急剧上升。而最为有效的方法就是以未来收入作为还款基金进行借款。

尽管封建统治者已经有了几个世纪的借债经历,但贷款人不能对这些借款人的违约行为进行惩罚的事实则意味着这些封建借款人可以通过拒绝还贷而获得收益。统治者缺乏令人信服的还款承诺能力,对他们能够筹集到的借款的规模产生了严格的限制。在中世纪晚期新出现的政治军事条件下,君主们发现要为那些短期的、不可预见的开支的增长筹措款项变得越来越困难了。作为一种应对措施,他们迅速转向资本市场,求助于直接的贷款。有一

---

① 见舒尔策(Schulze,1995)。

些君主,像 1495 至 1503～1504 年间的卡斯蒂利亚国王甚至更进一步引进了由地区与"国家"税收支撑的王室或公共浮动借款(后来叫综合借款)。作为意大利与德意志城市国家 13 世纪早期的一个发明,公债的成功源于它的主要贷款人都是当时的政治精英,而这些政治领袖本身就负责课征税收为还贷筹资。就像那些低利率所揭示的那样,这个机制之所以能够运转是因为它将对借贷双方的激励结合在了一起。借贷双方在偿还贷款方面的利益是一致的,或者说他们在维持借款城市的政治与金融稳定方面是一个利益共同体。①

从 16 世纪早期开始,正在出现的民族国家的君主们开始更为系统地销售长期债券,并用当时及未来的税收收入来偿付这些息票。通过把大多数的债券销售给那些负责筹资还款的精英们,民族国家的统治者将贷款人与纳税人的利益融为一体;由于不能及时偿还贷款将严重影响地方精英与国家精英的关系,而这些精英是君主赖以获得行政、军事与财政支持的基础,因此,这些统治者也会想尽办法还款而不会赖账。从政治上确保他们的偿债义务——通过提高赖账的政治成本——使统治者能够进入以前无法进入的国内资本市场。② 当然,这只是问题的一个方面。因为为了筹集更多的收入偿还公债,君主们需要更为广泛的税基。试图逃避封建与法团组织对"公共"与普通税收的限制而努力扩大收

① 关于北欧的情况见弗里德(Fryde,1963);关于意大利的情况见卡马罗萨诺(Cammarosano,1988)、莫尔霍(1993 和 1994b)。

② 康克林(Conklin,1998)指出,经常被作为西班牙独裁专制的证据来引证的所谓的西班牙的财政赖账,其实是就短期债务重新谈判的一些可以接受的处理办法,贷款人不会因此遭受太大的损失。关于法国与西班牙财政危机与"破产"的一些类似说法,也主要是指贷款利息的延期支付,见范德韦(van der Wee,1977,第 371 页)、科尔纳(Körner,1995,第 520 页)、维尔德和韦尔(Velde and Weir,1992)。

入的追求,始终是中世纪晚期与现代早期欧洲大多数国家政治与宪制发展的根本原因。[1]

从 16 世纪中期到 17 世纪晚期,外来进攻成本的提高使英格兰在宗教改革后主动追求的与大陆政治的隔绝变得更为容易了,但海峡同样割断了曾推动大陆国家进行财务与金融技术革新的外来压力。因此,英国就避免了 16、17 世纪的军事革命与财政革命。[2] 然而由于这个军事上的隔离,英国君主可以通过日益依赖于王室的(封建)特权收入、强制性借款与捐献(所谓的"自由"贡献,实际上是对富人的**临时**横征暴敛)等古老的"特殊"收入组合,来克服因来自王室领地的收入与日益过时的直接税收入的减少而带来的困境。显而易见的长期军事威胁的缺乏,意味着英国的统治者没有必要、也没有机会在一个更为理性的基础上重建它的税收体制。另一方面,外部威胁的缺乏同样意味着当 17 世纪早期政府需要更为稳定、更为充足的收入时,议会会发现它能够很容易地拒绝提供这个帮助。[3]

在主要的大陆国家之间存在的明显的类似性与利率的长期下降趋势表明,统治者的独裁与掠夺的冲动受到了军事竞争的制约。君主们特别受制于那些有能力成为他们的替代者的同行以及那些在他们认为统治者的要求过分时有能力背叛他们的借款人的约束:由于这个事实,大陆的臣民既可以用"声音",也可以用"退出"的办法来对付他们的现任统治者。[4] 在 16 世纪,当统治者去世 28

---

① 见奥姆罗德(Ormrod,1995)、舒尔策(1995)。

② 见布拉迪克(1993)。

③ 1610 年起草的大协议就是一次试图用有规律的税收取代王室特权收入的努力,见布拉迪克(1994,第 6 页;1996,第 18 页)。关于 17 世纪早期税制的宪政内涵,见霍姆斯(Holmes,1992)。

④ 见赫希曼(Hirschmann,1970)。

时,"由于有外部干预的可能性,王位继承的成功最多只有一半的机会;特别是当王位是由孩子或女性继承时,出现争夺摄政权的内部纷争的机会就会更大"(这里的计算还没考虑统治者因内部战争与外部入侵而被废黜的机会)。因此,臣民就会有更多的机会表达他们的意愿。① 就像蒂利(Tilly)所指出的那样,通过转移资产,富裕的商人可以很容易地选择"退出",而那些拥有不易转移的地产的土地贵族作为主要的行政、军事与政治支持者,只需采取不合作就可以很容易地选择"退出"。②

英国在政治与军事上与大陆的隔绝有着重要的金融后果。在1544 至 1574 年间,当英国人在安特卫普借到了大量的贷款时,他们支付的利率却高达 12% ~ 14% ,并且其贷款期限从未超过一年。由于英国人试图改善借款条件的尝试从来没有成功过,同时他们又把自己的遭遇归结为市场对自己的不公平待遇,而不是自己政策失败的结果,因此,在 1574 年,英国人决定从大陆的资本市场上退出。伊丽莎白政府的官员从这些失败中得出了两个结论:第一,只要可能,君主应该尽量避免借债;第二,如果非借不可的话,借款也应该严格限制在国内市场上进行,因为在国内市场上国王可以规定借款的期限与条件。第二个结论很快就被证明是正确的,在 1575 年至 1601 年间,国王所借的 461 000 英镑的债务中,只有 85 000 英镑是支付利息的,其他的都是"免费"借得的强制性贷款。③ 并且从金融独裁主义中所捞取的好处已经超过了比大陆的君主多支付 50% 以上额外利率的损失,也超过了 16、17 世纪伦敦

---

① 见柯尼希斯贝格尔(Koenigsberger,1995a,第 160 ~ 161 页)。

② 见蒂利(1990)。关于财政背叛实际操作原理的证据,见康克林(1998)。

③ 见乌思怀特(Outhwaite,1966,1971)。注意英国能够比大陆国家向他的债权人施加更大的压力,恰恰是因为外面的其他君主的威胁的缺乏;见本章第 38 页注①。

资本市场过度落后带来的损失,并且肯定是引发 1640 年代革命的伦敦商人财政反抗的主要原因。

与议会早期反对态度明显矛盾的是,随着议会被迫在内战期间建立一套稳定的税收体制来资助它的战争努力,英国开始采取措施建立以稳定的税制为基础的、后封建式的现代财政和信用制度。1641～1642 年之后建立的税收体制在 1660 年代得到了进一步的发展,并在 1670 年代期间完成了主要的框架建设任务。但合适的金融制度的发展却仍相当滞后。光荣革命的主要经济贡献, 29 从严格意义上来讲并不是财政上或宪政制度上的变化,而是允许它的金融制度开始快速追赶并迅速接近欧洲的标准。① 因此, 1700 年之后利率的下降其实是这个国家金融革命的结果,而不是其自由与权利方面政治革命的产物。

---

① "1688 年之后的几年间,几乎所有的革命性变化都是战争的产物,而不是新的意识形态的产物……所有那些宪政演化中的令人瞩目的主题……在相当大的程度上,都是英格兰仍在为之战斗的代价昂贵的冲突的结果"。在 1688 年之后延伸到政府理财过程中的许多技巧,都是财政部在 1665～1679 年间为"雄心勃勃地变革政府的借款基础"而开发出来的(罗斯维尔,1988,第 708 页)。结果通过采用并完善从它的荷兰盟友那里引进的最先进的金融技术,英国把它的相对落后变为后发优势;例如,在 18 世纪,英国是欧洲唯一的提供无限期永久性贷款的国家。17 世纪晚期进行的财政改革带来的更为具体的利益很难一一列举。我们在前面已经看到这些改革对基本的利率并没有太大的影响。任何国债利率方面的急剧下降带来的利益很可能都被 1700 年之后税收方面的急剧上升所抵消了,税收占国民收入的份额从 1670 年代的 3.5% 升至美国战争期间的 11%～12%。尽管这个水平在欧洲是无与伦比的(马赛厄斯和奥布赖恩(Mathias and O'Brien),1976),但关于国债是否会挤出私人投资的观点却仍在争论之中(罗斯维尔,1988,第 703～707 页)。另一方面,这些财政与金融制度的改革则构成了英国在 18 世纪崛起为大英帝国的基础(布鲁尔(Brewer),1990)。

共和制与增长

　　认为政治与民事自由的出现与经济自由与增长不可分割地联系在一起的信念,同样支持了启蒙时代以来就广为流行的下述观点:西欧从封建社会与经济停滞中摆脱出来的突破性进展,主要归功于那些独立的城市国家的存在。[①] 确实,从一个传统的、社团主义的、宗教的意识形态控制的社会,向日益世俗的、个人主义的、变动中的资本主义社会的转型以及与此相关联的社会经济的变迁,主要起源并发生在欧洲的城镇之中。[②] 日益增长的物质财富、新的法规条令、宗教信仰与审美情趣、民族国家以及最后和西欧"伟大的转型"相联系的世界的扩张等等,所有这些变化都可以在城市社会那独特的动力机制以及它所产生的张力与创新中找到根源。

　　尽管人们经常认为现代法律上与政治上的自由权利,来源于中世纪西方城市的观点是由马克斯·韦伯提出的,但韦伯也注意到,这些自由权利实际上是那些通过集体行动确立了自己的自由地位的城镇市民集团对封建特权进行的合法性**篡夺**行为的结果,即自由权利实际上是这些特定的和自治的法令的结果。城镇市民自由身份的出现就意味着那些非市民的**不自由**,城镇市民的自由是合法获得的**特许权**的结果,而这些特许权将城镇与他们周围的

---

① 对此的一个古典描述,见斯密(Smith, 1976, III, iii～iv)。
② 见兰顿和霍庇(Langton and Höppe,1983)、希克斯(1969)。

封建领地与附属乡村区别开来。① 这个事实为以下各章将要讨论的一个有趣的制度性矛盾提供了一个解释。在这些最有价值的城镇特许权或自由权利当中,最重要的是获准在城墙内的一定范围中,拥有制造业垄断权的特许权。这些特许权的公开目的就是要通过合法的途径来限制乡村的自由权利,从而限制作为竞争对手的乡村工业的发展;因此,前现代乡村制造业的发展同样需要类似的、城镇赖以创出它们财富的法律豁免权。并且人们发现,对乡村工业的进一步发展来说,与共和体制相比,君主制是一个更为有利的政治环境,因为共和国的精英们比那些庄园贵族更善于保护自己的城镇特权;相反,只要能够扩大统治者的主权范围,封建主更愿意放弃既得利益并培育城市之间的竞争。换句话说,城镇阻碍乡村自发"原工业"制造业发展的愿望与能力,直接与他们享有的政治独立与自由权利的多少成正比。②

　　将经济的与政治的自由权利联系起来的第二类观点认为,前现代欧洲的城市"资本"天生就是国家"强制力"的对立面。该观点认为,从开放的旅行与交流中获得好处的商业城市曾竭力反对那些试图在一个确定的领土范围内建立完全国家主权的君主。但统治者的财政需求又使君主们不得不为了获得财源资助而去支持城镇、反对封建贵族,并且正是这些财政方面的讨价还价带来了议会代议制及其相应的现代民主与自由权利。因此前现代国家面临着一个两难的发展型困境:国家主权发现城镇比乡村更容易征税,但过度的财政压力又会将新生的资本主义扼杀在襁褓之中。因

---

　　① 关于城镇是现代自由的发源地的观点,见韦伯(Weber, 1978,第 2 卷,第 1212～1372 页)、卡斯勒(Käsler, 1988,第 42～48、200 页)、伯曼(Berman, 1983,第 12 章)。关于城镇是特权的孤岛的观点,见韦伯(1978,第 2 卷,第 1254 页)。

　　② 见本章第 55 页注①及第六章。

此,在现实中,城镇资本主义只有在强大的君主统治的势力范围之外才能繁荣昌盛。更一般地讲就是,经济增长只能出现在城市强大、国家衰弱的地方:也就是说,只有在城市共和国中,经济才能增长。①

31   同样,这个观点也很难得到证实。一方面,我们找不到证据表明城镇居民在君主制下比在共和制下支付了更高的税收。另一方面,由于共和制国家一般都很小,因此,他们的人均军事与财政负担很可能都高于君主制国家的相应负担。② 并且不仅前面讨论的利率的证据不能表明城市共和国比君主制国家提供了更为有利的资本市场,而且主张城市共和国经济优越性的观点也同样无法令人信服:到 16 世纪的早期,意大利城市共和国已经失去了它们的经济领导地位,而荷兰的联合省的成功正是得益于它的城市在中世纪结束时**没能转变成城市国家**。③

    其次,认为城市必然会联合起来反对(君主)统治者的观点也是令人难以置信的。当遇到强有力的封建性竞争对手时,城市同样会成为君主扩张主权过程中的主要盟友。法国的统治者、阿拉贡的国王、南尼德兰与皮德蒙特的国王们都用较低的交易成本、更大的国内安全、海外商业冒险中的军事支持来回报他们的城镇支持者;城镇从统治者那里获得的最后、但并非是最不重要的一个回报是政治、商业、工业与财政方面的特许权,这些特权将这些城镇中的商业精英转变成**寻租者**。只有在司法管辖方面的特许权损

① 见蒂利(1990,第 52～53 页)、布洛克曼斯(Blockmans,1989,第 733、735、752页)。沿着马克斯·韦伯与奥托·欣茨(Otto Hintze)的道路,安德森(Anderson,1974)提出了类似的观点:"分崩离析的主权"与"自由的城镇"是资本主义的先决条件。

② 类似地,由于可以广泛地共享固定成本,大国将会从战争的规模经济效益中受益(比恩(Bean),1973;蒂利,1990)。

③ 见霍彭布鲁维尔斯(Hoppenbrouwers,2000)。

失超过了司法管辖权一体化带来的潜在受益的情况下,城镇才会反对君主们的统治,这才是下述两次战争的真正含义:在 14、15 世纪反对勃艮第统治者的战争中提供财政支持的是**三个城市**(*the drie Steden*)(根特、布鲁日、伊普尔(Ypres)),而反对哈布斯堡政权财政改革的正是卡斯蒂利亚的城市。①

第三,共和国的统治者是否也为那些没有公民权与市民特权的人提供了许多利益是很有疑问的。如果我们用议会代议制的出现作为主要的政治自由的度量指标,那么,君主制国家就是一个比城镇更为"自由"与宽容的议会发源地。首先,议会是君主制的发明,对赋予它的城镇与乡村居民政治发言权不感兴趣的共和国从来没有想到过要建立议会。② 即使是用更为复杂的检验标准来衡量,城镇居民们的政治和经济自由权利也受到了很多的限制,而这些限制在君主制国家是根本不存在的。正如对佛罗伦萨与荷兰联合省共和国这两个前现代共和制统治模式进行的讨论所表明的那样,这些问题既来自于统治权力在一小撮寡头集团手中的集中,也来自于联邦制决策程序中的无效。

佛罗伦萨为大多数城市共和国提供了一个分析模式:其中的 32 寡头统治集团同时控制着立法、行政与司法的权力。在 1330 至 1434 年间的一个多世纪中,当佛罗伦萨将城市共和国体系扩展到一个拥有一万两千平方公里的领土上时,它似乎为领土型公国提供了一个具有深远历史意义的替代模式。但只要我们对此作一回顾性分析,无论是从严格的制度意义上来考察 1430 年代非正式的梅迪奇**家族统治**(Medici *signoria*)的兴起,还是从经济的意义上来

---

① 关于城市与君主结盟反对封建贵族的叙述,见斯普鲁伊特(Spruyt,1994)。关于佛兰德斯,见布洛克曼斯(1997);关于卡斯蒂利亚,见汤普森(1994b)。

② 见柯尼希斯贝格尔(1995a,第 143 页)。

考察它的惩罚性财政、商业与工业政策在其新居民中所招致的痛苦反抗，我们就会发现，佛罗伦萨人的尝试很明显并没有获得成功。[①] 尽管佛罗伦萨碰到的问题相对来说比较严重，但很可能所有的城市国家都在它的领土上遇到了类似的困难。作为地区性的**教父和国父**(*padrino and pater patriae*)，科西莫·德·梅迪奇(Cosimo de'Medici)在 1430 年代的出现，都反映了佛罗伦萨共和国或者更广义地讲是"城市国家文化"在将其属下的城市与乡村合并成一个共同认可的共和国代议制结构方面的无能。[②]

如何解释这些政治发展的失败？为什么佛罗伦萨的臣民要有组织地反抗他们的统治者，并迫使它在梅迪奇的体制下去追求政治上的稳定？从更为广泛的意义上讲，为什么意大利的城市共和国很少能将它的经济霸权转变成为共同认可的、更为稳定的领土治理模式？问题在于最为根本的利益冲突。就像其他地方的城市共和国的精英们一样，佛罗伦萨的寡头统治者之所以招人痛恨，是因为他们对待新领土就像对待城市国家最初的**城郊**一样，他们把新的领土既当作是政府税收与政府官员个人收入的来源，又把它当作是自己独占的垄断市场。由于它的政治精英们，既在经济上拥有商业特权与土地产权，又在政治上拥有行政权、立法权与司法权，因此，佛罗伦萨在从城市共和国向领土共和国转变的过程中没能获得成功。换句话说，这些精英们没能把他们作为统治者的利益与作为商人及土地所有者的利益区分开来：他们没能在**政府**与**国家**之间作出明确的区分。作为领土的治理者，他们被赋予了公平地协调相互竞争的不同利益集团之间矛盾的重任，但由于他们

---

　　① 关于宪法的变化，见纳杰米(Najemy，1982)、鲁宾斯坦(Rubinstein，1966)。关于财政政策，见爱泼斯坦(1996a)及参考文献。关于工业政策，见本书第六章。
　　② 见爱泼斯坦(2000b)。关于科西莫的文献，见莫尔霍(1979)。

不仅是政治精英,而且同时又是经济精英,因此,他们的利益与协调的结果密切相关。①②正如佛罗伦萨人弗朗西斯克·圭西埃迪尼所指出的那样,这是所有的共和国政体都无法摆脱的困境:

一个人最好不要生为臣民;但如果你必须生为臣民的话,你最好是生在君王的统治下,而不要生在一个共和国中。因为共和国把所有的负担都集中在它的(乡下)臣民身上,却只让拥有特权的市民来分享利益;而在君主的国家里,臣民之间更为公平,任何人³³都可以和其他人一样拥有获得同样利益的希望与机会。

后来,大卫·休谟在剖析城市国家统治的政治经济学原理时也曾写道:

我们可以很容易地观察到,尽管自由的政府一般来说可以给那些享有自由的人民带来最大的幸福,但对其属地中的臣民来说,这样的政府却是最具压迫性的、最具有毁灭性的……当一个君主用征服的方式扩大它的领土范围时,他很快就知道一视同仁地对待他的新旧臣民;因为实际上,他的所有臣民对他来说都是一样的……因此,他不会在他的**基本法**(*general laws*)中对他们进行任何的区别对待;同时,他还会小心地防止他所有的**特定**法令压制这一类和那一类臣民。但在学会像关爱自己一样去关爱它的邻居之前,自由的国家却肯定会在他们之间作出区分,并且也总是去做这样的区别对待。在这样的政府里,征服者就是所有的立法者,并且

---

① 见第五章的分析。
② 国内学者对中国改革发展过程中出现的类似现象常用"既当运动员,又当裁判员"来表达。——译者

他们肯定会通过对贸易的限制、通过对税收的课征等手段的设计
从那些被征服者手里搜刮私人的或公共的利益。在共和国中,那
些属地的总督往往拥有更好的机会用贿赂或阴谋诡计的方法携劫
夺品逃跑;发现他们的国家周围到处是被掠夺的属地的那些拥有
自由身份的市民们,因而也更容易忍受这样的掠夺。此外,更不用
说,在自由的国家中,作为一个必要的预防手段,总督总是频繁地
被更换;这迫使这些暂时的暴君更为迅速、更为贪婪地进行掠夺,
以便在卸任之前能积累够足够多的财富。①

总之,当君主们通过公平地对全体居民征税来最大化自己的收入
时,共和国却是通过征收不平等的税收来最大化自己的收入。仍
保留着臣民身份的其他居民的成本增加,远远超过了占统治地位
的城市居民从更多的政治经济参与中拿到的利益。在佛罗伦萨正
式放弃它的共和政体仅仅几十年之后,为了克服城市国家的传统
限制,通过组建一个拥有 58 个独立城市国家的联盟,荷兰共和国
进行了引人注目的努力与尝试,它们的努力构成了另一个独特的
政治试验与模式。② 尽管荷兰共和国的历史似乎为政治自由带来
经济成功的观点提供了一个强有力的支持,但它的宪制框架无疑
是它 1680 年代以后经济地位日益走向相对衰落的主要原因。③
当 1570 年代晚期,荷兰的政治体制日趋成型时,它们规定,在战
争、和平与税收等国家大事决策方面,必须坚持全体一致同意的原

---

① 休谟(Hume,1993c,第 17 页)。

② 其部分成员后来加入了荷兰共和国的北欧汉萨同盟是另一个更为松散的独
立城市国家结盟的政体,但它缺乏一个政治中心,并且它最主要的缺点是它在政治上
的不负责任性;见斯普鲁伊特(1994,第 6 章)。

③ 关于民主可以带来更快的经济增长的观点,见奥尔森(1991)、诺斯(1995)。

则,以防止某一个城市操纵控制全局。然而,这个原则永久性地削弱了国家的领导能力,并使城镇之间的博弈决策与协调合作能力大打折扣。在 1648 年威斯特伐利亚的和平条约(the Peace of Westphalia)签订之前,由于所有的对外战争都是针对西班牙的独立战争,因此,拥有共同的敌人暂时弥补了他们之间的主要差异与分歧。然而,一旦政治上生存的威胁消失了,内部的利益之争就开始暴露出来。由于各城镇之间的利益存在着严重的分歧,一个协调联邦内部关系的权威的缺乏、相互竞争的各政治中心之间主权的分散以及全体一致同意的规则要求,严重降低了荷兰共和国在税收与外交政策方面的决策效率。同样的因素也阻碍了人们试图废除各个城镇拥有的商业、工业与法律方面的特权及其设置的障碍的努力,正是这些障碍与特权提高了荷兰人的生产成本,降低了他们的国际竞争力。诚然,经济上的成功曾使他们资助了一场持续了 80 年之久的反对世界上最强大的帝国的独立战争,然而荷兰是以它的经济相对衰落为代价来维持其城市的自由权利的,作为荷兰城市在经济上取得成功的前提政治条件,实际上却成了其经济进一步持续增长的制度性障碍。实际上,荷兰的联邦共和国与极权主义的君主一样,都缺乏一套目的明确的内部协调机制,而这个机制只能来自于统一的不受挑战的领土主权。①

宪法与增长

从政治自由是经济成功的基本条件这个假设开始,我们正在

---

① 这一段以下列研究为基础:梯哈特('t Hart,1989,2000)、范桑登(van Zanden,1993,第 7 章)。

得出一个结论:政治自由与经济成功之间的关系既可能是互不相容的,也可能是互不关联的。关于统治模式是否决定了经济绩效的问题,一个直觉的回答是,并非如此。辉格党学派在"议会"或"自由"与"极权"或"专断"之间进行对立的两分法必须被否定,因为人们往往把宪政的形式与它的实际内容相混淆,并把英国的岛国地理特征与它的制度独特性相混淆。

35　　从政治自由中去寻找对经济的正面激励的理论,从任何的角度讲都可能是一个错误的概念。尽管从原则上讲,缺乏宪法制约的独裁政府不可能诚实地遵守它保护产权的承诺,但我们也同样没有理由事先就相信民主政府为何就会**更为**可信地遵守宪法的规则。① 由于以下两个方面的原因,民主的自由权利同样可能会威胁到经济的增长。第一,民主会落入压力集团的操控之中,而这些压力集团选举的民意代表并不追求集体的利益,而是追求他们自己的小集团目标;这种做法有利于收入再分配的政策目标,而不是有利于经济增长的政策目标。第二,在有选举资格的大多数都同意且没有宪法性约束的情况下,民主有可能颠覆以前的法律与决策;这种可能会影响到社会的稳定并进而阻碍了战略性的规划与投资的顺利推进。民主社会中的党团主义(Particularism)暴政与事先承诺的缺乏,很可能使将国家决策程序和宪法从竞争性利益集团的压力中隔离出来成为必要。②

----

　　① 只有在坚持中间道路的民主自由的定义,同时避免像哈耶克那样认为民主可能是不自由的以及可能是独裁者的自由时,这一点才会成立。否则自由就会被定义为法律规范范围内的有利于自由市场经济活动的比较宽泛的个人自由体系(哈耶克(Hayek),1973;阿尼森(Arneson),1993,第145~146页)。

　　② 民主的无效支持了如下观点:独裁主义统治是长期增长的先决条件。见普热沃尔斯基和利蒙吉(Przeworski and Limongi,1993)、奥尔森(1982)、贝克尔(Becker,1983)、埃尔斯特和斯拉加泰德(Elster and Slagatad,1988)、斯卡利(Scully,1992)。

因此,民主对经济增长的主要障碍就可以被归咎为极权主义和荷兰城镇的联邦主义,即特殊利益集团对主权的过分控制与削弱。尽管这些观点不能过分类推(自由民主是以法律面前人人平等的普适性平等为基础的,而**古代政体**(ancien régime)中的自由是以法律上的不平等为前提的),但它仍解释了为什么说前现代宪法权利方面的差异对经济绩效来说并不是至关重要的。当宪法只是规定了自由的政治与制度规则时,在经济上真正起作用的却是国家对权利与规则的事先承诺以及它在相互竞争的冲突主体之上运用司法管辖权的能力。确实,如果用利率作证据的话,对规则的事先承诺在相当大的程度上是一个普遍的现象,对此休谟曾经有过反复的解释:

对我来说,私人产权在一个文明的欧洲君主制国家中几乎和在共和国中一样安全;在这样的(君主)政府统治下,主权侵犯的危害并不比我们通常从暴风雨、地震或任何其他意外事故中所遭受的危害更值得担忧。(何况)贪婪心对工业的激励是如此的巨大和难以抗拒,因此(和这个激励相比)任何可能的或想象中的危险与困难都是如此的渺小与不值一提,根本不可能恐吓并阻挡它的步伐。(……)以前只是用来赞美共和制的赞美语,**它们是法制的政府,而不是人治的**,或许现在也可以用来肯定文明的君主制了。(……)而在自由政府中,可以讨论的衰退原因或许就是其采取的契约式举债与用公共收入做抵押的举债,因为这些做法使税收很快成为难以忍受的负担,并且这些国家所有的私人财产都被吸进政府(公共)的钱囊中。(……)当然,专制君主也会借契约式债务;但当一个专制君主申请并可能破产时,他的臣民绝不会因为该君主的债务负担而受到剥削。①

因此,在前现代的国家中,主要的制度瓶颈并非来自于契约式统治的缺乏、专横君主的随心所欲或议会的软弱,而是来自于在一定的范围内对政治经济事务进行管理的、**不可分割的统一主权的缺乏及其导致的内部协调失败**。多元主权的存在是政治经济无效的根源。由于国家在它的领土范围内缺乏垄断的权力,封建领主、城市、法团组织以及其他的"公共的"或特许的机构(chartered bodies)都可以从它们的司法管辖权中获得收益,而这些管辖权阻碍了斯密式增长的发生,并对国家主权的理论与实践提出了挑战。

近年来历史研究的主流迅速转向了对前现代国家形成过程的考察,研究者们认为国家的形成是一个缓慢的非线性的主权扩大的过程,而不是"现代政治自由产生的"过程。完全的国家主权是现代自由的先决条件;但现代自由却并不是主权国家的条件。②从这个角度来看,制度结构与经济变迁的关系是十分清楚的。前现代制度无效的最根本的原因,就是几乎到处都存在的主权分散的局面,这种局面极大地限制了国家协调或约束相互竞争的政治经济利益冲突的能力。司法管辖权的支离破碎,是法律体系支离破碎、泛滥的特许自由权利以及欧洲大陆国家形成过程中产生的系统的、根深蒂固的传统习惯与权利相互冲突的结果。司法管辖权的多元化给前现代增长带来了三个方面的根本限制:它混淆与抬高了获取财政收入的成本,它抬高了贸易的关税和其他壁垒,它

---

① 见休谟(1993b,第53~55页)。很明显,休谟主张,由于欺骗的可能性很小,宪法体制中的公债有更大的道德风险(与目的相悖的行动),相反,专制主义统治者名义上更大的自由迫使他们做出更多的有约束力的承诺以吸引贷款者。

② 从一个不同的角度来看,见罗森伯格(Rosenberg,1994)和斯普鲁伊特(1994)。

引发了下一章将要讨论的无所不在的囚徒困境与市场失灵。①

当然,前现代国家可以从两个方面扩大它的主权。它们能够 37
篡夺或限制封建的或社团的权利,这种扩大大多数是在战争期间
以财政需要为借口或通过领土征服的途径来实现的,当然也有一
部分扩大是通过当时的封建领主在去世后将权利归还国家的方式
来实现的。或者,国家通过绕过已有的司法管辖权而另行设立能
限制、抵消旧权利影响的新自由权利的办法来达到扩大主权的目
的。② 当然,这两种办法都是一种间接的迂回方案,并且都充满了
风险。由于第一种方法被指责为独裁压迫以及对现有的宪制自由
权利的侵犯,因此,它很可能会面临着政治上与法庭上的双重挑
战,并会导致前面讨论公债时讨论过的竞争性约束对统治者行为
产生的消极影响。第二种方法会带来新的局部利益与协调困境,
因而阻碍了市场一体化的进程,这些新的障碍自然需要新的措施
来清除。③ 试图理顺财政与行政关系的努力与国家仍然依赖于这
些社团组织的支持之间的对立关系,最终规定了前现代国家"制
度效率"的参数④。虽然一个有效的国家必然是一个强势的、集权
(尽管不必是独裁的)的国家,但它的政治经济的效率却依赖于它
在获得筹集公共收入的主权方面与它的竞争对手相比较而言**相对**
的速度与成本。正是从这个意义上讲,尽管英国社团组织拥有的

---

① 因此,德隆和施莱费尔(De Long and Shleifer,1992)认定的专制主义体制与较
低的城市增长率(作为经济增长的替代指标)之间正相关关系的原因,很可能是极权主
义国家在执行统一的司法管辖权方面的无能,而不是其追求专制主义政策的天性。

② "在以社团为基础的社会里,个人的积极性只有通过豁免权与特许权提供的
保护来激励。"(德永和吉涅(Deyon and Guignet),1980,第 626 页)关于一个更为详尽的
讨论和应用,见博森加(1991)。

③ 后者表现为 16 世纪卡斯蒂利亚时期哈布斯堡王朝授予的许多城市特权的结
果(桑切斯·利昂(Sanchez León),2000)。

④ 博森加(1991,第 13 页)。

自由权利的相对较弱使我们更容易联想它的个人自由,[①]但在 18 世纪后期以前,在欧洲的政坛上,只有英国在政治经济效率方面全面超越了其竞争对手的主要原因,不是因为这个国家拥有无与伦比的个人自由,而是因为它早熟的制度上的统一性。[②]

---

① 见布鲁尔和斯塔夫斯(Brewer and Staves,1995)。

② 见柯尼希斯贝格尔(1978)、布鲁尔(1990,第 1、4 章)。因为这个原因,英国比欧洲其他国家早一个世纪完成了统一国内市场的工作(里德(Reed),1973;库斯莫尔,1990;沙特尔,1995)。

第三章 作为"一体化危机"的
中世纪晚期的危机

在 20 世纪 50 和 60 年代,以 M. M. 波斯坦(Postan)、威廉·
埃布尔(Wilhelm Abel)、埃内斯特·拉布鲁斯(Ernest Labrousse)、
费尔南德·布罗代尔(Fernand Braudel)、埃马纽埃尔·勒华拉杜
里(Emmanuel Le Roy Ladurie)、莫里斯·多布(Maurice Dobb)、罗
德尼·希尔顿(Rodney Hilton)等为首的一批优秀学者,纷纷提出
了如下的观点:因为缺乏技术的革新,前现代的"传统"社会并没
有经历人均收入的增长,并卷入了所谓的"布伦纳论战"(Brenner
debate)。① 然而,他们的观点正在经受着两个方面的挑战:第一,
由于越来越多的考古与档案材料表明,传统社会中可以利用的农
业技术远比人们原先想象的更为先进有效,因此,现在看来,以前
认为前工业化时期的农业技术不能使粮食的产出与人口的增长保
持同步的观点是过于悲观了。第二,历史学家们越来越意识到,乡
村地区曾经有过"原工业"与副业的发展,也有过市场组织改进与
贸易的繁荣,而这些进步在很大程度上都被前几代的学者们忽
视了。

总之,当代修正主义学派最为重要的贡献或许就是,他们指

---

① 见波斯坦(1973)、埃布尔(Abel,1980)、拉布鲁斯(Labrousse,1933)、布罗代尔
(Braudel,1982)、勒华拉杜里(Le Roy Ladurie,1966)、希尔顿(Hilton,1975)、博伊斯
(Bois,1984)、阿斯顿和菲尔品(1985)。

出,前现代社会的发展远没有达到它们的技术与生产能力所允许的最大产出边界。该观点暗含着一个结论,就是前现代的技术并未构成以前的学者所声称的那种关键性的发展瓶颈。同时,该观点还为"停滞主义"理论难以解决的一个困难提供了一个精妙的解决办法,这个困难就是,"停滞主义"无法解释为何尽管农业技术没有经历太大的变化、但前现代欧洲的人口却经历了一个长期的增长过程。食物的生产能够与人口的增长保持同步,是因为原有的社会中存在着相当可观的未被利用的闲置技术与制度资源:直到公元 1300 年为止,只有很少一部分欧洲地区——其中包括埃塞克斯(Essex)和肯特(Kent)、佛兰德斯与法国北部、莱茵地区南部、伦巴第、托斯卡纳、很可能还有瓦伦西亚的一部分——充分利用了它们先进的农业技术,因此,其他地区需要做的其实只是引进那些最为重要的中世纪的技术革新的成果。

39   确实,尽管停滞主义者假定农民有不采用技术革新的天性,但这些研究结果却表明,关于技术革新的决策并不是以简单的两分法(采用或不采用)为基础的非此即彼选择。相反,选择的对象,有可能是一个在某一区间内连续变化的变量,这个重要的变量就是技术革新的**强度**。① 因此,前现代增长的制约瓶颈并不是可以应用的技术的缺乏,而是对技术应用本身的限制。本来,源于商业改进的技术革新与组织革新曾激励了专业化,但一系列复杂的制度障碍影响了商业的发展,战争也带来了商业发展的频繁倒退,这使得专业化成为一个偶然的、可逆的历史进程。因此,直到 1800 年,欧洲的许多地方仍未能完全掌握那些早在中世纪晚期就在其他地区被开发出来的生产技术;农业机械化与化肥使用替代掉的

---

① 见费德、贾斯特和齐尔伯曼(Feder,Just and Zilberman,1985)。

技术其实是大量古代和中世纪的、仍有待于充分开发利用的技术。① 由于这些发现,欧洲 1300～1800 年间的农业史就成为一个最先进的实用技术从发达地区向落后地区缓慢扩散的过程,而不是继承了法国**年鉴学派**传统的历史学家们所引述的关于结构不变性与乡村**长时段**的历史故事。

前工业化社会可能曾经历过一个强劲的增长的事实,给我们提出了一个新的问题:为什么只有很少的地区才经历了这样一个强劲的增长? 当李嘉图-马尔萨斯学派与马克思主义者的历史学家们都乐于用同样的停滞主义者的画笔来描绘所有的前工业经济的时候(并把无法解释的英国与荷兰的现代早期视为规律的例外),地区的差异问题成了近年来研究者关注的核心。这些新近的研究为早年关于中世纪晚期"危机"的争论这个老问题提供了一个新答案,也对本章将要进行的从封建社会向资本主义社会转型的过程分析提供了新的思路。下面我将从把变化归结为外生力量的几个当代"封建"经济模型开始讨论,并提出一个新的内生发展模型。在这个内生模型中,长期的强劲增长只是几种可能的结果之一。然后,我将对 13 世纪后期以来发生在许多西欧地区的人口下降的性质与原因进行分析。它是一个像李嘉图-马尔萨斯学派与新马克思主义者所声称的那样的系统性危机? 还是,如果不是黑死病——是黑死病在两年内杀死了欧洲三分之一以上的人口——这个大灾难的突然打击,它仅仅是一系列可以被克服的暂时困难或可以被突破的生产瓶颈? 换句话说,关于 14 世纪"普遍危机"的说法是否是一个以黑死病之后爆发的社会、经济与政治动乱为基础的**事后**(*post hoc* ration- 40

---

① 特别是格兰瑟姆(1997a 和 1999)。关于前现代农业高水平生产力的证据,见艾伦(1995)、奥弗顿(1996)、霍夫曼(1996)、德弗里斯和范德沃德(de Vries and van der Woude,1997)。

alisation)推测的结果？通过提出一个新的危机模型,我的结论不仅将强调发展的一般特征,同时还要回答为何不同时段、不同地区间的长期强劲增长的分布是如此的不均衡(rhapsodic)。

关于中世纪晚期危机的许多争论,已经在一般性的长期经济趋势与地方性的短期经济循环之间引起了混淆,并且这些争论还认为战争、商业中断与传染病引起的周期性冲击带来了经济结构的变迁。当这些悲观主义者对周期性紧缩的强调多少还能得到理解时(尤其因为它在当代成了广泛讨论的主题),更为乐观的历史学家对消费与需求类型的强调以及对供给结构变化的忽视却使人们如坠雾里云中。因此,下面我将只讨论经济中那些结构性的、长期的变迁——那些通过对引发了 1300 年结果与 1500 年结果的条件进行比较而最容易得到辨认的变迁,而先不去管周期性的紧缩与扩张问题。① 对于地区差异的发生机制,在这里我同样只是粗略地涉及,后面的章节将会有更为详尽的讨论。

悲观主义者的例子

尽管在意识形态与理论方面有着重要的分歧,但战后的历史学家们几乎都同意 1280 年代与 1340 年代之间的历史事件,是欧洲经济的一个分水岭,他们中的许多人都承认这是一个"普遍性"的危机。这个观点是众所周知的,因而可以简略地概括出来。当时的封建经济是生产单个产品的李嘉图式经济,在缺乏关键的可供替代的其他农业与制造业的情况下,确保生存的谷物生产是该

---

① 关于 15 世纪英格兰的这种周期性循环,比如见哈彻(Hatcher, 1996)。

经济的主要目标。原始的技术与比较低的投资率意味着,除了耕种更多的土地,食物的产出不可能与人口的增长保持同步,但土地增加会导致迅速的报酬递减。而比较低的投资率是流行的产权制度与激励结构的结果。① 由于封建领主是通过军事与法律的("超经济的")强制来获取收入的,因此,他们几乎没有为市场而生产的积极性,也没有在市场上进行竞争的积极性;反之,竞争性市场的缺乏又使他们很少有技术革新的积极性。农民固有的逃避风险意识与对自给自足的偏好超过了对市场的"依赖",这种局面更进一步由于竞争性的"资本主义"市场的缺乏而得到强化。此外,1300 年之前土地生产力下降带来的不利局面又进一步因封建战争成本的上升而加剧。由于经济蛋糕的总量没有增加,领主们只能通过攫取社会剩余中更大的份额的办法来满足急剧飙升的军费开支的要求,而这只有通过不断对农民提出日益苛刻的要求来实现。农民得到的份额的紧缩进一步影响了资本投资的数量,从而加速了农业产出的下降。而日益频繁的饥饿将农民与城市中贫穷的工资收入者挤到了生理极限的边缘。食物匮乏提高了死亡率,并为黑死病的爆发奠定了基础。封建经济进入了一个内卷期,黑死病将整个社会的危机推向了巅峰。

李嘉图-马尔萨斯学派的人认为,到 1300 年,人口已经超过了可以利用的资源的承载能力。该观点是以下面三个假设条件为基础的:首先,土地的边际生产力在长期中是下降的;其次,较低的食物消费量,特别是 1280 年代以来收成危机的频繁发生使局势趋于恶化,并提高了危机死亡率,从而导致人口下降;第三,中世纪的人们还未能运用预防性措施来控制婚姻与出生率以缓解(人口)对

---

① 见德赛(Desai,1991)、希尔顿(1965)、波斯坦(1967)。

资源的压力。尽管第二个假设还没有定论,但第一、第三个假设却没有能经得住实证分析的检验。

关于黑死病之前谷物产量的长期下降,唯一的统计证据来自于波斯坦与迪托(Titow)关于13世纪中期到14世纪中期温彻斯特土地的一个著名研究。然而,与他们的结论相反,1250到1350年间温彻斯特的产出并没有表现出统计上有意义的明显的变化趋势。① 另一方面,近年来对英格兰其他地方及欧洲大陆部分地区的研究则表明,在黑死病到来之前,一些地方的平均产出还在增加。② 由于一些地方的人口下降或停滞不前和另一些地方的人口继续增长共存,因此人口灾难方面的统计证据同样是模糊不清的,人口仍在增长的地区包括英格兰、伊比利亚(在这里,加泰罗尼亚和卡斯蒂利亚经历了相对的人口减少,阿拉贡与纳瓦尔却经历了比较少的人口减少)、意大利(伦巴第的继续增长与托斯卡纳和意大利南部地区的停滞与下降相对比)、法国部分地区与佛兰德斯。③ 总之,这些食物生产(产出)与消费(人口)模式变化的主要

---

① 见波斯坦和迪托(1958~1959)、德赛(1991)。最近有人指出波斯坦与迪托对英国庄园领地产出的评估比对农民土地产出的评估过低(坎贝尔(Campbell,1997b),第238、244~245页);用当代的标准来看,温彻斯特的产出无论如何都太低了(坎贝尔,1995,第555~557页)。因此,在领地产出上表现并不明显的趋势,并不能外推到农民的土地产出上来。关于农民经常比领主更具有创新性的观点,见德维尔(Derville,1987)、本齐恩(Bentzien,1990,第129~131页)、坎贝尔(1997b),另注意本章的第69页注②。

② 见赖尼克(Reinicke,1989)、马特(Mate,1991)、坎贝尔(1995,第555页)、科尔托内西(Cortonesi,1995)。

③ 见哈维(B. F. Harvey,1991——本书提到多个叫哈维的,以后未注明的即此哈维。——译者)、斯密(Smith,1991)、迪富克和戈尔捷·达尔谢(Dufourcq and Gaultier Dalché,1976,第122~123页)、比森(Bisson,1986,第163页)、苏莱卡·帕拉西奥斯(Zulaica Palacios,1994)、贝尔泰(1984)、平托(Pinto,1995b,第46~54页)、基亚帕·莫里(Chiappa Mauri,1997)、爱泼斯坦(1992,第2章)、萨克拉里乌(Sakellariou,1996,第2章)、杜波依斯(Dubois,1988,第242~263页)、西韦里(Sivéry,1976,第607页)、巴拉捷(Baratier,1961)、特恩和德沃斯(Thoen and Devos,1999)。

的间接证据都是模糊不清的。而从这些不确定的材料来推断更为广泛的趋势,很有可能会得出错误的结论,因此,事实上并没有多少证据能够证明在黑死病到来之前的几十年间存在着**普遍的**欧洲危机。

关于13世纪后期以来局面恶化与危机死亡率上升的观点,同样面临着类似的反驳。有关死亡率的直接证据很少,并且对这些证据的解释也还存在着许多困难;而对死亡的原因甚至知道得更少。大多数的估计材料来自于对课税记录的加工处理,而这些记录主要源于城市,并且正是这些记录使材料的解释存在许多问题。这些零碎的财政史料很少能解释人口下降的原因,因此,使我们很难判断人口的下降究竟是死亡率上升的产物,还是像人口迁移这样一些其他因素的结果。关于纳瓦尔(Navarre)与普罗旺斯(Provence)黑死病之前的人口,已有的最好的研究结果表明,城市与乡村的人口变动幅度都因瘟疫、战争与其他未知因素引起的巨大人口流动被严重地放大了。① 尽管在农奴制(农民被束缚在土地上)仍然大量存在的地区,农民的流动会受到更大的限制,但是,即使是在拥有大量农奴的地区也仍有大量的可以随意迁徙的自耕农与无地农民。

面对着这些证据解释上的困难,李嘉图-马尔萨斯学派的悲观主义者已经开始从其他地方寻找困境加剧的证据。他们特别关注城市谷物价格波动水平的明显加剧(在大多数情况下,乡村地区的价格资料是缺乏的),这些波动加剧已经被他们当做收成下降的证据,而收成的下降则导致了城市贫困人口源于饥饿的死亡率的上升。然而,这种解释的合理性并非理所当然。因为严格说来,

---

① 见贝尔泰(1984)、巴拉捷(1961)。

价格波动是城市供给体制效率与需求弹性的函数,而不是收成产出**本身**的函数。只有在同样的收成波动在相当大的范围内同时出现,并且又缺乏替代食品或比较高的运输成本使从外部进口食品几乎是不可能的情况下,价格的波动才能够精确地描述收成的波动。但是,没有多少证据能证明所有这些条件都同时具备了。因为决定产出的生态与技术性因素是非常地方化的,因此,食物的替代品(其他谷物、豆类、栗子、植物根块等)是普遍可以找得到的,同时到 13 世纪时,谷物的长距离贸易已经非常活跃了。[1]

43   如果没有黑死病之前粮食**总产量**下降的足够证据,那么,我们就可以合理地推断 1280 年代以来小麦价格波动性的加剧,实际上反映的是食物**配置**方面越来越多的限制。欧洲城镇价格波动的长期趋势证实了这个猜测。[2] 很明显,波动不是由于多余的人口被挤向更加贫瘠的边远地区造成的。因为尽管乡村的人口已经急剧减少了,但剧烈的波动仍然在黑死病之后持续了数十年。此外,在人口稀少的 15 世纪谷物价格的不稳定性,以及在人口增长得以恢复的 1450 年之后价格波动的长期下降趋势,都表明价格的波动主要是由社会与制度的原因引起的。[3] 当然,我们并不否认气候的紊乱带来的偶然影响有时会如此的严重、如此的广泛,以至于它会使食物的储存与运输成本涨到难以承受的地步。在这类气候危机中,最明显的例子就是 1315 ～ 1317 年的大饥荒,它的直接原因就

---

① 关于地方之间产量差距的证据,见蒂茨－迪厄艾德(Tits-Dieuaide,1975,第 117～130 页)、克萨达和希门尼斯(Ladero Quesada and Gonzalez Jimenez,1979)。关于长距离谷物贸易,见博捷(Bautier,1967,第 9～13 页)。

② 见第七章图 7.3。

③ 关于 1400 年之后的这一时期曾有相同的观点(蒂茨－迪厄艾德,1987,第 534～536 页)。然而,她的数据不包括任何黑死病以前的材料,并且没有进行去趋势化(de-trended)处理;因此,它的结论是以不准确的估计为基础的。见本书第七章。

是波及了大多数北欧地区的超常降雨量与持续数年的冷天气的交替循环;尽管因为与死亡率上升密切相关而经常被视为是典型的"马尔萨斯"危机,但实际上这次大饥荒只是气候异常的结果,并且这个因素没有对人口稠密的地中海沿岸的欧洲地区产生太大的影响。①

尽管饥荒与死亡率经常在年代上巧合,但现代的研究者并不承认在饥荒与死亡率,甚或是在营养不良与疾病之间存在着直接的联系与一致性。个人很少会被饿死,并且食物摄取量过少一般也不会增加危机引起的死亡的可能性。当然,从另一个方面来讲,价格剧烈波动带来的食物摄取量的剧烈波动,也确实会提高人被感染上传染性疾病的可能性,这解释了为何在前现代时期欧洲比较高的价格波动是与紧张的人口环境(demographic regimes)以及比较缓慢的人口增长相联系的。然而,价格波动基本上是**组织机构**效率的体现,即妥善应对匮乏时期的配置与福利问题的机制效率的体现,而不是一个社会在食物生产方面无能的表现。② 因此,黑死病爆发前欧洲价格的剧烈波动,就反映了它在社会组织与商业组织方面的无效,而不是它在生产技术方面的落后。这些组织机构低效的一个最明显的例子就是在社会、经济与制度方面存在 44

---

① 见乔丹(Jordan,1996)。而波斯坦(1973,第213页)将1315～1317年的危机视为中世纪晚期经济衰退的开始。关于气候对19世纪后期英、法、德农业产出影响的最近一个分析指出,这个影响在不同国家表现的差异非常大;使用以国家为单位的加总数据进行分析,将会低估国家内部地区之间的这个差距(索罗姆和吴(Solomou and Wu))。

② 关于饥荒的生物学结果,见莫斯利(Mosley,1978)、沃特金斯和门肯(Cotts Watkins and Menken,1985)、利维·巴基(Livi Bacci,1990)。关于社会机构的协调与调解,见森(Sen,1981)、拉瓦利昂(Ravallion,1987)、沃尔特和斯科菲尔德(Walter and Schofield,1989a)、德瓦尔(de Waal,1990)、福格尔(Fogel,1994)。关于价格波动、死亡率、人口与经济增长率的联系,见加洛韦(Galloway,1988,1993和1994)。

着大量的不平等现象,这些不平等导致了食物供给过分地集中在城镇。在供给发生危机时,这个(不平等的)事实就会吸引大量的农村居民暂时涌进城镇,这种流动一方面带来疾病的传播,另一方面给当地的食品与就业市场以及原始的卫生系统带来了难以承受的巨大压力。[1]

而更加广泛的李嘉图-马尔萨斯封建经济模型同样引起了类似的反驳。这个模型有三个至关重要的观点:第一,人口会周期性地超过它的资源基数或产出"上限"(ceiling),因此必须通过死亡率的上升来控制人口的增长;第二,可以利用的技术不能够让产出的增长与人口的长期增长保持同步;第三,整个农业部门全都被用于生产人类消费的谷物。

认为中世纪的农民不能够根据经济环境的变化来运用人口再生产战略的观点假定,农民们缺乏最为基本的避孕理念与堕胎技术,并且也不会根据经济条件来调整婚姻状况。[2] 然而,这些假定与来自中世纪医学著作的记载和教堂伦理学家的证词相抵触。这

---

[1]　关于14世纪早期贫困的农民向意大利诸城市中迁移的描述,见平托(1995b,第49~50页)。关于在黑死病以前饥荒对不同社会集团的不同影响,见贝尔泰(1984,第272~273、315~317、320~321页)、拉茨(Razi,1993,第38页)、斯科菲尔德(1997)、戴尔(Dyer,1998)。波斯坦和迪托(1958~1959)试图通过把遗产税(heriots)(获取农民保有地所支付的费用,保有地只有在农民死亡时才能被收回)和谷物价格、特别是1315~1317年间的大饥荒期间的价格联系起来证明死亡率与食物短缺有直接的联系;然而这个遗产税对农民贫穷破产的卖地行为也会课征,因此更精确地说,该税收应该被视做是产权界定失败的证据(哈维,1991;斯密,1991)。

[2]　马尔萨斯关于预防性措施在维持人口与资源之间静态(homeostatic)平衡中的角色的论点,已经被战后的大多数经济史学家抛之脑后了。对于人口与资源之间需要维持的精准的均衡点来说,静态(homeostatic)的模型很显然是中性的。前面简单勾画出来的修正主义学派的观点指出,从他们已有的技术在理论上可以生产的资源和人口生存与再生产所实际需要的资源的差距来看,前现代社会的人口增长仍然还有相当大的空间。

些保留下来的记录材料表明,在中世纪中晚期避孕与堕胎已经是众所周知的技术。① 另外这些假定还与广为接受的如下观点相矛盾,即农民的富裕程度与家庭的大小呈正向相关关系,而这个关系表明正是穷人最善于使用各种积极或消极的方法来控制生育(包括杀婴、弃婴(exposure)、差别营养(differential nutrition)与初婚年龄的控制)以限制家庭的规模。② 而对那些没有被法律束缚在土地上的人们来说,前面讨论过的移民同样是适应变化着的环境与制约条件、寻找更多生存机会的方法。最迟到 13 世纪,欧洲的农民已经开始用一系列社会的、生理的以及医疗的方法来控制婚姻与出生率,从理论上讲,这些办法能够在人口与资源之间维持一个稳定的(homeostatic)均衡关系。这些推断性证据(包括前面对存在"过量人口"的批评)的重要性表明,中世纪的人们实际上运用了预防性的人口控制措施,但欠发达的市场与无效的福利组织却未能在缓解那些外生的天灾人祸方面起太大的作用。

李嘉图-马尔萨斯学派赖以为基础的第二个观点是技术上的悲观主义,该观点建立在早期对前现代农业生产力进行的估计之上。这些估计既以种子投入的单位产出或什一税报告的粗略测算

---

① 见比勒(Biller,1980)、里德尔(Riddle,1991)。

② 见拉茨(1980)、赫利希(Herlihy,1965 和 1982)、莱弗罗迪(Leverotti,1989)。拉茨(1993)也把英国农民的家族关系与商业化水平联系起来,并暗含着在经济激励与人口变化之间存在着一个正反馈。在卢昂(Rouen)的现代早期阶段,穷人通过快速降低出生率对小麦的价格(短期生活水平的一个近似值)上涨作出迅速的反应;城市富人的出生率实际上很少受到影响。另一方面,与价格的急剧上涨相联系的直接的控制措施的时间与规模的差异却很小(加洛韦,1986)。这些结果与赫利希的如下猜想相矛盾:穷人更多地使用这些直接的控制方法,而富人更多地使用出生率控制等预防性控制措施(赫利希,1987)。作为黑死病前控制人口增长的主要办法,斯密(1991:60~65)主要讨论的是对婚姻与出生率控制的证据,而不是死亡率。尽管中世纪的农民使用预防性控制措施的证据尚不具有说服力,但他们理性地对价格信号作出反应的观点,则表明他们已经意识到过度生育所可能带来的机会成本。

为基础,又以 18 世纪以前主要农作物与机械革新的不足为依据。然而,最近更为精准的产出与资本效率测算已经大大提高了生产力的估计值。并且这些测算还表明,在通常的人口水平条件下,1750 年以前主要技术革新的缺乏并不会对产出构成严重的制约。通过更为有效地使用可以得到的生产要素以及引进一些低成本的革新措施(更好的排涝、新作物的轮种、更多地施肥、圈地等),18 世纪的欧洲仍然可以用生产力的明显提高来维持更大的人口。这种低成本革新是指以 13 世纪、甚至更早时期已经积压下来的、尚未被开发利用的、或尚未被充分开发利用的实用知识与技术知识为基础的技术革新。

确实,1320 年代的诺福克和肯特人的农业生产力已经达到了相当高的水平,事实上,直到 18 世纪人们才再次达到这个较高的水平。在 13 世纪的托斯卡纳,由于在不需要主要技术革新的排涝、土地布局调整、高值经济作物的种植以及运输与物流配置改进等方面的投资,农业生产力平均每年增长了 0.25%。该地区的人口大约翻了一番以及城市人口的比例增长了两倍,正是与这些方面的进步密切相关的。同样,托斯卡纳也是在 1800 年之后才再次达到类似的人口密度与城市化水平的。德维尔(Derville)、托恩(Thoen)、赖尼克(Reinicke)以及其他一些学者已经在中世纪时期的法国北部、佛兰德斯与下莱茵地区发现了类似的模式;瓦伦西亚的灌溉**冲积平原**也曾达到了相当高的生产力水平。格兰瑟姆(Grantham)计算的结果表明,前现代时期的城市化水平比技术所能允许的水平要低 40% ~ 60%。因此,他得出结论,农业技术的水平并不是前工业化时期非农劳动力规模扩张的限制性条件。艾伦(Allen)也指出,现代早期英格兰中部拥有土地的农民在高黏度土地上引进的排涝技术的小幅度改进,推动了农业生产力方面

"自耕农"革命的爆发,霍夫曼(Hoffman)则证实法国中北部地区也存在着一个类似的增长模式。最后,蒂茨－迪厄埃德(Tits-Dieuaide)的研究表明,在13 到 18 世纪之间,正是依赖于长期而缓慢的作物改进与技术变革,而不是 18 世纪迅速的农业革命,才使佛兰德斯的单位土地产量几乎翻了一番。[①]

　　上面刚刚总结过的研究认为,农民与地主革新技术的速度主要是由当时通行的利率与规定了贸易机会成本的交易成本决定的。[②]由于长期的实际利率是投资风险与投资机会(市场规模)的函数,而这两者的大小都取决于搜寻、执行与运输成本(指在这里作为因变量的技术变迁之外的因素)的大小,因此,我们可以得出结论,前现代农业投资率低以及农业生产力不断倒退的主要原因,是过高的交易成本带来的反向激励。[③] 而交易成本高的最主要原因则是前现代政治与司法管理权的支离破碎以及相互间的战争导致的协调失败与公共品(交通与商业体系、可信赖与可预测的公平、货币与政治的稳定)投资的缺乏。[④] 由此可以推出,在一个较长的时期里,人口密度会与农业生产力呈正相关关系。因为如果大宗食品的运输成本很高,那么一个理所当然的推论就是,人口稠密能带来专业化与基

---

　　① 见坎贝尔和奥弗顿(Campbell and Overton,1993)、坎贝尔(1995,第555 页)、帕尔森(1991)、戴(W. R. Day,1999)、赖尼克(1989)、德维尔(1987)、特恩(Thoen,1997)、格利克(Glick,1970)、艾伦(1995)、霍夫曼(1996)、格兰瑟姆(1993 和1997)、蒂茨－迪厄艾德(1984)。

　　② 约翰·朗顿指出,在面对着比大面积租地支付更高的平均租金的情况下,英国的小块土地租佃人比大块土地的租佃农民与封建地主为迅速地用牛替代了马。小块土地的农民还更多地参与贸易经营,在这个贸易中马的高维持成本可以被它更大的优势与速度所抵消(兰登(Langdon),1986,第 172～253 页)。下面再讨论利率。

　　③ "中世纪农业的核心问题不是提高和维持生产力的方法不知道,而是除了少数地方之外的大多数地区,缺乏采用技术的有效激励。"(坎贝尔,1995,第544 页)

　　④ 关于公共产品对农业供给弹性的影响,见希夫和蒙特内格罗(1997)。

47 础设施方面规模经济的好处。① 于是,中世纪最高的农业生产力自然会出现在当时欧洲人口密度最大的意大利中北部、佛兰德斯、法兰西岛大区(Île-de-France)、阿图瓦和诺福克等地。

当然,在这些批评者当中,没有谁会否认生产瓶颈确实会导致人口的下降,并且事实上,在 13 世纪后期,欧洲许多地方的经济(生产)也确实都经历了一个衰退。然而这些批评者关注的核心解释变量已经不再是人口与资源的关系(就像李嘉图-马尔萨斯模型所做的那样)与土地所有权结构(就像该模型的布伦纳版本所说的那样),而是复杂的农业生产与市场之间的关系。

在李嘉图-马尔萨斯模型中,最容易让人误解的特征,就是他们对谷物生产的过分强调。尽管从实物上看,前现代农业最主要的产品确实是谷类产品,但以价值以及商品率(由于相当大的一部分产品是由生产者自己消费的,因此用于销售的产品总是小于总产量)来衡量,长期以来,谷物生产的重要性却是在稳定下降的。到 1300 年,即使在像英格兰这样一些不发达的地区,谷类产品占国内生产总值的比重很可能也不会超过 40%。② 然而直到最近,重视大宗农产品部门的偏见仍在忽视乡村生产者所可能面对的相当多的职业选择,其中包括为了获得皮、毛(在 14 世纪早期的英格兰这一项可能会占到农村国民生产总值的三分之一)、肉、奶的放牧活动以及地中海沿岸的果木作物种植活动,特别是还有制造业与服务业提供的各种各样的副业就业机会。③ 因此我们认

---

① 见博瑟卢普(Boserup,1965)。蒂茨-迪厄艾德(1981 和 1984)用前现代佛兰德斯的例子清楚地表明了这一点。

② 用坎贝尔(2000)的数据推断估计。

③ 见海默和雷斯尼克(Hymer and Resnick,1969)。基齐克普罗斯(Kitsikopoulos,2000)估计在 14 世纪英格兰五口之家的农场中平均每年有 20% 的全天工作日可以外出打工。

为,这种偏见强化了"普遍性"危机的信念,因为它让历史学家们看不到黑死病爆发之前的几十年间在欧洲部分地区的乡村与小镇上存在过的副业的明显增长。这些增长暗示,与初级制造业以及与羊毛这样的原材料相比,大宗食品的价格是比较稳定且逐步下降的。并且,非农就业机会还被认为是该时期观察到的农业土地不断分割的原因之一。①

通过将增加农民可支配收入以及激励其提升农业专业化水平 48 的各种经济活动排除在外,战后的封建经济模型高估了黑死病爆发前农业收成与供给危机对社会福利的影响。一味地将注意力集中在谷物生产上,同样会让历史学家们忽视或误解国内贸易与市场的重要性,并让他们作出如下判断:由于"普通"农民都拥有自己的生产工具、能够依赖土地来满足自己的消费需求,因此只有在"超经济的"强迫下他们才会从事贸易活动。② 按照流行的观点,

---

① 斯密(1984:22~38)估计,40%~70%的农民拥有的土地都太小,因此不能完全吸纳它的居民的全部劳动力,另见上注。这个数字与布雷纳德如下观点相矛盾,封建社会的基本经济单位是自给自足的独立的农民农场(本书第一章)。尽管大多数剩余劳动力成为了受雇用的工人或仆人,乡村副业的其他形式的证据却是大量存在的。见沃茨(Watts,1967)、比勒尔(Birrell,1969)、哈彻(1973,第84、152~156页)、布雷德伯瑞(1982,第1章)、贝利(Bailey,1988)、坎贝尔(1998,第21页)、米勒和哈彻(Miller and Hatcher,1995,第410~411页)、萨顿(Sutton,1989)、西韦里(1976,第607页)、孔巴(Comba,1988c)、马伊诺尼(Mainoni,1994a,第1章)、沃尔夫(Wolff,1976)、富尔坎(Fourquin,1964,第115页及注289)、瓜尔·卡马雷纳(Gual Camarena,1976)。在黑死病之前英国经济中羊毛部门的重要性由西尔弗(Silver,1983)和德赛(1991)所强调,并在最近对1304~1309年左右4 000万只羊的估计中得到确认(坎贝尔,2000)。

② 我们可以在波斯坦(1973)的文献中看到对国内贸易与市场的忽视,该观点进一步在布伦纳(1982)的文献中得到坚持,布伦纳认为城镇仅仅是长距离奢侈品贸易组织以及封建剩余消费的中心。在研究中拥有过少的历史材料的多布(1946,第2章),提出一个更为复杂的观点。他关于"小型商品生产"角色的直觉已经在希尔顿(Rodney Hilton,1985,1992)的研究中得到了进一步的发展,希尔顿对近年来人们对英格兰中世纪的小城镇、市场与商业化研究兴趣的再次兴起有重要影响。

市场是需要将其农业剩余货币化的封建贵族、教堂与国家强加给农民的东西；而中世纪的城镇则是作为农业剩余消费者的食利者的聚集地，是"封建海洋中的小岛"；由于为供应市场从事生产需要冒更大的风险，即收入具有更大的波动性，因此，在正常情况下，农民将会躲避市场。然而，这种观点无论是从理论上讲，还是从事实上来看都是错误的。在封建主义经济中，当城镇作为一个可以激励农业与制造业专业化的工业、贸易与消费中心发挥重要作用时，封建主义条件下的产品市场（在一个较低的程度上也指土地、劳动与信用市场）是无所不在的，并且农民也总能出现在最需要他们的地方；在像佛兰德斯、伦巴第与托斯卡纳这样一些更为发达的地区，人口的城镇化比率已经高达30%。认为可以用产品多样化的办法来克服收入波动的观点确实是对的，但该观点却忽视了多样化只有在市场的条件下才能达到最优水平的事实，因为只有市场才既能吸纳各个农场生产的产品，又能激励他们提升专业化与生产力水平。尽管从原则上讲，农民涉足市场的程度会因为市场的无效、对战争之类的外部冲击的敏感、信用获得的困难、信息成本以及诸如此类的影响而打了折扣，但没有哪个理论能说明农民为什么要躲避市场。[①]

49　　因此，战后的历史学家实际上低估了中世纪或"封建主义"农业潜在的生产力与实际的经济绩效。在14世纪中期以前，面向大部分地区的农业技术足以大幅度地提高农业生产力与农业产出的水平，从

①　　当佛兰德斯、伊比利亚的部分地区、法国南部及意大利这样一些欧洲地区，长期以来被视为城市化程度较高、封建主义成分较少的地区时，像英格兰这样一些地区最近也被承认有一个类似的发展模式（米勒和哈彻，1995；布里特内尔（Britnell，1993）），这些欠发达地区在存在各种商业化阻碍的情况下，仍在1086～1348年间经历了城市化水平三倍的增长以及人均货币使用量十倍的增长。

而使人口总量能够超过 1300 年时曾达到的"上限"水平。事实上,那些早期的技术带来的生产能力中所蕴含的许多潜在收益,直到 18 世纪才得到充分的利用。由于影响革新速度的主要因素是交易的成本,于是能否很容易地进入到制度化的、稳定的竞争性市场就成为增长最主要的先决条件。由于在大多数的情况下,贸易的障碍、因而也是革新的机会成本太过高昂,①再加上缺乏适当的激励,因此,在黑死病之前,大多数中世纪的社会都只是通过控制人口规模来适应当时的经济条件,而并没有把技术性知识的潜力全部挖掘出来。

封建经济和危机

　　显然,有关封建经济的新模型必须把上面我所总结的最新发现全部包括进来;该模型还应该避免使用贸易产生贸易这样一些语义上的重复来进行解释;它必须提供一个简洁的理论来解释为何不同地区的长期经济绩效会如此不同。② 下面我们就将对这样

---

　　① 这些结论似乎是沿着近年来在英美的中世纪学者中特别有影响的"商业化"与新斯密学派的修正主义路线得出的结果。这个群体中的学者倾向于将商业变迁的累积性影响最大化,并声称到 1300 年福利水平并没有严重恶化,并暗含着 14 世纪早期的死亡率危机是一个暂时的可逆的倒退。然而商业化的主题有两个弱点。第一,他们假定中世纪农民像今天堪萨斯州的农民一样从事经济活动,从而掩盖了一个有趣的问题:长期的激励结构是如何变迁的? 第二,从制度意义中推出的严格的斯密增长模型不能解释为什么一些地区比另一些地区的商业化程度与技术水平更为高些? 更为重要的是,试图在"商业化的"框架内解释这些差异的努力需要借助于像领主的控制程度这样一些外生的制度要素来完成。关于增长是由城市化与水运条件推动的观点在皮雷纳(Pirenne)论文中的再次规范化(格兰瑟姆,1997a)带来了一个新的问题:在开始时,城市化从何而来? 我们有足够多的例子表明,成功的城市并没有直接与水路运输相连接,相反,海滨地区并不是一个商业氛围特别浓厚的区域。这些例子表明简单的贸易机会并不能必然地引起商业的成功。商业化模型描述了增长,但并没有解释它。

　　② 关于诉诸于贸易的语义反复,见上注。

一个模型的轮廓进行简单的勾画。

在进贡型的封建生产方式中，大多数的农村生产者拥有他们自己的生产工具，并在市场上销售他们生产的部分产品。[①] 封建领主(包括那些对内地拥有司法特权的城镇中的统治精英)通过以军事威胁为基础的分权式法律强制体系来攫取农民的剩余;这些剩余既包括直接获得的现金、实物或劳务地租,也包括间接获得的交易税或司法收费。尽管由于时间与空间的不同,不同收入来源所占的比例会发生变化,但从司法管辖权中所获得的收入(包括强制性劳务)份额始终是相当可观的。因此对封建经济来说,主要的威胁并非来自贸易,某种程度上甚至可以认为封建经济是因贸易而繁荣的。[②] 尽管封建领主并不排斥市场,但他们会为了收入而对市场征税并实行管制。由于与农民或生产者相比,封建领主较少直接面对市场的压力——在 13 世纪末期,英格兰的私有

①　受阿尔东(Haldon,1993)的影响,我用"进贡"一词来强调通过税收和进贡获得的封建收入和通过劳务服务与地租获得的一样多。单纯地用劳动关系和土地产权来分析封建生产方式,而不考虑市场结构,将会导致理论与实证上的死结。作为一个既为生存、又为市场进行生产的阶级的农民定义,是一个比以农场规模、租佃关系以及由此产生的行为模式为基础的随心所欲的臆断更为合理的定义。

②　这个观点是由多布(1946:39~42,70~81)提出的;另见沃尔夫(Wolf,1983)、阿尔东(1993)。对封建剩余攫取方式的主要长期威胁来自别处。首先,由于劳动力流动确实是一个威胁,因此,不再与生产工具相联系的雇佣劳动者阶级的出现与壮大,削弱了封建强制力;它迫使领主们在劳动力市场上相互竞争,而不是采取强制性的劳务服务。第二,国家集权——封建强制力之上的主权从下级附属向领土范围内最高级权威的转移——将允许分权的封建强制力存在的封建司法管辖权转换成与商业交易相关的产权与财政权。将分散的封建豁免特权转换成国家规定的需要重新认定的财政权利,把封建阶级的法律经济基础变成了可交易的商品。当国家关于是将收入源卖给出价最高的收购者,还是完全废除它们的决策,已经越来越成为一个财务或财政问题而不是政治问题时,精英们的资本已经取代了他们的社会地位成为他们手中新的交易砝码。现代早期的"极权主义"并不仅仅是封建主义国家的一种形式(安德森,1974)。通过开始集中并垄断司法管辖权,现代早期的国家奠定了现代资本主义的制度基础;见本书第八章。

领地收入或许只占领主收入总数的 5% 以及国民生产总值的 0.5%——因此,尽管当新技术出现时他们也会采用这些新技术,但他们不大可能去鼓励农业技术上的革新。①

因此,封建经济增长的主要障碍是交易的成本,而这个成本在较大的程度上决定于制度规则与关税、政治与军事局势的稳定(在这样的社会中,战争是如此的流行,以至于它经常会扰乱贸易),只是在较小的程度上才决定于交通技术的发展。除了粮食供给——这个城镇一直试图管制的市场外,在一个领主或城市的司法管辖权范围内,市场大体上讲是竞争性的;从某种程度上讲,51 甚至可以认为封建分权既能支持外延的增长,也能支持内涵的增长。② 然而,领主与城镇激励贸易的主要目的是追求他们来自于财政与司法管辖权的租金收入的最大化。由于这些权利也是他们的社会政治权力的基本内容,因此司法意义上"自由"贸易的引入将会减少他们的封建与城市收入,并对那些领主拥有的凌驾于农民之上、城市拥有的凌驾于乡村之上的司法特权提出挑战。于是,从长期来看,封建领主与城市拥有的强势的司法管辖权与经济增长之间就是互不相容的。因此,并不令人吃惊的是,农业革新与领主权力的强度成反比,乡村工业增长与城镇和领主们拥有的司法权力成反比。③ 对封建经济增长的根本性限制,来自市场垄断与

---

① 这个估计是以贝尔法斯特大学的布鲁斯·坎贝尔(Bruce Campbell)和尼古拉斯·波因德尔(Nicholas Poynder)好心提供的数据为基础的。关于农民比领主更快的革新速度,见本章的第 62 页注①、第 69 页注②和第 99 页注③。

② 与此相对,资本主义被定义为一种经济体系,其中的生产者为工资而工作并在市场上相互竞争,资本所有者在市场以上边际成本为基础为了利润而竞争,而不再追求政治允许的租金。以此定义为基础,前现代欧洲的经济至少在 17 世纪仍主要是进贡性封建经济,而不是资本主义经济。

③ 关于农业的革新,见坎贝尔(1997b,第 244~245 页)、维霍尔斯特(Verhulst,1985;1990,第 25 页)。关于乡村制造业,见本书第六章。

其他政治与司法多元化引起的其他协调失败，而不是来自技术惰性。

因此，从原则上讲，前现代的封建经济有两条截然相反的发展路径。它们既可以维持并强化主权的多元化局面——波兰共和国、德意志人的领土国家、17 世纪中期以后的西班牙那不勒斯都是这条道路上的例子，也可以像其他地区那样演变成一个更为集权的政治一体化的国家。在西欧的大多数地区，封建领主利用强制权课征税收、垄断贸易，从而使封建经济的潜力一直未能全部开发出来，不过这同一批精英用战争来扩张领土的战略追求，也一定程度上补偿了这些强制性课征与垄断特权的不利影响。就像利用司法管辖权进行剥削一样，战争同样是封建主义内在逻辑的一个重要组成部分。尽管通过封建战争来扩张领土的主要目的是扩大领主的政治经济资源的基础，但通过增加司法管辖权的整合程度与减少新领土范围内的交易成本，它也确使更多的经济主体受益。[1] 就像我们将要看到的那样，国家的形成既能减少现有产权的调整成本，又能减少引进新制度的成本：它能够降低封建领主的收费、废除或严重削弱相互对立的封建和城镇垄断特权（囚徒困境）、能将支离破碎的度量衡（协调失败）、法规或立法体系领土化与系统化、能减少战争与劫掠的机会、能减少统治者独断专行、欺压臣民，"坐寇"（stationary bandits）的机会。国家形成因此就成为 19 世纪以前市场整合与斯密增长的主要原因——很可能也是它的主要推动力。

总之，封建社会的经济发展主要是两个相互对立的力量共同

---

[1] 见孔塔米纳（Contamine，1980）。关于司法管辖权的整合，见奥尔森（1982，第 5 章）。

作用的结果:一个是分散的军事与司法管辖权的压力,另一个是集中的政治与司法管辖权的推力。从长期来看,后者获得了胜利,并因此而降低了交易成本、激励了商业化与专业化的发展。封建主义生产方式内部的"最初原动力"和"矛盾"就在领主、农民、市场与国家之间的相互关系之中。

"创造性破坏"和制度的整合

如果像我前面概括过的研究所隐含的那样,把人口增长作为经济增长的一个近似指标,那么,14世纪早期西欧许多地区的经济衰退就是无可争议的。[1] 但如果像我们所主张的那样,认为人口停滞主要是预防性人口控制的结果,而不是客观条件限制的产物,那么,是什么造成了经济机会的减少呢?

前面我已经指出,无论是人口的下降,还是饥荒日益严重的影响都无法证明人口已经超出了可以利用的资源的承受极限,并且我认为,在14世纪初观察到的粮食价格波动的加剧、饥荒对社会影响的不均衡性、人口变动趋势的高度不稳定性特征,都是制度瓶颈对以贸易为基础的专业化影响的结果。[2] 凡是农业集约化生产与专业化生产的机会受到严重限制的地区以及应付当地匮乏而进行的粮食调度成本较高的地区,饥荒与粮食价格的波动就会比较严重;反之亦然,因为农民只会对他们认为是永久性的价格变动作出反应,急剧的价格波动会推迟他们的投资并使他们从市场中

---

[1] 关于现代欧洲早期人口与经济增长之间正相关关系的证据见加洛韦(1988)。

[2] 这种制度性解释要比用技术要素来解释地区人口模型的差异更有说服力,因为制度受地方因素影响的程度要比技术大。

"退出"。① 从 1280 年代和 1290 年代以来,封建战争日益增多的不利影响——人们经常把它与更为普通的"中世纪晚期的秩序危机"联系起来——特别是它的扰乱性影响,其实主要并不是因为它所带来的破坏,而是因为它带来了沉重的税收负担,它带来的为供应军队而进行的没收行为,它带来的商业动荡以及更高和更不稳定的价格。② 对困难时期的到来,人们的反应往往是推迟结婚与推迟生育。或者,如果农奴制没有将农民束缚在土地上,那么,他们就会移居他乡。另一方面,在市场与制度条件更为稳定的地方,人口则会持续地增长。在 13 世纪,当卡斯蒂利亚中南部地区的**光复战争**③(reconquista)打开了无人定居地区的大门时,移向该地移民人数**远不能满足需要**,于是到处宣扬该地区存在李嘉图-马尔萨斯危机(人口的停滞或下降、价格的波动与上升以及土地的分割)征兆的人自然会哑口无言;事实上,卡斯蒂利亚发展的主

（左侧页边：53）

---

① 见纳洛夫(Nerlove,1958,第 82 ~ 86、210 ~ 215 页)。农民或农场主预期价格沿着一条"随机的路径"变化,即如果价格有任何变动的话,都应该是随机的;关于这个思路的现代早期粮食价格模型见帕尔森(1999)。

② 关于中世纪晚期的秩序危机,见科伊珀尔(Kaeuper,1988,第 170 ~ 183 页)。英国 13 世纪后期与 14 世纪早期战争的经济后果得到了很好的研究,然而与大多数其他欧洲国家相反,英国的贵族参与战争是协助国王,而不是反对国王。见马迪科特(Maddicott,1975)(他在第 70 ~ 75 页沿着这里的思路证实了"波茨坦论文")、普雷斯特维奇(Prestwich,1972)、哈里斯(1975)、米勒(1975)、科伊珀尔(1988)(使用了广泛的参考文献)同样讨论了法国。马特(1982)指出大地主比小地主更容易保护自己不受军事压力的影响。贝利(1988a)把黑死病前英国剧烈的价格波动与无效的市场和频繁的食品分配的干预联系起来;另见苏莱卡·帕拉西奥斯(1994,第 39、44、81 ~ 82 页)、爱波斯坦(2000c)。另一方面,对贸易干预的本意是要阻止本地的供给危机发生(贝尔泰(1984,第 24 页)关于纳瓦尔的论述)。

③ 指西班牙基督徒从 11 世纪开始一直持续到 15 世纪末的推翻穆斯林统治的战争,到 13 世纪时大部分地区领土已被收复,原有穆斯林居民被赶出,故有大量移民的问题。——译者

要限制条件是它的人口**紧缺**、而不是人口**过剩**。①

而其他地区的经济衰退则主要源自于封建领主——包括那些作为意大利、佛兰德斯、很可能还有加泰罗尼亚组成部分的城镇，它们拥有重要的管辖其周围乡村的司法管辖权——日益激烈的竞争性寻租活动，这些寻租表现为追求贸易利润、稳定食品供给与追求领土扩张的活动。总之，13 世纪最后 20 年开始的战争带来的日益增长的不利影响以及国王、领主与城镇在课税体系建设方面的迟缓，抬高了专业化启动的风险门槛，减少了对农业革新的激励。各地面对的发展瓶颈并不完全相同的事实，解释了为何有些地区的人口能够持续不断地增长。因此，什么时候、哪个地方发生经济衰退的问题，就主要是一个由制度引起的"配置危机"问题，而不是一个由技术决定的"农业危机"问题。②

尽管关于危机与黑死病引起的无所不在的冲击的后果，人们的观点差异很大，但大家都同意它是欧洲经济开始向资本主义转型的一个分水岭。③ 对布伦纳（Brenner）来说，农业资本主义的发展要求将自给自足与反市场的农民从土地上排挤出去。然而，事实上，只有英国才经历了这样一个过程；在其他地方，"危机"实际上强化了以独立的农民或农奴为基础的封建生产方式。根据沃勒

54

---

① 见巴鲁克（Valdeon Baruque, 1971）、麦凯（Mackay, 1977）；关于阿拉贡南部地区 1250 到 1350 年间经济的扩张见穆尼奥斯（Sesma Muñoz, 1995）。黑死病对人口的影响均衡地得到了缓解，在 15 世纪早期卡斯蒂利亚的人口已经开始恢复（郓（Yun），1994）。

② 关于城市贵族身份作为利润的来源，见米勒和哈彻（1995，第 285~290 页）、尼古拉斯（Nicholas, 1971）；以及本书第四~七章。关于 14 世纪早期农村土地使用权、放牧权与水资源短缺带来的冲突以及乡村盗匪问题的恶化的地区性例子，见贝尔泰（1984，第 258~265 页）。

③ 勒华拉杜里（1966）认为在 1300~1550 年间经济基本上没有发生突变的观点很明显属于少数派。

斯坦或者多少有点模糊的布罗代尔的观点,是危机将封建经济推上了向"商业资本主义"转型的轨道,并推动了以西欧的部分地区为核心的"世界资本主义体系"的形成。[①] 由于这两种观点所遵循的逻辑前提,都假定封建主义经济不能从内部为自己提供增长的动力,因此,他们都认为向资本主义的转型是由封建社会之外的力量推动的。布伦纳认为这个**天外神灵**(*deus ex machina*)就是阶级力量的平衡关系,这个关系是由独特的民族特征("英国人的独特性")历史地决定的;对布罗代尔和沃勒斯坦来说,海外大发现提供了一个必要的市场,是该市场将中世纪的经济拖出了停滞的陷阱。因此,关于多布(Dobb)提出的是否在封建经济内部存在一个"初始推动力"将其带进了向资本主义转型的过程这个老生常谈的问题来说,最经常听到的是一个清晰且不断得到共鸣的否定答案。[②]

然而,鉴于前面的讨论,封建主义的经济动力可以用下面两个内生的积极因素来予以更好的解释:市场生产与集权政治。作为一个外在事件,黑死病通过将几个世纪以来一直累积着的压力聚集在一起并强化为巨大的推动力,从而把封建经济从低水平的"均衡陷阱"中压迫出来,并推上了一个较高的增长路径。[③] 自从11 世纪后期以来,日益强大的政治与经济压力,一直要求简化司法管辖权与领土格局以减少交易成本,并增加市场的影响力。在13 世纪的最后几十年里,当"国家战争"在整个英伦三岛、法国、佛

---

① 见布伦纳(1982)、沃勒斯坦(1974)、布罗代尔(1982)。他们的观点很难与斯威齐(Sweezy,1950)的观点区别开来。

② 见多布(1946,第2 章)。

③ 关于黑死病是转型唯一的原因的观点,见哈维(1991)。由于其不可预测性,黑死病在一个并非不重要的意义上讲是外生的。

兰德斯、德国南部、普鲁士、意大利和伊比利亚半岛全面爆发时,趋向合并或整合的压力达到了高潮;英法之间以及加泰罗尼亚-阿拉贡、西西里与那不勒斯之间的两个百年战争是最为明显的证据。战争需要税收,税收需要各种各样的一致同意机制、国家主权的构建以及无论从数量上、还是质量上讲都是全新的各种各样的行政 55 资源。[①] 换句话说,即使没有黑死病的冲击,封建社会内部产生的集权的压力在长期内也会降低交易成本,改善贸易与专业化的激励,并逐步将经济推上一个较高的增长路径。然而,由于讨价还价实力在土地所有者与劳动者之间的迅速转移,14 世纪还相当平稳的演化进程很快就普遍被激烈的政治经济斗争转化为熊彼特的"创造性破坏"浪潮。[②]

在因劳动短缺而增强了谈判实力的富裕农民精英与坐收封建特权衰落之利的城镇精英的支持下,精明的统治者在他的领土上提高了司法管辖权的整合程度,从而使市场竞争更加激烈,并推动了商业化的发展,最后为 16 世纪的长期繁荣奠定了基础。[③] 当

[①] 见吉尼特(Genet,1995)。关于英法战争的制度、经济与法律原因的简明讨论,见奥尔芒(Allmand,1988,第 6~12 页)。关于 1282 年之后战争对长距离贸易、主要是海洋贸易日益增长的影响,见芒罗(Munro,1997,第 65~78 页)。关于中世纪晚期税收的增长,见奥姆罗德(1995)、邦尼(1999)、佩佐罗(2000)。

[②] 博伊斯(1984)也将战争整合进他的封建经济模型,但没有考虑政治整合的好处,而且只是强调了它的破坏性结果。1350 年之后的许多城乡起义还有待于现代对比检验,见莫赖特和沃尔夫(Mollat and Wolff,1970)、富尔坎(1972)、希尔顿和阿斯顿(Hilton and Aston,1984)的参考文献。这些爆发只是更为广泛、更为深远的国家关于公平、税收与政治代议制方面的限制、特权与义务斗争的一个方面,我们在此只能简单地提及。沿着这个思路,关于中世纪晚期国家形成的最新研究,见斯普鲁伊特(1994)、埃特曼(Ertman,1997)。黑死病之后授予英国城镇的组建公司的特权、郡县的法团地位以及其他的特权与自由是王室用来交换税收的重要砝码(奥姆罗德,1990,第 6、9 章;帕利泽(Palliser),2000)。

[③] 这里没必要去详尽分析政治整合的经济后果在很大程度上并非是有意所为。关于市场整合的基本政治目标的分析,见本书第四章。

然,司法管辖权整合的程度是由制度与政治的因素决定的,同时这些政治制度在各国之间是互不相同的,这也为进一步的整合提供了一个可资比较的基础(parameters)。从某种程度上讲,司法管辖权的整合为贸易与专业化的发展奠定了基本的激励结构,因此,中世纪晚期的危机在导致了政治领土**内**更大程度的经济一体化的同时也为此后发展的地区**间**分岔提供了制度方面的决定参数(parameters)。

关于中世纪晚期经济的许多争论都将关注的焦点放在了需求的讨论上,特别是关注能带来穷人生活水平改善的领主与农民之间谈判实力变化的幅度。很明显,尽管在收入分配的幅度与消费的模式方面各地有着重大的不同,但欧洲大部分地区的个人福利确实都在黑死病后得到了改善。当遗嘱清单、嫁妆、考古挖掘印证了便宜衣服、陶器和木制器皿这些家庭用品的使用有了明显的增加时,消费水平的提高在肉、奶酪、黄油与啤酒(后者是在欧洲的中北部地区)的消费中也得到了更好的印证,而地中海沿岸地区的发展同样在葡萄酒、橄榄油、水果与蔬菜的消费中得到了很好的印证。这些变化很少有数量的记载,但是热那亚人保存下来的非同寻常完整的、关于日常消费商品通行费记录的例子却表明,这个变化是非常明显的。从 1341 年到 1398 年间,城市的人口从 60 000 ~ 65 000 降到 36 000 ~ 40 000(下降了 40%),对外国进口的服装课征的通行税下降了 61%,但当地衣服消费的通行税却上升了 3%,对葡萄酒消费的课税只下降了 25%。①

最近有人建议,在尚未建立统计资料的社会中,生活水平的相

---

① 见戴(1963:xxviii ~ xxx)。

对变化可以用每年的城市化增长率与总人口增长率的差额来估计。① 将这个方法用到中世纪晚期的意大利,可以得出如下结论,1300 年到 1500 年间意大利人的生活水平有了一个 30% 的提高。尽管大多数的改善都集中在南部地区,这个结论与我们的描述性文献的证据是吻合的。类似地,对英国的估计也表明从 1330 年代到 1520 年代英国人的平均生活水平提高了 60% ~ 70%,该结论支持了梅休(Mayhew)最近作出的英国人均收入在 1300 年到 1470 年间翻了一番的估计。英国人生活水平的更大改善是因为如下的历史事实:作为一个更穷的地区,英国正在经历一个长期的追赶式增长过程。② 到处被引用的、将中世纪晚期描述为"农民和劳动者的黄金时代"的结论,从总体上讲是正确的。③

　　当然,过去对粮食生产的过分关注已经使人们忽视了更为重 57
要的供给结构的变化,而正是这个结构的变化才带来了市场的深

---

　　① 这个方法假定,城市化率是专业化与生产力水平的近似指标;如果相对于总人口而言城市化水平提高,那么平均的生活水平也会提高(克雷格和费希尔,2000,第 6 章)。

　　② 见梅休(1995,第 241 页)。从 14 世纪早期到 15 世纪中期,尽管实物支付与以物易物的贸易也在增长,人均的通货拥有量仍上升了 50% ~ 100%(布里特内尔,1993,第 183 ~ 185 页)。我的估计是以 1334 年与 1524 年的税收评估材料所揭示的城市财富所占的相对份额为基础的(见布雷德伯瑞,1962,第 111 页),两个时间的人口分别是 500 万与 230 万。在后来的争论中,布雷德伯瑞成功地为自己用税收评估材料来估计城乡财富相对份额变化的办法进行了辩护(里格比(Rigby),1986;布雷德伯瑞,1986)。对意大利的计算是以马拉尼马(Malanima,1998)的数据为基础。关于 15 世纪早期英格兰和意大利北部生产力差距的讨论,见帕尔森(1993)。

　　③ 见埃布尔(1980)、戴尔(1989a 和 1989b)。关于一个对立的观点(以 1350 ~ 1400 年佛莱芒(Flemish)与英格兰建筑工人工资为基础),见芒罗(1997)第 72 ~ 74 页,本书第六章 155 页注①将进一步讨论。尽管波茨坦(1973)承认农民与雇佣劳动者的谈判实力在黑死病后有了提高,但他认为这导致了他们的工作努力的降低,因为低收入雇佣劳动者更容易地实现了他们的收入目标。"向后弯曲的劳动供给曲线"的假设似乎支持了沃勒斯坦与布雷纳的观点。前者认为经济危机要求新的外部市场的发现,后者主张农业资本主义的起步依赖于对农民土地所有权的剥夺。

化(交易商品总量、种类与质量的增加)与扩展(地理范围的增加)。市场深化需要三个相关的条件:第一,是前面提到的、已经商品化了的、具有高需求弹性的产品人均**消费量的**增长;第二,是总产品中用于交易的产品**比例的**提高(更高的"商品化"),正如中世纪晚期欧洲乡村制衣与金属工业发展中所表现出来的那样;第三,是用于交易的消费品的**范围的**扩大。作为主要的社会、技术与制度变迁结果的这些发展进程,与 17 世纪的"勤劳革命"表现出了惊人的结构类似性,勤劳革命最为明显的特征就是,作为对消费品范围扩大的反映,劳动要素的投入也在增长。①

为何中世纪晚期的真实需求会出现增长? 其原因之一就是黑死病降低了总人口中失业者与就业不足者的比例,进而增加了劳动者的市场参与度。② 1350 年之后,尽管以市场为基础的租佃合同的导入带来的奴隶劳动广泛被取代确实是越来越多的农民反抗强迫劳动的结果,但它同样也是佃农的动机与地主的动机日益吻合并共同作用的产物,这些变化导致了农民劳动质量与劳动强度的增加。领主对农民劳动与土地市场控制的减弱使农民对商业利益的激励更为敏感。③ 大米、甘蔗、橄榄油、葡

---

① 见德弗里斯(de Vries,1994),另见戈德思韦特(Goldthwaite,1993)。

② 见哈彻(1994,第 26 ~ 27 页)、佩恩和戴尔(Penn and Dyer,1990)。以更为严格的宗教仪式的定义为基础,德弗里斯(1992,第 62 页)主张 15 世纪尼德兰工作年时间的缩短是因为劳动者谈判实力的增强;另见帕尔森(1984)。然而黑死病之后其他地区的工作年时间长度没有变化的事实被发现(例如关于佛罗伦萨的见龙西埃(Roncière,1976))则表明上述尼德兰的变化仅仅是更为关键的宗教运动的一部分,而不是劳动者努力的结果,中世纪晚期教堂发起的这项运动一直在强化宗教仪式。

③ 与社会收益不同的是,中世纪晚期奴隶劳动转型的经济收益并没有引起太多的关注,见戴尔(1989a,第 130 ~ 131 页)、布里特内尔(1993,第 223 页)。关于与雇佣劳动相比,奴隶劳动生产力较低的描述,见斯通(Stone,1997)。克拉克(1987)则描述了劳动强度在前现代农业生产力中的作用。

萄这样一些作物在南欧的广为种植,蛇麻(Hops)在中北欧的扩散,靛蓝、洋西、亚麻的流行都使劳动要素的投入在全年中更为均衡,于是,人们可以用更少的劳动在同样的土地上生产出更多的产品。① 越来越多的未婚女性在城市服务部门,特别是在制[58]衣与食品这样一些小型贸易与生产部门中找到了工作,而事实上乡村制造业的增长也确实需要更多的童工与女工。这两个趋势可以解释为何黑死病之后对女性在城镇手工业中就业进行的限制明显增多。②

劳动生产力的收益与劳动力参与度的提高伴随着制度与技术的变迁,正是这些变迁提高了一个地区的专业化水平。③ 如果像前面的论述所隐含的那样,在黑死病之后人均的贸易额增加了,那么,边际的交易成本也一定会上升。反之,由于成本中比较大的份额是固定成本,因此,如果使用更为有效的物流系统,那么规模经济就会得以实现。这个系统的效率在微观层面上表现为屠宰、酿酒、食品零售、烤面包等服务与供给贸易的迅速增长,在宏观层面上表现为国家领土更大范围的整合。简而言之,领土内司法管辖权的整合——从技术上讲表现为关税同盟的形成——减少了封建的、城镇的关税,提高了国内的竞争程度,增加了对便宜的大宗消费品价格的通货紧缩压力,而对这些大宗商品来说,关税的边际影

---

① 见博捷(1967,第 13 ~ 16 页)、沃森(Watson,1983)、蒂茨 - 迪厄艾德(1981)、西韦里(1973,第 327 页)。

② 见戈德堡(Goldberg,1992)、普斯(Poos,1991)、豪厄尔(Howell,1986)、威斯纳(Wiesner,1986)、诺特(Knotter,1994)。然而关于英国证据的疑点,见贝利(1996,1998b,第 300 页)。

③ 这里的观点是以杨格(Young,1993)的内生创新模型为基础的,其中市场规模的扩大与技术的改进通过提高报酬率而激励了发明与创新。见本章第 95 页注③。

响是非常大的。①

在中世纪晚期,欧洲见证了18世纪或拿破仑改革之前影响最为广泛的一些改革尝试,这些尝试试图通过在国家与地区的层面上实行货币与铸币统一,以及度量衡的统一来解决协调方面的问题。到12世纪、尤其是13世纪独立的领主与城镇之间签订的货币条约已经变得非常流行了,而到中世纪晚期发展的步伐则进一步加快了。1350年之后,作为对霍亨斯陶芬(Hohenstaufen)的衰落带来的政治与货币体系瓦解的反应,阿尔萨斯、士瓦本、法兰克尼亚(Franconia)、上莱茵地区和尼德兰,以及德国的西部与西南部等地区的货币联盟非常活跃。② 在意大利的地区性国家中,各个城市共和国的铸币都被占主导地位的城市——如米兰、佛罗伦萨、威尼斯的铸币排挤掉了。在法国,在刚刚从分崩离析的封建割据状态演变而来的货币流通区内,王室的银币**布朗克**(*blanc*)也进行了争取货币霸主地位的斗争。由于政治上的支离破碎导致了协调失败与货币的竞相贬值,因此,政治上的整合很可能会减少货币减值的激励与频率。③

大面额铸币的日益国际化同样有利于降低商业交易成本。由于更不容易受地方性粗制滥造的影响,因此为方便国内外大宗贸易支付的金币就变得更为流行了;在受此影响的汉萨地区,14世

① 关于关税削减的例子,见查文索德(Daviso di Charvensod,1961)、伯杰尔(Bergier,1963a,第175~180页;1975)、帕拉修斯(1994,第45、56页)。关于政治权利的严格执行,见麦凯(1987)。

② 见威兰特(Wielandt,1971,第664页,参考文献)、斯科特(1997,第6章)。

③ 见奇波拉(1963a)。金德尔伯格(Kindleberger,1991,167~169页)提出了一个类似的观点:由于神圣罗马帝国政治上的支离破碎与缺乏有效的中央权威,而1619~1623年间非法剪币者(Kipper und Wipperzeit——用剪刀剪硬币边缘的人)又使货币贬值进一步恶化了,因此,政治集权使中世纪晚期的国家财务信用更为可靠的观点受到了后面将要讨论的利率变化趋势的支持。

纪金币在货币储存中只占五分之一,而到了 15 世纪该比例则已上升至五分之四。① 在整个 14 世纪,佛罗伦萨人的弗罗林和威尼斯人的达卡金币为国家的金通货构建了一个国际标准;只有英格兰、15 世纪莱茵地区的公国和法兰克的核心地区铸造了标准不同的金币。②

在后喀罗林(post-Carolingian)时代的欧洲,地方化度量衡标准的纷纷涌现并不仅仅是带来了令人讨厌的时间消耗与商业纠纷的长期拖延,同时,它也带来了欺诈行为的盛行。此外,度量衡还是国家主权最明显的标志之一,因此它们的规制与简化是国家日益发挥作用的重要象征。当度量衡的过分地方化与支离破碎使统一的治安秩序与合同执行非常困难时,建立共同的"地区性"与"国家性"统一度量衡标准的努力在黑死病之后得到了强有力的支持。甚至在 14 世纪的英格兰,在这个几个世纪以来国王一直在努力统一度量衡的地方,共同国家标准的执行也成了令人关注的焦点。③

作为司法制度变迁的结果,交易成本的降低与国家更为有效、更大范围内的执行合同能力的增强,同样为 1350 年以来专门服务于地区与地区间贸易的季节性与全年性专业化市集的迅速兴起奠定了基础。这些减少了交易者与生产者搜寻成本,同时也催生了跨越阿尔卑斯山的小商小贩贸易网络的市集为市场整合提供了制度上的支撑。④ 当地的人口浪潮推动了更为一体化的非技巧型劳动力市场的形成,特别是推动了低地与高地地区之间劳动力的季

---

① 见斯普兰德尔(Sprandel,1971,第 354 页)。

② 见施普福特(Spufford,1988,第 319～321 页)。

③ 见楚普科(Zupko,1977,第 2 章)。另见赫尔德(Held,1918)、威兰特(1971,第 678 页)、勒梅内(Le Mené,1982,第 33～48 页)、爱泼斯坦(1992,第 3 章)。

④ 见方丹(Fontaine,1996)、本书第四章。

节性流动,同时也刺激了专业化互不相同的低地地区之间的劳动
60 力季节性流动;乡村就业市集的出现或它的进一步发展很可能就
是为协调这些劳动力流动服务的。[1] 同样我们还可以在该期间观
察到,城市和手工业专业工匠之间的区内与区际协议相继出现,熟
练工人的行会相继出现,而对那些非本地训练的技工进行出师
(入行)测试的技术标准也得以确立,所有这些都是为了改进技术
工人的质量,发展技术工人的市场。[2] 在德国,土地贵族越来越多
地扮演着铁矿主之间调停人的角色,并协调组建了产业联盟,从而
使他们从生产的规模经济中获利。[3]

尽管道路迂回曲折,但人们已经找到了比较好的降低关税、简
化相关手续的办法,这个办法在那些城镇和像**拉文斯堡公司**
(*Ravensburger Gesellschaft*)这样一些大的贸易公司之间是非常流
行的,而奥格斯堡瓦尔泽(Augsburg Walser)则一直试图从主要的
商业竞争对手那里获得通行费的豁免。或许是因为这些国家越来
越不愿意危及那些收入颇丰的税收,但也同样可能是因为各城镇
之间的贸易已变得更为稳定与可以预见,这些协议与那些典型的
重商主义特权政策并不相同,因为他们只是将协议的适用范围限
制在国内某个特定的社团之内,而不愿无差异地将之扩展至整个
国家。[4] 此外,同样重要的还有报复法(即政府授予贷款人扣押债

---

① 见维亚佐(Viazzo,1989)、爱泼斯坦(1998b)、佩恩和戴尔(1990)。

② 见赖宁豪斯(Reininghaus,1981)、索尔托尔(Sortor,1993,第1494页)、富尔坎
(1979,第286页)、爱泼斯坦(1989a)。

③ 见斯普兰德尔(1969,第310页)。

④ 见伯杰尔(1963a,第176页)、爱泼斯坦(1992,第3章)、克莱因埃克(Klei-
necke,1997)。免除通行税并不是什么新措施(马斯沙伊勒(Masschaele),1997,第
111~113页);真正不同的是实行的地理范围。贸易类型的变化可由城市阶层的稳定
体现出来;见本书第五章。

务人商品货物、或在集体连带责任原则的基础上扣押债务人同胞货物的权力)在 15 世纪的消失。对贸易来说,报复法与集体连带责任不仅是无效与高度危险的,而且它等于对政治与司法失败的实际认可。当法律体系越来越规范、商法体系越来越复杂、国家的司法权受到的竞争威胁越来越少时,个人责任原则就代替了集体责任原则,贸易的成本收益计算也就会变得越来越清晰。①

市场变得越来越安全、越来越一体化的证据首先来自于粮食的价格,在那些领土国家,随着贸易障碍的逐步减少,粮食的价格变得更为统一了,价格的波动也减少了。② 而同样明显的是,市场结构改进方面的证据则来源于投资、生产力与技术革新领域的变化趋势。黑死病之后结构改进的一个最为显著的证据,很可能是 61 公债与私债利率的急剧下降。黑死病之后的数十年间,我们可以观察到欧洲利率变化的一个主要趋势,这个变化推动着一直持续到 18 世纪的资本成本的逐步下降。比较大的君主国家支付的利率已经从黑死病前 20% ~ 30% 降到了 16 世纪早期的 8% ~ 10%,而在发达的意大利、德意志与尼德兰的城市中,同期利率已由 15% 降到了 4%。由于发生在战争频发、政治与商业安全恶化的时期,因此,这个进步显得更加引人注目。在意大利,例如在威尼斯、佛罗伦萨与热那亚,在两代人的时间内(1340 ~ 1380),在它们的固定债务总额(combined consolidated debts)从 200 万增加到 950 万弗洛林的同时,它们的官方利率也出现了下降。很明显,当

---

① 中世纪报复法的兴衰缺乏一个现代的比较研究。在 19 世纪报复法曾吸引了法律史学家的关注,见德马斯拉特里厄(de Maslatrie,1866)、阿斯托里(Astorri,1993,第 70 ~ 72 页)(在 15 世纪早期,报复法逐步被佛罗伦萨所废弃了)、坦巴尔(Timbal,1958,第 137 页)(法国在 16 世纪早期废止了报复法)。

② 见本书第七章;另见昂格尔(Unger,1983)、蒂茨 - 迪厄艾德(1975,第 255 ~ 256 页)、波尔曼恩(Poehlmann,1993)。

地的、全国的与国际的资本市场的日益发达与合同执行方面的改进,带来的收益远远超过了军事风险的增加,因为这些改进提高了借款者的责任心,降低了欺诈的可能性。就像我们上章所讨论过的那样,大陆国家中推动财政与资本市场趋同的主要力量正是国际间军事竞争的加剧。①

预期回报率与个人筹资成本下降方面的进步,同样是令人印象深刻的。② 英格兰的筹资成本从 1150 年到 1350 年间流行的 9.5% ~11% 降到了黑死病结束半个世纪之后的 7%,以及 15 世纪后期的 4.5%;类似的、比例大体相同的变化也出现在欧洲的其他地区。到 15 世纪的下半叶,欧洲人已经在享用一个巨大的、人均可用资本量翻了一番还多的资本市场构成的"免费午餐"。资本市场发展的后果将是资本对劳动的大规模替代(图 3.1)。③ 尽管利率下降的原因还没有引起太多的关注,但前面已经讨论过的那些因素肯定是原因之一。这些因素包括:当国家的权威更为可靠、它们的司法工具得到改进时,商业与制度风险急剧下降;当市场障碍减少时,投资的机会增加;此外,还有能提高个人储蓄倾向的消费品范围的扩大。确实,黑死病之后,投资活动变得更加安

62

---

① 见第二章及图 2.1。

② 对资本成本的估算来说,信用市场必须能够精确地评价风险与相应的利率。尽管关于前现代信用市场的市场能力(竞争)与制度效率(整合)的度量还需要进一步详尽检验,但没有哪个历史学家否认中世纪后期的风险就是这样评估的。

③ 能够辨认国家边界内的利率(以无限期土地租金为基础)并不意味着前现代信用市场已经整合在一起了,并且事实上市场整合也不可能完成(布钦斯基和波拉克(Buchinsky and Polak),1993);我们考虑的是长期的趋势。英格兰人为粮食储存这样一些风险投资支付的利率逐步下降了,从 1260 ~1400 年的 12% ~13%(布伦特和坎农(Brunt and Cannon),1999)降到了 1770 ~1800 年伦敦的 7.23%(克拉克,1988,275 ~276 页)。就像罗森塔尔(1993,134 页)为 17 世纪提供的低租金率所暗含的那样,克拉克关于法国 1400 ~1600 年间土地的无限期租金的数字很可能是太高了。

全、更为容易了,而由于利润可以用来购买更为丰富的商品,因此投资活动也变得更有意义或更有吸引力了。

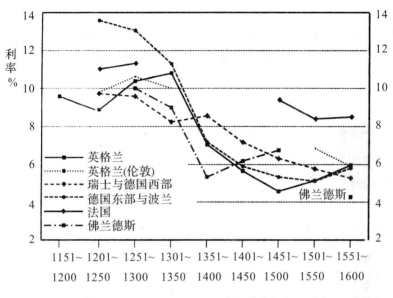

图 3.1　1200 ~ 1600 年欧洲私人资本的成本(利率)

资料来源:克拉克(Clark,1988,273 ~ 274 页)(英格兰的数字是平均永久租金和土地的租价比),基恩和哈丁(Keene and Harding,1987),托恩(Thoen,1988,第 2 卷,第 911 ~ 912 页),诺伊曼(Neumann,1865,266 ~ 273 页)。

推动市场整合的决定性因素正是资本成本的降低,而市场整合带来的意义深远的影响,则是投资的增长与专业化程度的提高。通过观察城市化模式的变化,我们可以看到这些影响的具体表现,因为这些变化既反映了"城镇"(工业与服务部门集中的地方)和"乡村"(初级产业占主导的地方)之间的劳动分工程度,也反映了城镇间的专业化水平。

随着市场与物流系统的改进,黑死病之后的城市化水平普遍提高了：由于可以更容易地得到粮食供应，由于劳动力市场效率的提高使收获季节农村对劳动力需求的短期波动能够更容易地得到满足，因此，越来越多的人开始生活在城市里面。① 然而，城市化受益最大的地方是意大利南部和西北部的欠发达地区，当然还有相对落后的卡斯蒂利亚、葡萄牙、荷兰、德国南部与北部地区，以及波希米亚、波兰，很可能还有英格兰地区。相反，1350 年之后佛兰德斯、托斯卡纳、西西里和加泰罗尼亚等较发达地区的城市化程度出现了相对停滞或下降，这或许表明这些地区已经遇到了进一步增长的障碍。②

伴随着城镇居民所占比例不断上升的是，界定更为清晰的地区性等级化城市分层体系的出现；由于政治上的高度集权，英国是第一个发展出了初步的全国性城市体系的国家。③ 尽管 16 世纪开始时，城市的等级分层现象表现出严格的地区回归与"中世纪"回归的特征，但实际上它们主要是中世纪晚期危机的产物。随着全国性城市体系在 17 世纪的进一步发展，政治上的集权加快了14、15 世纪就已经开始的地区性等级分层的进程，因为这些集权削弱了城镇传统的经济特权，减少了城镇之间的贸易障碍，并在新

---

① 关于城市化水平的提高，见德弗里斯（1984，第 41~43 页）；关于前现代城市化水平的一般性限制，见格兰瑟姆姆（1993 和 1997a）。

② 见第五章第 135 页注③。

③ 见奇托利尼（Chittolini, 1987）、德弗里斯（1984）、舍瓦利耶（Chevalier, 1982，第 2 章）、莱斯盖（Lesguer, 1994）、加洛韦（2000），以及本书第五章。城市的级别是通过和一个包括"规模排序原则"在内的基准进行比较来确定的，其中一个排序值为 R 的城市的人口等于最大城市的人口除以它的排序 R；因此，第三级层的大城市的人口将是最大城市人口的 1/3。由于城市的大小反映它的功能与活动的集中度（专业化程度），因此市场整合（通过增加专业化）将会进一步扩大城市之间规模与排序方面的差异。因此，随着市场整合程度的提高，实际上的"规模排序分布"应该更接近理论上的"规模排序原则"。

界定的地区和国家的范围内将前所未有的行政与财政资源集中于首都。日益增加的城市之间的竞争,带来了规模经济与产业聚集。同样,更大的市场,一方面表现为更为专业化的服装制造业在城镇的日益集中,以及手工业行会专业化水平的提高,另一方面也表现为地区性"原工业"集群的发展。①

市场的深化与扩展,同样提高了基于比较优势的李嘉图式的专业化的发展水平。一个明显的例子就是泛欧牛贸易在 1400 年后的发展,以及尽管分布不太广,但却类似的金属(铜、铁、锡与银)、盐与粮食贸易网络的发展。② 后者很可能是日益增加的产业间贸易的产物,这些贸易发生在日益多样化的不同国家之间。作为现代早期"原工业"的直接前兆,整个欧洲的许多地区都相继出现了工业地区、农业地区以及专门从事便宜的、中等档次的制衣、矿产与金属加工、玻璃与木材、丝绸、橄榄油与牲畜等生产的产业区。③ 64

然而,国家之间在贸易与要素流动方面普遍存在的财务、货币与语言方面的障碍与一国内部司法管辖权方面一体化程度的日益提高,都使国内的专业化成为最为经济的选择。政治一体化使贸易更多地转向了国内市场。④ 和 14 世纪下半叶相比,15 世纪欧洲

---

① 关于工业集中与手工业的专业化,见富尔坎(1979,第 282～283 页)、帕尔森(1988)。手工业内部的劳动分工发展是通过更大的市场扩张获得外部经济的证据,而不是规模还不够大的内部产业经济的证据。关于区域性集群,见下面第六章。

② 关于牛的贸易,见布兰查德(Blanchard,1986)、西韦里(1976,第 604～605 页)、斯科特(1996,第 8～9 页)。关于金属、盐和粮食,见克伦本茨(Kellenbenz,1986)、布雷德伯瑞(1955)。

③ 关于地区专业化,见博捷(1967)、爱泼斯坦(1991)。关于中世纪晚期原始工业化,见第六章。

④ 卡勒斯－威尔逊(Carus－Wilson,1950～1951)的如下观点暗含了同样的结论:英格兰的制衣工业从 1320 年代之后与佛兰德斯的暂时贸易中断中受益很大,以至于在它的竞争对手意大利与佛莱芒的城镇出现政治动乱时,它就能够抢占外国市场。

传染病在流行时间上的差异性,以及不同地区人口恢复在时间上相当大的差异性,同样隐含地表明,欧洲经济正在变得越来越地方化。① 其中人口恢复时间的变化,从卡斯蒂利亚和佛兰德斯的 14 世纪后期或 1400 年代早期到意大利、法国南部的 1440 年代,再到英国与欧洲中部部分地区的 15 世纪的后四分之一世纪。尽管在卡斯蒂利亚、伦巴第和法国,原始民族国家已经出现,但作为"中世纪晚期经济紧缩与政治权力集中"的后果,欧洲经济复兴的景象仍然没能改变它的地区性特征。②

14 世纪中期之后,整个欧洲的乡村与小城镇制造业的强劲增长,尤其是带有非常类似于 17 世纪"原工业化"特征的纺织工业在 14 世纪中期以后的强劲增长,将在第六章中进行更为详尽的讨论。总而言之,流行的、认为工业的"乡村化"仅仅是城市工商业阶层对劳动力成本上升与工匠式制造者过于严格的操作规程作出的一个简单反应的观点,是一个过于简单化的理论。中世纪后期的"原工业化"并不是一个该集团得到的收益被另一个集团的损失所抵消的零和游戏;在大多数的情况下,制造业向城墙外的扩展,并不像现有的原工业化模型所主张的那样,仅仅是边缘高地地区农民副业的一种形式,或者说仅仅是对难以维持农民生存的农业收益的一种补充。实际上,乡村手工业的扩展产生了更为复杂、更为精细的地区间劳动分工。而这个分工正是本章所描述的城乡工农业重新布局的核心,它的真正影响要在此后的几个世纪中才能逐渐被体会到。然而,这个重新布局的过程也同样充满了原有

65

---

① 关于传染病时间的短暂性,见德尔潘塔(Del Panta,1980,第 118 页)。

② 见博捷(1967)。即使在像英国这样一些整合程度相对高的国家,黑死病之后的区域经济的差异也进一步加剧了,见斯科菲尔德(1965)。关于"紧缩与集中",见斯科特(1997,第 175 页)。

的城市生产商与正在升起的小城镇与乡村社团生产者之间日益加
剧的冲突。与任何其他经济部门不同,中世纪晚期的地区手工业
(除了粮食市场可能是一个例外)成了领土国家竞赛场上最为火
爆的竞争焦点。更为重要的是,地区手工业的成功程度与地区制
度和经济权力在核心城市中的集中程度成反比。城市之间的竞争
常常因为国王们对小城镇与乡村制造商努力的同情而进一步加
剧,但这些竞争却构成了新兴工业发展成功的先决条件。于是,权
力在国王、拥有特许权的城镇和乡村之间的平衡就成了中世纪晚
期"原工业化"发展成功与否的关键。①

　　通过促进技术的扩散,地区性贸易增长、劳动力市场一体化,
特别是手工业工匠与技工流动性增强带来的利益远远超过了人口
下降的损失。② 通过让更多的人口接触到新技术,市场一体化同
样可能加快了技术发明的步伐。③ 由需求上升与真实利率下降
激励引发的投资率的提高,推动了现有产品的改进、扩散以及新
产品的出现。日常消费品(及其生产方面)日益得到改进,比如
亚麻布内衣的大规模普及④(这个改进提高了能带来不可估量

　　① 见爱泼斯坦(2000a,第 1 章)。
　　② 在 1380 年到 1480 年间,20% 以上的佛罗伦萨的织布工人来自外地。在 1430
年到 1455 年间 55% 的织布工人来自包括荷兰、佛兰德斯、布兰邦特、法国北部、德国北
部与南部等地区。他们的这些意大利之旅(Italienische Reise)也被威尼斯、米兰、维琴
察(Vicenza)和罗马之外的一些其他托斯卡纳城市所接受,更为重要的是取代那些因
1378 年的乔姆皮(Ciompi)叛乱而离开城市的佛罗伦萨的劳动者的"德国的"工人能够
拥有更好的原材料(弗兰切斯基(Franceschi)1993,第 119 ~ 135 页)。施特罗默(Stro-
mer,1978,第 140 ~ 141 页)指出黑死病通过杀死大批乡村手工业者以及摧毁可传承的
技术基础而加速了在士瓦本(Swabie)的由伦巴第移民者带来的粗斜纹布纺织新技术
采用过程。关于德国移民对法国的影响,见斯普兰德尔(1964)。
　　③ 关于内生的技术变迁的历史与理论模型,见帕尔森(1988)、索科洛夫
(Sokoloff,1988)、罗默(Romer,1990 and 1994)、扬格(1993 and 1998)。
　　④ 见黑斯(Heers,1976)。

的公共卫生方面利益的清洁水平,并为高质量的、更耐用的活字
印刷所需要的纸张提供了更便宜的亚麻屑原料),①用钩针开发
袜子与帽子工业的四针及五针编织机的推广,②可运输的硬质
奶酪(*caciocavallo* and Parmesan)与通心面帕斯塔(*maccheroni*
Pasta)在意大利的发明,③运输葡萄酒、橄榄油和其他易腐烂产
品的木桶日益广泛的使用,④为 14、15 世纪西班牙羊毛工业的成
功奠定了基础的卡斯蒂利亚**美利奴**羊人工杂交品种的出现,⑤
英国西南部与低地国家直接在渔船甲板上腌制与储存鲱鱼和沙
丁鱼技术的发明,⑥玻璃产品的中产阶级化(窗格玻璃成为普通
富裕资产阶级的家庭景观,第一个种植植物的玻璃房子在 15 世
纪低地国家的出现),⑦高质量的、以原产地为标识的葡萄酒的
生产等。⑧

其他比较著名的发明与创新,还包括在财务与商业方面纽伦
堡国际国债市场的出现,⑨第一个特许公共银行在巴塞罗那
(1401)与热那亚(1407)的出现,海运保险合同与商业票据的推
广,14 世纪后期复式记账的发明,由于可以使商人定居下来的商

---

① 造纸工业在 14 世纪最后几十年传到德国(布尔希和奥伦斯坦(Boorsch and
Orenstein),1997,第 4 页)。

② 见蒂尔瑙(Turnau,1983)。

③ 爱泼斯坦(1992,第 174 页)、米亚尼(Miani,1964,第 578 页注 2)、塞雷尼
(Sereni,1981,第 323~325 页)。

④ 见楚格·图奇(Zug Tucci,1978)。

⑤ 见洛佩兹(Lopez,1953)、芒罗(1997,第 46~48、97 页,注 27)、伊拉迭尔·
穆鲁加伦(Iradiel Murugarren,1974)。

⑥ 见昂格尔(1978)、科瓦勒斯基(Kowaleski,2000)。

⑦ 见安托尼(Antoni,1982)、富尔坎(1979,第 293 页)。

⑧ 见梅里斯(Melis,1984)、富尔坎(1964,第 89~90 页)。

⑨ 见施特罗默(1976)。

业通讯发明带来的"跨国"商业公司的出现;①此外,还有罗盘的引进,葡萄牙人发明的航海天文学,古代天体观察仪的再发现等。②在那些比较著名的工业创新中,我们还可以在德国南部发现使生产力提高了两倍的拉丝机的发明,③将陶器从奢侈品变为一般商品的传统熔炉的体积与效率的增加,15世纪早期威尼斯纯水晶玻璃的发明,④冶炼"间接方法"的推广,15世纪鼓风炉的发明,使深井坑道开矿成为可能的地下排涝方法的改进,⑤内地拦水灌溉技术的改进以及1407～1408年在荷兰土地排涝中引进的风车,⑥火药、手枪与可移动加农炮的工业化生产等。

　　社会、政治与经济动荡,以及工匠的流动性增加,加速了不同 67
工业部门与不同地区之间的交叉影响与相互促进。在这些技术传播中,最典型的例子有高质量玻璃生产技术从威尼斯向波希米亚的传播,大型纺车或萨克逊纺车——这些纺车加速了粗纺羊毛被替代的进程,并使生产力提高了80%——的改进及其在地区和部门(从意大利的棉粗斜纹布工业到羊毛工业)之间的传播,⑦地中

---

①　见德罗弗(De Roover,1953,1956 and 1963)、梅里斯(1991,第161～179、239～253页)。

②　见克勒茨(Kreutz,1973)、沃特斯(Waters,1968)。

③　见施特罗默(1977)。

④　见雅各比(Jacoby,1993)。

⑤　斯普兰德尔(1969,第311～312页)估计铁产量从1400年的25 000～30 000吨之间增加到1500年的40 000吨。

⑥　关于土地存水技术,见亨宁(Henning,1991,第457页),关于风车见霍彭布鲁维尔斯(1997,第106页)。

⑦　关于生产力的改进,见乔利(Chorley,1997,第10页)(作者估计),他注意到纺线在羊毛衣服的生产成本中占有很高的比例。(西班牙的)托尔托萨(Tortosa)1457年曾颁发了一个价值10弗洛林的奖项,奖励一个发明了"能做三个女工作的"纺车的发明人(里乌(Riu),1983,第227页)。关于纺车与梳机从粗斜纹布行业向羊毛行业的传播,见芒罗(1997,第53页)。

海航海技术经由威尼斯人与佛罗伦萨人的舰队向北欧的传播,此外还包括平底船(galley)以及更为重要的拥有两到三个桅杆的轻型帆船和大帆船的出现,正是这种帆船在 15 世纪后期成就了"第一个真正的欧洲船只,弥合了中世纪早期以来就一直存在着的、欧洲大陆在航海技术方面(与外界)的主要差距"。① 此外,这些技术的进步还包括小型渔船与河船对海岸沿线短距离运输的适应以及北大西洋沿岸驳船的出现,②将独特的航海图(portulan)传统、"想象的"世界地图以及"证实了"的地方性和地区性地图结合在一起,从而极大地改变了欧洲人关于他们生活其间的空间知识与概念的"绘图革命",③创造了发条式钟表、手表与活字印刷的不同金属技术的相互融合,金匠技术与雕刻技术的结合,在金属加工、羊毛(在 15 世纪的科隆)和丝绸(特别是在博洛尼亚,它使现代早期的丝绸工业成为该城市的财源)纺线、靛蓝和西西里甜甘蔗原材料的粉碎中使用的越来越多的水动力技术,④以及越来越多地使用明矾媒染剂的欧洲印染技术与阿拉伯印染技术的结合。⑤ 最后但并非最不重要的是,在 15 世纪出现的威尼斯人与佛罗伦萨人"发明的"技术专利体系,这是由携带有技术"秘密"的手工业工匠日益增加的流动性引发的至关重要的制度创新,它完成了由技术进步的非人性化观点向人性化观点转变的认知转型过程的最后

---

① 关于多桅帆船,见弗里尔(Friel,1995,第 169 页)和昂格尔(1980);关于狭长的伽雷船,见特朗尚(Tranchant,1993,第 14 ~ 23 页)。

② 见特朗尚(1993,第 11 ~ 12、45 ~ 47 页)。

③ 见哈维(P. D. A. Harvey,1991)。

④ 见恩德雷和施特罗默(Endrei and Stromer,1974)、波尼(Poni,1990)、爱泼斯坦(1992)。

⑤ 见普洛斯(Ploss,1973,第 35、42 页)。

一步。①

尽管因为农业技术一般都需要适应当地的特殊要求才能确保
应用的成功,因此,在农业部门中进行技术传播要远比在制造业与 68
贸易部门中更为困难,但在莱茵的高地与低地地区、佛兰德斯与低
地国家的郡县、英格兰(他们在 15 世纪引进了佛莱芒(Flemish)人
的蛇麻(Hops))、伦巴第与托斯卡纳地区也同样涌现出了许多中
世纪早期最先进的农业技术相互传播的现象。而在像泽兰(Zeel-
and)、波兰与俄罗斯这样一些偏远地区,技术的传播则表现为中
世纪中晚期新兴技术,如重犁的应用。在许多例子中,特别是作为
对资本成本下降的一种反应,创新都是由农民推动的。② 来自于
伊斯兰地区的植物,像靛青、大米、菠菜、甘蔗、洋蓟,很可能还有茄
子,这些在黑死病之前还只是花园中的奇珍异草的植物,现在已经
在整个西地中海地区更为广泛地传播与种植了。③

生产与贸易过程中革新速度的加快,还反映在书面语言与口
头语言的发展上。这是一个"国家"或地区性方言开始占主导地
位的时期,伦敦英语和巴黎**方言**(*languae d'oil*)是其中的佼佼者。
在拉丁地区,跨地区的通用语言(*languae francae*)的出现标志着世
俗的商业、行政与流行势力的胜利,并使社会精英的语言与社会大
众的语言日趋接近。④ 尽管无法量化,但大区内与国家内语言的

---

① 见朗(Long,1991)。

② 见赖尼克(1989,第 327 ~ 334 页)、本齐恩(1990,第 105 ~ 131 页)、特恩
(1990)、霍彭布鲁维尔斯(1997,第 103 ~ 104 页)、兰登(1986)、波斯特勒斯(Postles,
1989)、爱泼斯坦(1998b)、沃森(1981,第 76 页);关于强调人力资本与知识扩散的农业
技术传播的分析,见福斯特和罗森茨魏希(1995)。

③ 见沃森(1983)。

④ 关于法庭英语与伦敦英语的反叛,见米尔沃德(Millward,1989,第 122 ~ 124
页)和麦金托什(McIntosh,1986)。

逐渐标准化使得商业、法院中争执的调解（1362 年英语成为司法过程中的官方语言）、立法执行中的沟通，简而言之，使得人们的旅行更为容易、更为有效了。

上面我们所描述的这个过程与历史学家们传统上叫作文艺复兴的那个技艺与概念加速传播的过程相比，远不只是偶然的雷同。当然，现在还不是讨论近年来再次兴起的、关于更晚的中世纪后期精神世界与其物质内涵之间关系争论的时候；①但商业、流通与消费的术语正日益频繁地被用来描绘一个以前仅属于想象中的现象，这一点肯定是至关重要。已经回顾的证据表明，在新的、不同寻常的、前所未有的未来世界面前，生产的世界与理念的世界都面临着类似的激励与压力，当然它们也都同样用类似的机制与创新模式作出了自己的反应。

结　　论

69　　　就像"危机"一词的初始含义所隐含的那样，中世纪晚期是一个转折点。毁灭性的人口急剧下降引发了一个不同寻常的"破坏性创造"过程，而这个过程将西欧的经济推上了一个更高水平的增长轨道。② 危机使西欧经济更接近它的技术生产可能性边界，并创建了一个新的动态均衡。与 1300 年之前的上一个扩张时代相比，1450 年之后整个欧洲人口的加速增长表明，促进了西欧国家兴起的中世纪晚期的危机可能标志着欧洲大陆向资本主义与世

---

①　见戈德思韦特（1993）、贾丁（Jardine，1996）、格拉夫顿（Grafton，1997）。
②　关于人口急剧增长时期积极的制度与技术变迁的标准说法，见诺斯和托马斯（1973）、诺斯（1981）、帕尔森（1981）。

界霸主地位迈进过程中最为关键性的一步。①

当然,发展(结构变迁)的过程也包含着增长(人均收入增加)。低等阶层可支配收入的增长,增加了对更丰富的饮食与更精美的手工产品的需求;尽管通过简单的征用,国家在稳定或相对下降的封建剩余中所占据的份额究竟增加到什么程度并不清楚,但资助战争的税收水平的提高,很可能同样增加了需求的总量。② 然而,人口浪潮的最重要影响是制度性的,因为它进一步加速了进贡式封建生产方式中固有的政治上集权的进程,加剧了 11、12 世纪就开始的各个国家之间以及不同的制度"体系"(君主制、共和制与混合制)之间的竞争。为何人口下降、经济却能增长的根本性决定因素,其实就是国家形成的动力机制。

集权奠定了前面描述过的、所有主要的、向市场结构转型的制度变迁的基础。因为集权降低了国内的运输成本,使合同的执行、供求的匹配更为容易,同时,它也提高了城镇之间的竞争程度,强化了城镇间的级层分化,削弱了城镇对乡村的垄断,从而推动了劳动力的流动与技术的传播。然而集权与领土的整合,遇到了那些拥有强大实力的领主与城镇的顽强抵抗;因此,领土整合的程度就取决于四个主要的政治联盟之间权力平衡的结果:中央统治者、封建领主、城镇精英、乡村精英。就像下一章将要表明的那样,在中世纪晚期与现代早期,决定不同地区经济绩效差异的关键因素,很可能就隐藏在国家形成与市场之间关系的政治经济学中。

尽管在中世纪晚期复兴的解释中,海洋贸易与海外发现经常

---

① 可以比较一下 1000 年到 1300 年间 0.18% 的人口复合增长率与将近两倍的 1400 年到 1600 年间的 0.34% 增长率(计算来自弗兰克(Gunder Frank),1998,第 168、170 页)。尽管数字的精确程度是值得怀疑的,但数字的量级大小却是可靠的。

② 见奥姆罗德(1995,第 157~159 页)。

占据着莫名其妙的重要地位,但总体上讲,它们的影响是相当有限的。海洋探险与海外发现,在结束人口危机的过程中实际上并没有扮演重要的角色。除了英格兰之外,人口复苏并不是从 1490 年前开始的,人口复苏从佛兰德斯的 14 世纪后期持续到意大利、法国、伊比利亚、德国的 15 世纪中期,这要比葡萄牙人 1430 年代进行探险活动的重要性完全得到认识早了好几十年。无论如何,1490 年代的海外发现最好被看作是此前几十年就开始的地中海和北海之间信息与技术交流与融汇的持续,而不是一个压抑的、内向的中世纪社会的突然迸发。并且,与传统的、认为 15 世纪的"金银荒"因为制约了信用的供给而给"贸易造成了极其严重的直接影响"的观点相反,1350 年到 1500 年间的利率的实际下降表明,当时并不存在着资本短缺的现象,同时该事实还暗含着如下的结论:只是到 1530 年才开始大量补充欧洲银供应的美洲金银,对这个可持续的复苏来说,既不是必要的,也不是充分的。①

　　类似的评价也适用于欧洲内部海洋贸易的影响。相对于陆地上的贸易或单个地区内部的海上贸易来说,人口危机期间的长途海洋贸易减少了,并且只是在人口有了进一步的扩张之后才重新有了重要的增长。② 战争对外贸的干扰很可能加速了制衣工业进

---

　　① 关于"金银荒"的文献综述,见施普福特(1988,第 15 章,引文出自第 358 页);戴(1999,第 23 页和以后各页)声称 1375 年与 1475 年间的金银进口与矿产量的下降导致了中世纪晚期的经济衰退。然而,欧洲在与近东的贸易(有很好的资料证据)中不可能既经历一个支付余额赤字(balance - of - payments deficit),同时又有金银短缺,并且地区之间的货币供应条件有着很大的不同(萨斯曼(Sussman),1998)。就像后面将要表明的,如果欧洲的金银市场还没有整合,那么存在"一般性的金银荒"的观点就是不切实际的。

　　② 见波斯坦(1952,第 191～222 页)、克伦本茨(1986,第 272～275 页)。在奇波拉、洛佩兹和米斯基明(Miskimin,1964)关于中世纪晚期"危机"的争论中,后者因考虑长距离贸易而更加悲观,前者因以短距离贸易为基础而更加乐观。

口替代的过程,并迫使现存的工业基地,像佛兰德斯、伦巴第的工业基地,更加专注于只拥有比较小的海外市场的、附加值更高的产品的专业化生产。① 即使在黑死病之后的那个世纪,即使在能降低大宗产品运输成本的更大型船只的出现以后,在以价值而不是以体积为基础的保险出现以后,特别是当中等体积船舶的船运业出现了相对的增长之后,与国内贸易相比,长距离贸易的规模仍是相当小的。② 在 15、16 世纪,当西西里的粮食、丝绸、糖及更次要的农产品出口,使它成为前现代欧洲最开放的经济体之一时,其外贸总量仍未超过它的 GNP 的 15%。而在另一个主要的出口型国家,英格兰,这个比例没有超过8%。③

最后,布罗代尔与沃勒斯坦的下述观点同样可能受到质疑,他们认为,商业资本主义与长距离贸易相关,而大城市是经济增长主要的外在动力。但只要看看托斯卡纳与荷兰的例子,就可以理解这些质疑了。在黑死病之前,托斯卡纳是欧洲最发达的地区之一,证据包括人口密度是每平方公里 60 人,城市化率接近 40%,以及作为其工业、商业与金融中心的中心城市拥有 12 万的人口。而相对而言,荷兰是一个人口稀疏、城市化水平较低的穷乡僻壤。可是,一个世纪之后,托斯卡纳的经济停滞不前,佛罗伦萨的城市排名也很快滑落了,而荷兰已转型为欧洲最发达的、城市化水平最高的商业经济体。④

与托斯卡纳相比,荷兰的优点不在于它更容易进入海洋。中

---

① 见范德韦和彼特斯(van der Wee and Peters,1970)、芒罗(1991 and 1997,第65~87 页),另见本书第六章。

② 关于船业与保险业,见昂格尔(1980)、梅里斯(1964)。

③ 见爱泼斯坦(1992)、坎贝尔(2000)(1300 年的数字以作者估计为基础)。

④ 见爱泼斯坦(1996b)以及本书第六章;见詹森(Jansen,1978)、布洛克曼斯(1993)、霍彭布鲁维尔斯(2000)、特布雷克(TeBrake,1988)。

世纪后期像加泰罗尼亚、佛兰德斯这样一些发达的海洋经济的相对衰落都表明,更容易从事海洋贸易与拥有完善的商业与工业社团并不能保证其永久性的比较优势。荷兰能够对中世纪后期北海十字路口新出现的机会迅速作出有效反应的优势,就在于弱势的领主与城市司法权带来的不同寻常的制度灵活性。垄断与寻租活动的微弱,使新城镇能够迅速兴起,使乡村制造业能够迅速繁荣。海洋与沼泽地的双重生态挑战产生的习惯与制度促进了集体合作。因此在整个 15 世纪,荷兰的城市化水平增长了两到三倍。相反,在托斯卡纳,早在 1406 年佛罗伦萨人就获得了进入海洋的机会,但城市的精英们却利用手中不受挑战的权威来改变租金收入的用途,并为了短期利益将该地区进行了去工业化的处理,结果是,该地区的经济再也未能恢复到它在中世纪时曾经达到过的水平。①

72   前面的讨论提出了一个更为宽泛的问题:是什么导致了前现代的经济增长会出现分岔? 悲观主义者的回答是,经济停滞实际上是一个常态,而现代早期的英格兰恰恰是证明这个规律的一个例外。因为在前现代时期,英格兰之外的所有欧洲地区的人均谷物消费水平,一直保持着长期稳定状态。这些悲观主义者假定,在前现代早期,除英格兰之外的其他欧洲经济体,基本上都是类似的,这就意味着政治、社会与制度的差异并不是十分关键的,只有英格兰是一个有待解释的、神秘的"例外"。而比较乐观的人则强调,完全用谷物消费来度量经济增长低估了人均水平与 GNP 的增长。因为谷物消费指标没有考虑质量更高与更为多样化的食品以及价格波动的减少带来的消费者效用的增加,而正是中世纪晚期

---

①　见第五、第六章。

更为一体化市场的出现带来了这些变化。更何况下面的事实总是被人们所忽视:尽管精确的收益数据无法被计算出来,但大多数前现代的增长都发生在制造业与商业部门,而不是发生在谷物生产部门。

因此,乐观主义者就选取一些前现代增长的证据来质疑,为何没有更多的增长发生?他们强调了地区的多样性,并认为差异的原因是一个有待解释的谜团。尽管本章主要讨论了中世纪晚期的一些共同特征,但我们同时也表明了,危机的政治经济机制是如何使不同地区的经济走上互不相同的发展道路的。事实上,答案并不在于布伦纳所强调的土地产权的归属,即是农民、还是地主拥有完全的土地所有权。因为一方面,只要有机会,农民就会去提高土地与劳动的生产力;另一方面,如果没有了足够的商业利益激励,就像前现代意大利的"转型失败"所表明的那样,地主也**不会**乐意从事资本主义的专业化生产的。① 总之,是市场结构、而不是土地的产权决定了不同区域经济增长路径的差异;但市场结构是国家主权、领主、城镇与乡村社团之间复杂的社会、经济与政治斗争的制度化结果,因此,不同地区的制度之间自然会有着根本的不同。权力的均衡不仅决定着收入再分配的范围、国内交易成本下降的幅度、专业化收益实现的多少,而且使低成本的乡村工业开始出现、使粮食供给的价格得到稳定。因此,尽管地区间的贸易与劳动力流动刺激了地区间的趋同进程,但长期的经济绩效仍主要是由内部的政治制度与市场结构决定的。

---

① 见爱泼斯坦(1998b)。

第四章　国家与市集

中世纪晚期的危机与制度的变迁

73　　在第三章中,我曾指出,在黑死病之后的那个世纪,随着收入分配格局的变化,交易成本下降与劳动生产率提高曾推动了市场一体化与地区专业化的发展,因此,其内含的人均贸易量肯定也有了相应的增长。然而统计资料的缺乏则意味着,必须用更为间接的贸易指数对这些观点作进一步的检验。本书将使用两类这样的评价指标来对之进行检验:一个是市场一体化,另一个是制度变迁。对前者的详尽讨论将是第七章的主要内容,本章将主要讨论意在降低贸易成本的制度变迁。

　　如果贸易是按以前设想的方式增长的话,我们将看到有两种导致交易成本增加的模式。随着每一个产品平均运输距离的增加,单位产品所包含的平均运输成本、营销成本与承兑货款的成本也将增加。随着农民更为专业化、更为以市场为导向地组织生产,贸易的机会成本也将增加,因为将用在进入市场过程中的时间用在农业生产上可能会有更高的回报。① 当然,交易成本的上升会相应地减少

① 见琼斯(D. W. Jones,1978)。博伊斯(1984:365~367)的观点相反,他认为当农民的剩余产品增加时,他们会花更多的时间进行市场推销。因为组织的改进带来了生产率的提高,这些改进减少了农民家庭用于非农经济活动的时间("Z-产品"),见海默和雷斯尼克(1969)。

贸易的净收益,这对更有效地组织市场产生了强烈的激励。

本章讨论黑死病之后在欧洲各地普遍涌现出来的"地区性"市集现象,这些市集很明显是制度变迁对贸易方式日益复杂及其相关交易成本飙升的一种反应。[1]大多数地方的地区性市集都是在小城镇与蓬勃发展的村庄里形成的,这些村镇的发展特别受益 74于中世纪晚期发生的政治经济格局的调整。[2] 这些市集为正在兴起的欧洲大陆的贸易体系提供了基本的组织框架,这个体系把当地的、地区性的市场与整个大陆的市场连为一体,并对原有城镇的贸易特权与垄断特权提出了挑战。因此,这些市集包含的最基本的政治内涵与经济意义是高度相关的。

目 的

大多数研究中世纪晚期经济史的文献都忽视了新型市集的兴起,因为他们认为,这些市集是那些社团与封建领主为保护他们自己日益减少的贸易份额而采取的防御性措施,因此,不值得对它们进行详尽的讨论。[3] 而且对国内贸易的兴趣已经被日益流行的重

---

① 我把"地区性"市集定义为,那些一年举办几次、常常会持续几天、往往享有其他日常性市场所不享有的免税特权的、其功能既不纯粹是国际性的、也不严格属于当地的市集。

② 见本书第五、六章。也见布里特内尔(1993,第 170 ~ 171 页)、施塔贝尔(Stabel,1997)。

③ 关于重商主义的观点,见韦尔兰当(Verlinden,1963,第 150 ~ 153 页)和隆巴德 – 乔丹(Lombard – Jourdan,1984)最近的一个综述。关于贸易网络对市集的替代,见皮雷纳(Pirenne,1963,第 8 ~ 9、80 ~ 81 页)、吉利森(Gilissen,1953,第 324 页)、韦尔兰当(1963,第 150 ~ 151 页)、科恩埃尔特(Coornaert,1957,第 363 页)和庞兹(Pounds,1974,第 354 页)。

商主义信念所取代，重商主义更为重视长途贸易在前现代经济中的作用，并且，根据马克斯·韦伯的假设，到中世纪晚期，国际市集已经被更为复杂的、永久性的城市贸易体系所取代。[①]

实际上，作为运输那些已经进入长途贸易范围的高价奢侈物品的中转枢纽与连接乡村与欧洲分层城镇体系复杂市场网络的至关重要的节点，地方性的与地区性的市集构成了前现代经济的主体框架。[②] 当然，14世纪中期之后，简单的市集数量增加本身还不

① 关于"永久性市集"的概念，见韦伯（1961，第219页）；另外，也见阿利克斯（Allix，1922，第544~545页）和普鲁（Prou，1926，第279页）、卢扎托（Luzzatto，1955）、洛佩兹（1971，第88页）、卡桑德罗（Cassandro，1978，第243页）。韦伯关于经济的"现代化"导致了一个周期性市场衰落的观点获得了广泛的认可，见庞兹（1973，第406页）、洛佩兹（1971，第87~89页）、格罗曼（Grohmann，1969，第207~209页）、格拉斯科克（Glasscock，1976，第174页）、穆尔（1985，第217、222页）、布里特内尔（1993，第90页）、隆巴德－乔丹（1970）。关于现代早期欧洲市集繁荣的证据见第128页注①。韦尔兰当（1963年，第137~138页）和庞兹（1974，第354~361页）的建议认为，欧洲中东部欠发达城镇"前沿"地区出现的新型国际市集被1350年后在低地、法国、德国南部、意大利和西班牙（下一个注有列举）等地出现的大量国际市集所取代。

② 大多数小规模零售业发生的日常或每周一次的市场以及（黑死病后在数量上经历了迅速的扩张的）国际市集往往被忽视。在黑死病前，甚至在人口达到最高峰时国际贸易的量也仍然太小，因而不可能支撑太多的专业化市集，而在黑死病后的条件下，新的国际市集承担了越来越多的混合功能。关于英国（斯陶尔布里奇，巴塞洛缪）的国际市集，见沃尔福德（Walford，1883，第59页及其以后诸页，第175、180页）、戴尔（1989b，第324页）。关于法国与瑞士西部（蒙塔尼亚克，佩兹纳斯，沙隆，日内瓦，里昂，卡昂，鲁昂），见库姆斯（Combes，1958）、杜波依斯（1976）、布朗斯坦（Braunstein，1979）、伯杰尔（1963a，1963b，1980）、冈迪隆（Gandilhon，1940，第217~239页）、布雷桑德（Bresard，1914）。关于低地国家（布鲁日，安特卫普，贝亨奥普佐姆，代芬特尔，乌特勒支），见科恩埃尔特（1961）、范德韦（1963）、斯内勒（Sneller，1936）、瓦努特（van Houtte，1940；1966，第62~63、93~94、105~109页；1977）、庞兹（1974，第359~361页）、芬斯特拉（Feenstra，1953）。关于讲德语的中欧地区（弗里德贝格，讷德林根，祖尔扎克（Zurzach），林茨，法兰克福，莱比锡，雷根斯堡），见安曼（Ammann，1950~1951，1953，1955）、哈塞（阿斯）（Hasse，1885）、伊尔希格勒（Irsigler，1971）、科珀（Koppe，1952）、勒纳（Lerner，1971）、米特拉乌尔（Mitterauer，1967，第288~301页）、劳施（Rausch，1969）。关于波兰（华沙，波兹南，格内兹诺（Gnézno）和卢布林），见萨姆索诺维奇（Samsonowicz，1971）。关于意大利（博尔扎诺，科莫，切塞纳，塞尼加利亚，兰恰诺

能证明地区性贸易的扩张。新市集的出现很可能仅仅是希望超越谨慎的一种表现,或者仅仅是对贸易萎缩的一种防御性反应;因为当人口与经济无情地衰落时,贸易本身是无法维持下去的。或者对那些君主们来说,这仅仅是他们建立超越领主特权(市场与市集需要有权威的主权来授权)的司法管辖权的一种手段,而不是贸易方式改变的反映。

制度效率的考核指标之一就是制度的持续性。一个市集的收益必须能够弥补它的开办成本与永久性运营成本;否则,运营无效肯定会导致它的消失。如果市集仅仅是经济衰退时期人们的被动防御反应的结果,那就不会有多少市集幸存下来。但关于市集数量的证据却是非常确凿的:大多数中世纪晚期的市集都成功地幸存下来了,并且都一直持续到了 16 世纪,甚至延续的时间更长。这个事实表明,建立新市集的条件与贸易获得的利润在黑死病之后都有了改善与增加。换句话说,中世纪晚期的地区性市集的增长,实际上是对更为专业化的交易场所需求的一种反应。[①]市集的涌现仅仅是结构重组进程的一个体现,这个重组是在更为复杂的贸易结构与更为扩展的贸易模型内将地方化的贸易网络连接在一

和萨莱诺等),见巴克凌(Bückling,1907)、米拉(Mira,1955)、弗兰切斯基尼(Franceschini,1948~1949)、皮尼(Pini,1984)、马尔库奇(Marcucci,1906)、萨波里(Sapori,1955)、格罗曼(1969)、塞尼卡(Seneca,1967);关于 15 世纪德国商人在帕尔马、弗利(Forlì)、拉韦纳、雷卡纳蒂(Recanati)、安科纳、里米尼和佛罗伦萨的市集之间进行旅行的论述,见安曼(1970,第 13 页)。关于西班牙(巴利亚多利德,坎波城),见瓜尔(Gual,1982)、卢库奥伊(Rucquoi,1987,第 399~402 页)、埃斯佩霍和帕斯(Espejo and Paz,1908)、克萨达(1982,第 315~322 页)。关于 13 世纪晚期、14 世纪早期香槟地区(Champagne)国际市集的衰落,见博捷(1953)、普兹奥尔(Pouzol,1968)、比尔(Bur,1978)。关于其他地方的衰落,见厄舍(Usher,1953)、穆尔(1985,第 204~217 页)、迪托(Titow,1987)、法默(Farmer,1991,第 345~346 页)、瓦努特(1977,第 45 页)。

① 见米拉(1955,第 27、110 页)、克萨达(1982,第 323 页)、马丁内斯·索佩纳(Martinez Sopena,1996,第 62 页)。

起,而日益提高的市场一体化水平与需求弹性更大的消费品市场的兴起正是这种结构变迁的结果。

由于生产的季节性很强,又位于远离城市市场且交通条件不好的边远地区,高地地区的动物饲养特别受制于无效的贸易结构的影响。14 世纪之后,当人口稀少的高地地区变成了动物饲养区,而其他地区对肉、毛、皮与其他日常生活用品的需求又日益增加时,灵活高效的物流配送体系的缺乏所带来的问题就变得更加尖锐了。① 而最普通的解决办法,就是创办市集。这些位于高地与低地交叉地带的市集,为来自山区的畜牧产品提供了一个通向种植粮食的平原地带城市区的最为廉价的物流通道。② 例如,在伦巴第的北部,一个由六个新市集组成的环形地区曾吸引了大批来自瑞士内地的坎顿斯(Cantons)、皮德蒙特(Piedmont)、威尼托(Veneto)和伦巴第南部等地区的牲畜商人与贩马商人。③ 而意大利阿布鲁齐(Abruzzi)中部地区的兰恰诺(Lanciano)市集则是地区性猪、牛、羊的主要屠宰基地与出口基地。④ 在丘陵地带与谷物缺乏的西西里岛北部,兰达佐(Randazzo)与尼科西亚(Nicosia)市集在岛的东部地区及大陆南部的卡拉布里亚(Calabria)和普利亚

---

① 见博捷(1967,第 17 ~ 27 页)。

② 许多这样的地区性市场都在 1470 年到 1520 年间发展成为跨越大陆的网络,这个网络把斯堪的纳维亚、中东欧地区的牛运送到低地、德国西部、意大利北部的城市市场上去(布兰查德,1986,第 428 ~ 431 页)。关于牲畜市集的更为广泛的讨论,见阿利克斯(1922,第 546 ~ 557 页);关于英格兰,见坎贝尔和奥弗顿(1993,第 76 页)。

③ 见米拉(195,第 96 ~ 99 页;1958,第 296 页)。

④ 见马尔恰尼(Marciani,1965)、格罗曼(1969,第 119、327、330、333、336、339 页)。阿布鲁齐(Abruzzi)还在阿尔贝(Albe)、切拉诺(Celano)、佩希纳(Pescina)、塔利亚科佐(Tagliacozzo)和桑格罗堡(Castel di Sangro)等地有一些较小的牲畜市集(格罗曼,1969,第 101、125 页)。

（Puglia）地区的牲畜物流配送中起着关键的中转枢纽作用。①在意大利之外，在低地国家、在德国中西部以及在索洛涅（Sologne）地区和奥尔良（Orléans）公国，一个复杂的城乡市集体系同样控制了牛贸易的发展，因此，畜牧经济的扩张至少受到了五个区域性市集群的支撑。②

当然，牲畜市集也经常建在山脚下主要山路的旁边。在 1378 年教皇回归罗马之后，日内瓦（the Mont Genèvre）山路下面布里扬松（Briançon）的三个市集通过从皮德蒙特、热那亚与西伦巴第争夺来部分增加的贸易份额很好地弥补了来自阿维尼翁（Avignon）的需求下降；从 1380 年代以来，仅布里扬松每年都要运送 7 000 只羊穿越阿尔卑斯山。由于十几个更小一点的市集的竞争，布里扬松的市集在 1440 年代之后衰落了。这些小市集是为了服务布里扬松的内地及南部市场而在 15 世纪早期发展起来的，但它们位于进入意大利途中更好的位置，并且慢慢地获得了更为广泛的收取通行税的特权。③ 靠近下阿尔卑斯省（the Basse-Alpes）迪涅（Digne）的锡斯特龙（Sisteron）小镇也在重复着典型的普罗旺斯省（Haute-Provence）的模式，他们分别在 1352 年、1378 年与 1400 年获得授权，从而建成了三个与邻近地区进行贸易的市集。④

其他地区性市集，像埃诺（Hainnaut）的蒙斯（Mons）、法国的罗莫朗坦（Romorantin）、库尔米斯敏（Courmesmin）、沙隆（Chalon）、奥地利的彼得罗内尔（Petronell）以及英国的科尔切斯特和考

---

① 　见爱泼斯坦（1992，第 4 章）。
② 　见布兰查德（1986，第 429 页）、居林（Guérin，1960，第 85～98 页）。
③ 　见斯克拉菲尔特（Sclafert，1926，第 622～626 页）、沙诺（Chanaud，1980，1983，1984）。关于这些贸易的皮埃蒙特终端，见孔巴和塞尔吉（Comba and Sergi，1977）。
④ 　见斯克拉菲尔特（1959，第 93～94 页）。

77 文垂的市集,则更多是以它们的中档羊毛和亚麻衣服而闻名于世的。① 当然,没有哪一个市集会纯粹只从事某一类商品的交易。大量的羊毛与大麻制衣、金属矿产和盐都在布里扬松的牲畜市集上进行交易;兰斯(Reims)的两个市集也广泛从事着肉牛与葡萄酒的贸易;兰达佐(Randazzo)的肉牛市集同时也是一个主要的地区性廉价粗斜纹布与亚麻衣服的集散地;同样,兰恰诺(Lanciano)的市集也做藏红花、衣服、皮革、金属制品和由威尼斯人进口的奢侈品等商品的交易。② 即使在那些国际性的市集中,从量上来说,交易最多的也仍然是农产品与廉价的制造业产品。③

像大多数的服务业一样,由司法管辖权担保的市集网络与由领土统治者提供的安全保护,具有典型的规模经济效应,因此,贸易量的增长必然会远远快于市场规模的增长。商人可以在一个地方购买大量的牲畜和其他商品运往别处,同时也把工业制品销给当地的中间商,然后于该季季末在邻近的市集上结清货款。市集网络同样降低了搜寻与协调成本,改善了有关商品与资本市场的信息通道,使信用关系更容易发展起来。④ 因此,获得市场信息的

---

① 关于其他牲畜的市集,见布里特内尔(1986,第 142 页)、芬斯特拉(Feenstra,1953,第 225 页)、富尼亚尔(Fournial,1967,第 169 ~ 175、392 ~ 399 页)、德波特(Desportes,1979,第 375 ~ 376、391、669 ~ 670 页)、米特拉乌尔(1967,第 127 页)、黑斯(1961,第 194 ~195 页)。关于衣服的市集,见布吕维耶(Bruwier,1983)、居林(1960:94 ~95)、杜波依斯(1976)、米特拉乌尔(1967:301 ~315)、布里特内尔(1986:68、80)、佩勒姆(Pelham,1945 ~1946)。

② 见斯克拉菲尔特(1926,第 626 ~630 页)、沙诺(1983)、德波特(1979,第 699 ~670 页)、爱泼斯坦(1992,第 118 页)、格罗曼(1969,第 117 页)。

③ 见布朗斯坦(1979,第 174 页)、德苏瓦尼(DeSoignie,1976)、科恩埃尔特(1957,第 366 ~367 页)、穆尔(1985,第二部)。

④ 见里德(1973,第 180 ~182 页)、米拉(1955,第 104 ~106 页)、萨姆索诺维奇(1971,第 251 ~253 页)。科尔纳(1993 ~1994,第 18 ~29 页)研究了德国南部和瑞士跨越两万平方公里的市集网络中 16 世纪商人的活动。

边际成本下降了。成为一个网络中的成员增加了市集成功的可能性,这帮助解释了为何有这么多的市集都能存在几百年,甚至一直延续到今天。①

尽管市集网络的出现是一个缓慢的试错与自然增长过程,而不是一个一蹴而就的协调决策过程,但与已有的贸易路线相联系的物流通路及商业技巧仍然对商家有着巨大的吸引力。因此,已有的市集会衍生出更多的市集。② 当然,当时的人们不会不理解这个聚集效应,但他们更为关注如何阻止新的市集从原有的市集中分流贸易。众所周知,原有的市集与市场肯定比后来者拥有更多的特权,而避免不恰当的竞争又是执政当局的职责。因此,现有 78 规则总是对原有市集有利。但通过减少重复与努力填补商路中的空白点,新市集同样能够增加整个市集网络的外部收益(用经济术语来说,就是外部性)。尽管我们有许多自我演化的案例,但实际上,商业秩序主要是制度构建的产物。克萨达(Ladero Quesada)将中世纪的卡斯蒂利亚划分成四个主要的区域,每一个区域都拥有一个清晰的、相互关联的市集体系。它们是加利西亚地区和坎塔布连山脉、卡斯蒂利亚和莱昂、新卡斯蒂利亚和埃斯特雷马杜拉以及安达卢西亚和穆尔西亚。很明显,大多数市集获得授权的时间都集中在两个时间段:第一次是从 1150 年到 1310 年,中间是半个多世纪的停顿;然后,第二次是从 14 世纪末期到 15 世纪结束,在此期间,王室特许的次数明显增多。从 1350 年到 1499 年,共有

---

① 马斯沙伊勒(1997,第 3 章)讨论了市场获得认可的司法与商业条件。

② 米拉(1955)对这个过程进行了一个绝妙的案例研究。是封建领主还是社区在申请者中占据主导地位取决于领主的实力;法国西北部的领主们提出申请是很常见的事,因为在那里领主主义广为流行,而社区主导的市集则在法国南部占据优势(托马斯(Thomas),1996,第 179 页)。关于领主建立的市集,见米肖 - 弗雷雅维尔(Michaud-Fréjaville,1996)、布拉斯凯(Blasquez,1996,第 115 ~ 117 页)。

88 个新的特许权获得了批准(其中在 1450 年前只有 40 个),而在此前的两个半世纪中则只有 67 个。① 即使早期的证据不够连贯,但 14 世纪中期以后贸易网络的增长也是一个无可辩驳的事实。

就像卡斯蒂利亚一样,意大利南部也是由几个主要的经济区域构成的,西西里、阿布鲁齐—莫利塞区、波利亚(Poglia)、卡拉布里亚区、卢卡尼亚区以及卡拉布里亚的第勒尼安海北岸地区,每一个区域都有它自己的市集体系。据记载,从 1392 年到 1499 年间,西西里颁布了 50 个新市集的特许权,开出了 69 个市集开市证明;相比较而言,在黑死病之前的一个半世纪中,这里只颁布了 12 个新市集的特许权,只颁发了 27 个市集开市证明。在那不勒斯王国的本土上,15 世纪颁布了 29 个新市集的特许权,颁发了 113 个新市集的开市证明;而在黑死病之前,这些数字分别是 35 个与 30 个。大多数新市集都出现在经济活跃的意大利南部地区:西西里的瓦尔德蒙内(val Demone)东北部,阿布鲁齐—莫利塞区,波利亚(Poglia),本土的第勒尼安海岸。②

与卡斯蒂利亚和意大利南部地区不同,翁布里亚的意大利中部地区的发展是由佩鲁甲社团控制的。仅有的六个新市集中就有两个为佩鲁甲所拥有。在 1366 年,有三分之一的牲畜市集是由佩鲁甲以丘西堡(Castiglione del Chiusi)社区的名义创建的,其目的是为它的城市与内地供应肉类产品,这些市集在 1380 年代又因为安全的原因搬到了佩鲁甲附近。在阿西西、古比奥和列蒂的小镇上,市集之所以能够被容忍并被保留下来,只是因为它们没有从商业上对佩鲁甲自己的市集构成威胁。③

---

① 见克萨达(1982)。
② 见爱泼斯坦(1992,第 117~120 页)、格罗曼(1969)。
③ 见米拉(1961)。

伦巴第的市集发展更接近于意大利南部与西班牙的类型。① 14 个市集中的大多数连成一线穿越了阿尔卑斯山北边的低地地区向北延伸,这些 1400 年之后在科莫湖与马焦雷湖中间建立的市集主要是为穿越阿尔卑斯山的贸易提供服务的。② 这个前沿地区也是伦巴第与说德语的中欧地区之间的一个重要的中转枢纽区,为了争夺这个地区的控制权,伦巴第的公爵在 15 世纪的大多数时间里都在与瑞士的执政当局进行着残酷的战争。很可能是因为这里是一个包括德国西南部地区与瑞士的阿尔卑斯山行政区在内的特别巨大的(商品)集散地,这里的市集似乎相当专业化:其中将近一半是牛和马的牲畜贸易市集,在罗韦雷多交易的主要是当地的衣服,在阿罗纳交易的主要商品是金属制品,而基亚文纳(Chiavenna)则是在瓦尔泰利纳地区畅销的葡萄酒的收购地点。尽管它的小城镇在 1450 年到 1500 年间获得了 10 个左右的特许权,但由于大多数市集都集中在大城市(科莫、贝加莫、布伦西亚、米兰、诺瓦拉、韦尔切利、帕维亚、洛迪、克雷马、克里莫纳和皮亚琴察)中,因此米兰公国的其他地区,包括伦巴第平原向南延伸的地区以及皮德蒙特东部地区,未能享受到商业发展提供的优质服务。到 1550 年代,公国几乎拥有了 30 个市集,但其中的绝大多数是在 14 世纪中期以后建立的。③

从 13 世纪晚期到 14 世纪中期,朗格多克南部的蒙塔尼亚克和佩兹纳斯的六个市集几乎垄断了该地区的所有贸易,特别是在日益

---

① 见米拉(1955,1958)。

② 见伯杰尔(1975)。

③ 很可能因为不是米兰公爵领地,1374 ~ 1392 年间在维亚达纳(Viadana)建立的免税市集被米拉(1955,第 96 ~ 99 页)忽略了(卡瓦尔卡波(Cavalcabò)1952 ~ 1953,第 179 页)。见本书图 7.2。

增长的服装出口贸易方面。在 14 世纪早期,这两个镇的市镇委员会成功地粉碎了试图在尼姆、圣蒂贝里(Saint-Thibéry)、科(Caux)、威尔马内(Villemagne)和洛代沃等地建立竞争性市集的企图。① 然而,1350 年之后,越来越多的新市集能够绕过蒙塔尼亚克和佩兹纳斯(Pézenas)限制性条款的事实表明,地区性贸易正处在一个上升阶段,并且政治环境也发生了某些微妙的变化。② 同时,邻近的图卢兹的地区性市集也开始出现;而在法国的其他地方,比如在福雷(Forez),市集是在 1330 年代之后才开始增长的,而在布列塔尼和勃艮第,市集则是直到 1400 年之后才开始增长。③ 在佛兰德斯,在男子汉路易男爵(Count Louis of Male)的控制下,新的市集得以在 1360 年代建立起来,并在 15 世纪重复了这个过程;在北部低地国家,从 14 世纪晚期到 15 世纪早期,在荷兰男爵的控制下,新的市集也纷纷涌现。④ 类似的现象也出现在瑞士、德国与波兰,15 世纪这些地区也先后出现了市集的蓬勃发展。⑤

80　　　　　　　　　　**创　　造**

　　尽管在时间与空间的分布上肯定有所差异,但对我们将要考

---

① 见德苏瓦尼(1976)、库姆斯(1958,第 239～240 页)。

② 见库姆斯(1958,第 250～259 页)。

③ 关于图卢兹地区,见沃尔夫(1954,第 201、518 页)。关于福雷、布列塔尼和勃艮第地区,见富尼亚尔(1967,第 392～399 页;1982)、杜瓦尔(Duval,1981,第 336 页)和理查德(Richard,1983),以及见弗兰(Huvelin,1897)和冈迪隆(1940,第 217～239 页)。

④ 见普瓦尼昂(Poignant,1932,第 36～58 页),芬斯特拉(1953,第 221～226 页)。

⑤ 见拉德弗(Radeff,1991,第 335～337 页)、科恩(Cohn,1965,第 174～175 页);也见本章第 108 页注②。

察的地区性市集网络的发展来说,市集的发展模式在整个欧洲都是非常类似的。不过,认为地区性市集的变迁反映了市场结构的普遍改善的观点,引起了两个仍需进一步讨论的反驳意见。第一个反驳意见似乎在说,制度创新是对人口下降带来的人地相对价格变化的一个"有效"反应,或者换句话说,对高质量"大众化"消费品需求的增加带来了贸易组织方式的一个自发的、没有阻力的自然变迁过程。但该观点忽视了制度变迁既影响收入分配、又影响资源配置的事实。由于在主要的制度变迁过程中,既存在赢家也存在输家,而那些失去利益最多的输家将肯定会阻碍制度的变迁,而这些人在原有的制度中又恰恰是掌权的精英,因此,真正重要的制度变迁总是很难获得成功的。尽管不同的地区有不同的条件,但当制度确实像中世纪晚期的市集那样发生了类似的系统性变化时,就会出现两个有待揭开的谜团:第一,是什么力量使变迁成为可能? 第二,人们为何要借助于市集的方式、而不是其他的商业组织来尝试制度的变迁? 在其他制度能够用更低的成本提供相同功能的潜在条件下,市集的出现难道仅仅是因为它对现有的政治利益格局威胁最小吗?

　　第二个反驳意见,是针对地区性市集出现的经济合理性的。他们认为地区性市集出现的时空差异似乎是无法解释的。其中,最重要的反常现象就是英格兰,英格兰市集的发展在两个方面与大陆根本不同。第一,黑死病之前英格兰市集的数量要比欧洲所有其他的地方都多。例如,在1200年到1349年间,英国国王很可能就特许批准了1800个市集。[①] 如果考虑到中世纪英国人口规模较小的现状,这个差异似乎就更加明显。1300年左右,英格兰

───────

① 注意,不是所有的市场都同时在活动(马斯沙伊勒,1997,第三、第八章)。

只拥有 500 万人口,而同期的意大利则拥有 1 100 万到 1 300 万人口,法国则拥有 2 000 万人口。第二,在 14 世纪中期之后,成千上百个英国的市集消失了,并且没有留下任何的痕迹。① 与欧洲大陆不同,1350 年之后,英国很少有新的市集获得特许权,新的特许权大多给了原有的市场、比较大的城镇与自治的市镇。② 例如,在埃塞克斯郡,1200 ~ 1249 年间有 23 个市集获得授权,1250 ~ 1299 年间有 38 个,1300 ~ 1349 年间有 21 个,但到 1350 年到 1499 年间则只有 9 个获得特许权,并且在德比郡、兰开夏郡、北安普敦郡、诺丁汉郡、斯塔福德郡、约克郡和萨福克都有类似的时间序列模式。③ 另一方面,我们也能找到大量的证据表明,中世纪晚期英格兰的地区性贸易与地区间的贸易、特别是牲畜的贸易都有所增长,当然其他的贸易比如谷物、羊毛、衣服、燃料和建筑材料的贸易也同样有所增长。④ 我们该如何来解释同样的原因在大陆造成了市集的增加、在英国却带来了市集的减少呢?

政　　治

其实,这两个问题都可以在政治领域与制度领域中找到答案。

---

① 见埃弗里特(Everitt,1967,第 468 ~ 475 页)。

② 1350 ~ 1399 年间有 14 个新的自治市镇市集获得了授权,1400 ~ 1449 年间是 16 个,1450 ~ 1499 年间也是 16 个(温鲍姆(Weinbaum),1943)。

③ 见沃克尔(Walker,1981)、科茨(Coates,1965)、塔普凌(Tupling,1936)、古德费洛(Goodfellow,1987)、昂温(Unwin,1981)、帕利泽和皮诺克(Palliser and Pinnock,1971)、麦卡琴(McCutcheon,1939)、韦茨(Waites,1982)、斯卡夫(Scarfe,1965)。

④ 见阿斯蒂尔和格兰特(Astill and Grant,1988)、贝利(1989)、布里特内尔(1986,第 131 ~ 132、246 页;1993,第 158、160 ~ 171 页)、哈彻(1970)、米勒(1991,第 27 ~ 30 页)、帕利泽(1988,第 15 ~ 18 页)、佩勒姆(1945 ~ 1946)、科瓦勒斯基(1995)。

因为作为最关键的解释变量,市集涌现的制度与供给方面的原因主要是政治方面,而不是经济方面的,因此,尽管关于建立凌驾于市场之上的国家权威的准确目的仍有争议,但从政治的这个角度来看,市集是更为强势的领土性与民族性国家兴起的一个结果。于是,有些历史学家就认为,中世纪晚期的统治者都是有意识地通过贸易来努力实现国内经济的扩张的。[1] 当然,如果只考虑那些比较重大的国际事件的影响的话,事情很可能确实如此,正如路易十一推动的把贸易从热那亚的市集转到里昂去的运动所可能暗含的那样。但对大多数由基层社区发起的地区性市集来说,情况却可能并不完全是这样。[2] 因为无论如何,如果没有贸易的支撑,政府是不可能只根据一纸空文的命令就建立起市集的。并且在大多数情况下,一旦一个开市章程被授权,中央政府就会把各种具体的运作交给新成立的市集。该观点的一个不太天真的版本宣称,官方的章程只是为那些早已长期存在的商业活动提供了**事后的**(*ex post*)法律认可,这些商业活动源于各种各样的经济背景,并且被认可的速度也并不完全与商业活动的发展相关。把市集的特许权多少作为贸易的指数,混淆了市场的法律内涵与经济意义。但这个假设在授权宪章中没有找到足够的证据,只有很少几个章程提到了授权原因,在这几个章程陈述原因时,它们清晰地提到,市集的倡议是来自接受者,而不是国家。[3]

事实上,政府对新市集支持的主要目的是基于政治上的考 82

---

① 见格罗曼(1969,第 261～272 页)、冈迪隆(1940,第 85～104、217～222 页)。

② 关于路易十一的干预,见冈迪隆(1940,第 223～234 页)、布雷桑德(1914)、伯杰尔(1980)。

③ 例如见爱泼斯坦(1992,第 107 页)。

虑。[1] 即授权是其确认国家在法律、财政和政治主权方面超越领主特权的综合战略的一部分,这些领主特权就包括在其领土上拥有市场。大多数国家是在14世纪与15世纪早期第一次确立了其对市场发放许可证的垄断特权的。[2] 当然,市集的特许同样还具有财政上的吸引力,因为特许权需要付费,贸易需要交税,但这个经济动机并不是最主要的。相反,国家为了换取它们的正式认可而愿意提供的司法支持、军事保护与税收利益实际上为各社区提供了一套权利,在14世纪中期以后出现的日益复杂的地区性与区际市场中,没有哪个社区会故意放弃这些权利。

总之,中世纪晚期的这些国家既不是开明的专制政体,也不是那些经济变迁迟到的公证人。它们只是愿意提供司法、军事与财政支持的供给者,而这些支持使复杂的、地区性和超地区性的市集网络能够发展并幸存下来。国家提供从事贸易所必需的政治安全,在法庭中提供合同的执行,授予收费的特权,这些特权使市集拥有远超过城市市场的成本优势,并帮助扩散传播商业信息,就像15世纪米兰公爵所做的那样,为了支持自己的新市集而在自己的领土上发布禁令。[3] 即使较小一点的领主与城市以前也曾提供了类似的服务,但中世纪晚期的国家却更为庞大,并在政治上显得更为有效率,并且它们的协调能力、维持秩序的能力、执行商业合同的能力也相应地更为有价值。最后,但并不是最不重要的是,中世

---

① 见冈迪隆(1940,第217~222页)、格罗曼(1969,第261~272页)。

② 见于弗兰(1897,第21、185~188、241~242页)、爱泼斯坦(1992,第113页)。在关于1372年法国国王拥有的特定权利的总结中曾包括拥有市集与市场的特许权(洛特和福捷(Lot and Fawtier),1958,第2卷,第40~42页)。关于更早期的证据,见隆巴德-乔丹(1970,1982)、恩德曼(Endemann,1964)、米特拉乌尔(1967,1973)。

③ 见弗兰切斯基尼(1948~1949)、莫塔(Motta,1892,第32~33、40页)、米拉(1955,第93~94页)。

纪晚期日益增大的权利与规模使国家能够在建立新市集方面更容易地战胜它的竞争对手的政治反对。

效　率

至此,在一个双向因果模型中,通过将制度变迁的供求双方结合在一起而对政治与经济两个方面的解释进行一个协调似乎是比较恰当的。① 但这样做仍然会留下许多有待回答的问题。为什么市集会成为如此流行的商业创新方式? 为什么国家能够 83 这样行事? 市集的涌现会带来一个范围更广的制度结果吗? 我们怎样才能解释创新速度方面的差异,特别是如何解释英国的例外?

我们已经注意到,市集确实可以降低贸易成本的事实,并不能证明它是降低交易成本最有效的方式。作为对交易成本上升的反应,为什么人们会偏好市集的理由也并不是显而易见的。城市就是市集的一个最为明显的替代方案。如果那些拥有良好服务部门的城市,**已经**比新的市集拥有更优越的规模经济优势,那么,城市中的贸易就应该拥有低成本的优势,而城市部门之外市集的出现就会带来效率的**损失**。在这种情况下,非城市市集的主要目的,就是把来自贸易的收益通过再分配的渠道转移给领主或相关社区。

---

① 例如见米拉(1955,第110~111页),关于长途贸易的一个类似的观点见诺斯(1991)。我不认为,这个问题可以通过主张中世纪晚期国家的扩张是对地区性贸易变化的反应这样的方式来解决,无论贸易是收缩的(诺斯和托马斯,1973,第87、88页)、还是扩张的(弗里德曼(Friedman),1977,第63~65页;布罗代尔,1982,第515页)。见本书第一、第二章。

但实际上,与那些新兴的、非城市市集相比,城市市场的成本优势并不明显。市集对投入资本的要求很低,除了一个公开的场地之外,就是一些支架、桌子和一些可以搬来移去的遮阳篷;由于社团的规模很小,开办市集的行政开支成本就可以保持在较低的水平上,因此,各城镇为弥补行政管理成本而征收的增值税(通行税及诸如此类的收入)就能够保持在最低的水平上;此外,来自外地的商人的生活成本也相当低廉。

　　然而,与城市相比,市集最主要的优势还在于它能够根据贸易的类型与繁荣程度作出灵活的调整。[1] 通过选择接近农牧区与原工业产地的办法,新的市集能够节省交通与信息成本,而这些地方往往距较大一点的城市较远。[2] 由于黑死病所带来的冲击,有关信誉、可靠性与产品质量的商业信息的性质都发生了变化,于是,现有的城市网络体系的比较优势就受到了挑战。[3] 结果就是一个确定无疑的事实,大多数新的市集都幸存下来了。由于商人可以用脚投票,因此,如果这些市集比旧的城市的成本还高,那么商人就会选择离开这些新的交易场所。[4]

　　可见,我们有足够的理由相信,对不断变化的贸易模式来说,周期性的乡村市集是一个比永久性的城市市场更为有效的解决办法。同时,市集还是一个不同寻常的经得起考验的商业制度。在

---

　　[1]　见斯密(1976,第15~16页)。周期性市场的效率在斯密文献(1979:21)中进行了讨论。

　　[2]　"原工业"的制造业一般位于城市司法权较薄弱的地区,司法权的强度一般是离主要的强势都市距离的函数。

　　[3]　见本书第五章。

　　[4]　注意,市集能够幸存下来这一点表明它比它的竞争对手有效,但这一点却不能告诉我们宪章接受者的动机究竟是防御性的、还是再分配性的。在此情况下,任何商业或福利收益都将是短视的自利行为的无心之柳。

中世纪晚期之前的第 9 世纪以及后来的 11、12 世纪,就曾有过两 [84] 个类似的市集扩张期,因此,黑死病之后的发展其实只是旧戏重演而已。[①] 用萨格登(Sugden)的话来说,市集是一个"卓越的"或杰出的解决相互竞争的社会与经济利益冲突的方法,并且学习掌握这个制度组织、运转机制的成本相对较低。[②]

一个市集能否成功,既取决于个人与组织所无法驾驭的经济环境与条件,也取决于当地的、中央的政治势力的支持。当然,市集之所以如此流行,其原因之一,就是支持它的潜在力量是如此的众多。市集的支持者几乎包括了所有人——领主、城市精英或农民——因为他们都从贸易的增长中获得了收益。而作为唯一的例外,最主要的反对者只是附近那些小的社团。它们反对市集,就像朗格多克的佩兹纳斯和蒙塔尼亚克那样,是因它们会失去贸易垄断特权。然而,尽管降低交易成本的压力、比较低的开办与运营费用、制度上的优点、政治上的广泛支持都能够解释市集的流行,但是这些原因却不能解释这个变革的速度为何会在不同的地区有如此明显的差异。对此,我们有两条分析思路:一方面,有些地区的市集缺乏是因为作为支撑基础的贸易的缺乏,即需求的缺乏;但除市集之外,没有其他的独立考量贸易的指标,却使这个说法成为一种无法检验的循环论证。[③] 另一方面,市集的缺乏也可能是制度供给缺乏的表现。由于中世纪晚期的大法官法庭并没有保留那些未获批准的市集申请的记录,因此,有些地区特许权的缺乏既可能

---

① 见恩德曼(1964)、马塞特(Musset,1976)、杜波依斯(1982)。另见韦尔兰当(1963,第 119~126 页)、索耶(Sawyer,1981,1986)、隆巴德－乔丹(1970)、米特拉乌尔(1967,第 315~321 页,1973)。

② 见萨格登(Sugden,1986,第 47~52、91~99 页)。

③ 尽管无法证实,但该观点仍然可能是真的,并且它将会支持我们关于新市集意味着商业扩张的观点。

是一个统治者的政治支持不太热情(前面讨论原因时设定的假定前提现在可以放心地解除了)的体现,也可能是一个在建立贸易市集与市场方面有竞争关系的对手对制度变迁进行有意阻碍的结果。

对制度变革最为敌对、最为强劲的反对,就来自那些拥有特权的城市。独立市集的兴起威胁着大多数欧洲城市在其领土内拥有的司法垄断权带来的权威与利润。城市还必须向国家的政治目的作出让步,这些目的包括有意为那些小城镇与低级领主们提供一些权利与自由,以便挑战那些大城市的权力基础。[1] 尽管从长期来看,大多数中心城市都从贸易活动的增长中获得收益。但在短期中,正如由于政治条件变迁而未能获得成功的反对所表明的那样,它们对新兴市集的敌意却是难以消除的。

85　　能够抵消强劲的城市敌意的有利条件是对有效政治框架的需求,这是一个影响市集时空布局的决定性变量。在 15 世纪的伦巴第,新市集的涌现只是在 1447 年之后才成为可能。那时,随着弗朗切斯克·斯福尔扎(Francesco Sforza)的获胜,权力的天平决定性地从以前的城市国家转向了领土君主国家。即使这样,大多数新兴的非城市市集都位于城市司法权最薄弱的边远地区,这个事实仍然可以表明城市权力的持久性影响。[2] 在 1360 年代,佛莱芒人的乡村市集增长得尤其迅速,因为那个时候男子汉路易男爵(Count Louis of Male)正在全力支持乡村,以对付根特、布鲁日和

---

[1]　见第五、第六章。

[2]　见奇托利尼(1978,第 677 ~ 678 页);本章第 115 页注[1] ~ [3]。

伊普尔的领主们扩张领土的企图。① 而在瑞士,中世纪晚期市集的兴起是大型城市丧失司法独立性的结果。② 在 15 世纪的卡斯蒂利亚,尽管有王室特许城市的强烈反对与游说,新兴市集与市场还是在贵族领地上蓬勃发展起来,因为卡斯蒂利亚的君主那时没有能力去侵占这些贵族的权利。③ 同样,尽管有城市"拼命的"(strenuous)反对,14、15、16 世纪尼德兰的市场特许权还是获得了长足的发展。④ 相反,在西西里与(意大利)大陆的南部地区,市集能够很容易地建立起来,很可能要归结于当地城市司法管辖权的相当薄弱。⑤ 当然,一些地区的市集数量过少,自然是因为城市的特权过于强势,这个不太容易证实的观点可以在翁布里亚(Umbrian)的例子中找到支持的证据。因为在这个地区,佩鲁甲的严格管制,确实导致了只有很少的新市集拿到了特许权。

　　制度环境同样可以解释英格兰市集数量在中世纪晚期的异乎寻常的下降。当大多数欧洲国家的君主在 14 世纪与 15 世纪的早期才刚刚建立起对市集的管理特权时,英格兰的国王最迟在 12 世纪末就已经拥有了这个权利。⑥ 在早期,政治集权与城市司法管

────────────

　　① 本章第 116 页注④;尼古拉斯(1971,第 12、333~334 页)。有人认为中世纪晚期的荷兰缺乏市集是因为它靠近海洋(芬斯特拉,1953;但请看霍彭布鲁维尔斯(2000))。

　　② 拉德弗(1991,第 336、345 页)把中世纪晚期市集的增长与瑞士沃州(canton Vaud)小城镇获得的特许权相联系。

　　③ 见克萨达(1982,第 312 页)。关于卡斯蒂利亚的"反城市"政策也见纳德(1990)。

　　④ 见诺德格拉夫(Noordegraaf,1992,第 13~19 页)、德弗里斯(1974,第 155~156 页引述,第 161 页)。

　　⑤ 见第五章。关于意大利城市对新市集的强烈敌意,见兹杰考耶尔(Zdekauer,1920,第 13 页)。

　　⑥ 见布里特内尔(1978,1979,1981)、凯特(Cate,1938)。然而并不是所有的周期性市场都接受了一个官方的宪章(马斯沙伊勒,1997,第 3 章)。

理权弱势的共同作用,使得那些想建立新市集的封建领主与社区可以绕过反对者的干预直接与主权当局进行谈判。① 这些比较低

86 的开办成本可以解释黑死病前的一个半世纪中,英格兰市集的不同寻常的扩张,以及为什么到 13 世纪后期,英格兰市集的供给很可能已经超出了商业发展的正常需要。②

 1350 年之后,英国市集数量的下降是否是一般性经济衰退的证据? 或者说这个现象是否是市场效率提高的证据? 把英国与大陆作一比较就会为这些最近的争论提供新的视野。③ 在黑死病之前,英格兰比较弱势的城市管辖权、强势的君主与广为接受的君主主义的结合,已经产生了特别密集的乡村市集网络,这部分地补偿了英国城市化率比较低的劣势。④ 然而,英国在黑死病之前拥有的比较密集的市集限制了它们的聚集;与大陆在 1350 年之后建立的地区性市集相比,大多数黑死病之前建立的英格兰的市集都太小,因而不能繁荣当地的市场。在 1350 年之后,随着更为新兴的市集的建立与脆弱的商业条件的消失,幸存下来的市集无论是在

---

 ① 关于英格兰城镇的权力,见雷诺兹(Reynolds,1977,第 102 ~ 117 页)。然而有人(马斯沙伊勒,1997,第 4、7、10 章等)却指出,它所说的、每县平均只有一个的城镇实际上在全县拥有对高一级(地区的、区际的和国际的)贸易的司法垄断权,并可以在一个相当大的范围予以执行。同样,在卡斯蒂利亚,10 世纪以来,君主就拥有早熟的对市场与市集的垄断的司法管辖权(马丁内斯·索佩纳,1996,第 58、63、64 页),但强势城镇与弱势领土主权的并存使得市场与市集的增长受到限制。

 ② 见布里特内尔(1981,第 219 ~ 220 页)。由于根据瓦特·泰勒的请求,领主"对买卖自由的限制"在 1381 年被废除(奥曼(Oman),1906,第 64 页),这是很有可能的。

 ③ 关于经济衰退的争论,见布里特内尔(1981,第 217 ~ 221 页;1993,第 160、184 页)。关于市场的效率,见戴尔(1990,第 18 ~ 19 页)、伍德(Wood,1974)。这个解释与下述说法并不矛盾,即 14 世纪中期以后贸易采取了新的形式(波斯特勒斯,1987,第 22 页;法默,1991,第 339 页),或从正式的市场中迁了出来(希尔顿,1985,第 9 ~ 11 页)。

 ④ 见布里特内尔(1989)。

规模上、还是在专业化程度上,都开始与大陆竞争对手的市集日渐趋同。① 由于在黑死病之前,市集供给过量的主要原因是为了支持封建领主获利,因此,尽管在 1381 年的反叛中,农民提出的自由进入乡村市场的要求是非常重要的,但 1350 年之后封建领主权力的下降同样使得商业的理性回归变得更为容易。②

　　另一方面,由于英国的市场技术变迁过程中没有强有力的制度反对者,此外,还由于英国的变迁是通过现有贸易网络的减少、而不是增加来进行的,当然也包括英国的君主拥有更大的能力来协调那些相互竞争的商业利益,在全国范围内帮助传播商业信息,因此,英国很可能比更为城市化的大陆地区更能灵活地适应经济条件的变化。尽管与拥有强势城市的地区相比,英国那个支离破碎的市场体系很可能是其城市化率在 1350 年前比较低的原因,但在黑死病之后,城市制度上的弱势却成了这个国家的一个比较优势。③

制度和市场

　　尽管早期的现代史学家一直习惯于把 1500 年之后市集的迅速增长解释为 15 世纪人口复苏的结果,但很明显这个现象的实际

---

　　① 法默(1991,第 346～347 页)也认为市集能够比每天都开或每周都开的市场更容易幸存下来,与区际市场一体化增长相对应(库斯莫尔,1990),一个类似的"市场网络重组与理性化"的过程 1640 年之后出现在英国(克拉克,1981,第 31 页)。
　　② 见第 126 页注③。
　　③ 关于 1350 年之前君主的协调功能与国家的法院系统,见马斯沙伊勒(1997,第三、第五章);也见希尔顿(1985)。

原因存在于人口收缩前的那个世纪。[1] 而在没有争议的经济扩张的 16 世纪,市集数量仍在持续增长的事实则支持了这样一种观点,即中世纪晚期市集的涌现是对更为复杂、更为专业化的经济需求的一种反映,而不是对经济内卷的防御性反应。[2] 如果寻租与保护主义才是市集创建的主要目的,那么,它就不可能长期地持续下去。相反,对商业服务需求的增长使对与制度变迁相关的活动进行投资成为有利可图的事。在许多由中世纪晚期人口危机引发的对现有的社会秩序提出的挑战中,对封建领主与城市的贸易司法管理权的侵犯一直未能引起人们足够的注意。到 14 世纪早期,这些管辖权已经成为封建剩余攫取体系的核心特征。在法律上,它们是一个与农奴制等价的产权,但 1300 年之后,农奴制已经结束,或者说,在西欧的大部分地区农奴制很快消失了,这些地区包括卡斯蒂利亚、法国南部、意大利、低地国家、瑞士以及英国与德国的部分地区。然而这种封建司法管辖权对商业的影响仍然无所不在,并且严重阻碍了经济的增长。[3] 14 世纪中期之后,司法管辖权束缚的衰落是通过贸易与专业化来推动更为迅速的经济增长的先决条件,而地区性市集为这个衰落的观察提供了一个重要的检验指标。[4]

我在上面所描述的这些发展,实际上是对下述观点的一个折

---

[1] 关于和人口复苏相关的解释,见科尔纳(1993～1994)、托波尔斯基(Topolski,1985,第 132 页)、马尔盖拉斯(Margairaz,1988)、泰塞雷 – 萨尔曼(Teisseyre-Sallmann,1990,第 344～348 页)、贝雷尔(Baehrel,1961,第 77～78 页)、鲍尔(Ball,1977,第 30～32 页)、埃弗里特(1967,第 532～543 页)、沙特尔(1996)。

[2] 见第三章第 81 页注[2]。

[3] 见第三章。

[4] 有人(沙特尔,1985,第 439 页)注意到,到 1756 年,英国"那些经济上富裕的地区已经比落后地区积累了更多的市集"。

中。该观点认为制度变迁是相对要素价格变动的结果,而在现代 88
早期,这个相对的价格变动主要是人口变动的产物。尽管大多数
的经济史学家都把人口的**增长**当作是积极的经济变迁的主要原
因,但很明显,在中世纪晚期的危机期间,迅速、持续的人口**下降**同
样给流行的制度框架带来了有益的冲击。然而,市集的发展同样
表明人口变化的影响是如何被流行的权力结构所抵消的。新市集
的发展只能出现在那些支持制度变革的各种力量能够战胜反对势
力的地方,这些反对则来自于更为强势的城市与较小一点的封建
领主。推动制度变迁的关键是领土型国家协调商业上相互冲突的
各方利益与克服支离破碎的司法管理权的能力。只有在城市对新
市集的反对被遏制的条件下,前面描述的市集网络的正外部性才
会出现;因此,黑死病之前英格兰市场与市集增长的高速度,是英
国不同寻常的高度集权的结果,这个集权也为中世纪晚期的发展
提供了一个清晰的参照标准。

第五章 城市与意大利领土国家的兴起

公元 1300 年左右的城市化

中世纪晚期的危机对欧洲各地的经济影响并不完全相同，并且从某种程度上讲，它对同一地区内部的不同影响也是相互冲突的。一方面，危机推动了英格兰这样一些相对落后的国家和经济上相对先进的佛兰德斯和意大利地区之间的经济趋同进程。城镇间更为激烈的竞争引起了城市在级层体系中更为明确的定位，一个城市的大小与它的排名日益由它在其领土上、并且越来越包括在它的临近领土上的经济与行政功能来决定。国家形成对城市结构最明显的影响，或许是中世纪晚期，首都城市作为一个国家政治与行政中心的出现。另一方面，国家的出现同样加剧了地区间的差异。拥有主权的政治实体、城市臣民中的精英、封建领主与乡村社团之间权力平衡局面的差异，为投资、专业化和贸易提供了不同的激励和约束条件，正是这些条件的差异，决定了各地踏上了互不相同的经济发展路径。

从本章开始，我们的分析将更为贴近现实。我们将对黑死病之后意大利各地区之间的趋同与分岔现象进行考察。由于拥有特别突出的制度上的多样性与经济上的复杂性，作为欧洲最稠密的城市网络体系所在地,意大利为我们这里的讨论提供了一个特别有意义的检验基地。① 尽管与欧洲其他地区相比,这个国家在政治上仍处于支离破碎的状态,但军事与经济的压力使它在 15 世纪中期已经整合成六个主要的地区性国家。它们包括两个共和国,即威尼斯与佛罗伦萨,四个君主制或准君主制国家,即米兰大公国、意大利中部的罗马教皇国家、那不勒斯和西西里王国;到 16 世纪早期,进一步的政治整合使伦巴第、那不勒斯和西西里成了西班牙共主邦联君主国(Spanish composite monarchy)的附庸。

　　在 14 世纪早期人口扩张的高峰期,意大利半岛是当时欧洲主要国家中城市化水平最高的地区。即使把城市的门槛定为拥有5 000居民,而不是通常的 2 000 ~ 3 000 居民,意大利仍是城市化水平最高的地区。② 意大利有 130 个拥有 5 000 ~ 10 000 人口的居住中心,有大约 70 个人口在 10 000 ~ 40 000 之间的城市,有十多个人口超过 4 万的大型都市。而威尼斯、米兰与佛罗伦萨三个城市的居民都超过 8 万人,这个规模是巴黎之外的任何城市所无法比拟的(见表 5. 1)。③ 与此相比,14 世纪早期欧洲其他地区总共只有 95 个人口超过 1 万的城市,其中只有八个人口在 4 万以上。④

　　总之,意大利整个半岛的城市化水平都相对比较高。尽管那不勒斯王国缺乏一个强有力的地区性领导者——它最大的城市那

---

　　① 关于制度的差异,见奇托利尼(1994)、瓦拉尼尼(Varanini,1992,1994, 1997)、法萨诺·瓜里尼(Fasano Guarini,1994)、吉纳滕波(Ginatempo,1996)。关于中世纪晚期城市化的比较研究,见吉纳滕波(1997)。

　　② 见吉纳滕波(1997)。

　　③ 由于中世纪晚期人口统计的相当不确定,特别是意大利南部地区,因此马拉尼玛(1998)和爱泼斯坦(1998c)的估计有一些差距。

　　④ 见罗素(Russell,1972)。

不勒斯只有 30 000 人——但在黑死病之前,它的城市化率已达 30% 左右,按照欧洲人的标准,这已经是一个相当高的数字了。[1] 仅仅十个最大的城市——其中最小的人口大约为 12 000 ~ 15 000——拥有整个意大利南部地区 12% 左右的人口,从而使那不勒斯成为欧洲城市化水平最高的地区之一。但与以米兰、威尼斯与佛罗伦萨为首的那些卫星城市的所在地区相比,这个城市化水平仍然是比较低的,更不要说与拥有更为令人吃惊的城市化水平的西西里相比了,西西里 40% 的人口都居住在最大的十个城市中(表5.2)。[2]

表5.1 1300 ~ 1550 年按规模排列的意大利的城市人口

	1300				1400				1500			
	(1)		(2)		(1)		(2)		(1)		(2)	
		%		%		%		%		%		%
80 000 +	4	1.8	3	1.4	2	2.1	2	2.0	3	1.9	3	2.0
40 000 ~ 79 000	8	3.7	9	4.2	1	1.1	1	1.0	7	4.5	10	6.6
20 000 ~ 39 000	14	6.5	12	5.6	12	12.6	11	11.2	8	5.1	8	5.3
10 000 ~ 19 000	52	24.0	62	28.8	11	11.6	10	10.2	33	21.2	29	19.2
5 000 ~ 9 000	139	64.1	129	60.0	69	72.6	74	75.5	105	67.3	101	66.9
合计	217	100.0	215	100.0	95	100.0	98	100.0	156	100.0	151	100.0
人口/城市	11 849 ~ 11 958				11 377 ~ 11 737				8 583 ~ 8 867			

资料来源:(1) 马拉尼玛(Malanima,1998);(2) 爱泼斯坦(1998c)。

在这个不同寻常的城市化繁荣的过程中,意大利形成了几个不同类型的地区。首先,是三个既拥有较高的城市化水平(很可能城市化率都超过 30%),也拥有比较强势的地区领导者的地区。

---

[1] 见爱泼斯坦(1998c)。

[2] 西西里的城市是否具备完全的城市功能,还是仅仅是一个农民聚集的农业城市是一个仍未有令人满意回答的问题。见爱泼斯坦(1992,第2章)、马拉尼玛(1998)。

其中,北部地区是一个以威尼斯、米兰与热那亚为极点,包括波河平原上的中心区域在内的、由 40 000 多个城市构成的城市群;中部地区则是一个以佛罗伦萨、比萨与锡耶纳为极点、以托斯卡纳为核心的区域;南部,则是以西西里的巴勒莫和墨西拿为核心的一个地区。其次,是那些城市化率只有 20% ~ 30%、地区领导者的优势地位并不明显,或者说其地区性领导地位经常受到挑战的地区。它们既包括皮德蒙特地区,其中的亚历山德里亚、阿斯蒂和基耶里等城市都在争夺核心地位;也包括意大利中部的罗马涅、马尔什、翁布里亚和拉齐奥等地区,其中博洛尼亚、安科纳、佩鲁甲与罗马等城市也都在争夺领导地位;还包括那不勒斯王国,其中西海岸的那不勒斯、萨莱诺和阿韦尔萨、内地的梅尔菲和卢切拉以及东海岸的塔兰托、布林迪西、莫诺波利、巴列塔、巴里、比通托和特拉尼等城市也都试图夺得霸权地位。第三,是像弗留利、特伦蒂诺和撒丁区这样一些地理上的边缘地区,不仅城市化率比较低,而且城市网络也不够发达。

表5.2　1300 ~ 1550 年意大利的城市化指数

	1300	1400	1500	1550
威尼托	23.4?	n/a	n/a	29.0
伦巴第	19.3?	n/a	n/a	23.1
托斯卡纳	32.0	27.0	n/a	24.0
那不勒斯	11.7	13.6	16.3	22.3
西西里	47.8	29.8	34.1	30.4

资料来源:罗素(1972,第 235 页)(威尼托和伦巴第);贝尔特拉米(Beltrami,1961)(威尼托);贝洛赫(Beloch,1937 ~ 1961,第 3 卷,第 169 页)(托斯卡纳);马拉尼玛(Malanima,1988)(托斯卡纳);萨克拉里欧(Sakellariou,1966,第 2 章)(那不勒斯);爱泼斯坦(1992,第 2 章)(西西里)。城市化指数是指居住在最大的十个大城市中的人口占总人口的比例。

这些地区,甚至是城市化程度更高的地区发展模式的最重要特征之一,就是在这些城镇之间缺乏一个清晰的级层结构。在黑死病之前,意大利没有哪个地区拥有不受挑战的地区性核心城市;大多数地区中心城市的领导地位都受到一群人口在 10 000 ~ 20 000 之间的中等城市竞争的威胁(表 5.1)。中等城市数量特别多似乎是意大利鼠疫流行之前城市化进程的一个最显著的特征。由于激烈的政治斗争和独立的城市国家间贸易壁垒的阻碍,影响了它们的扩张野心,这些城市的主要功能似乎只是其附属内地的市场与行政管理中心。相反,那些人口在 20 000 人以上的十几个大城市突出的主要特征,则是它们充当着国际贸易与银行业中心的角色,然而颇为矛盾的是——由于各城市在**国内市场**上进行着激烈的政治与商业竞争——它们在国内市场上的交易成本可能更低、相应的"先发"优势也可能更为明显。由于在黑死病之前,意大利拥有高度分权与松散的政治条件,因此,城市的增长就更多地依赖于它在**国际贸易**和金融方面的商业通道或节点地位,而不是依赖于它对繁荣的**地区**经济的控制。①

公元 1350 ~ 1550 年间的城市化

在黑死病之后的一个世纪中,意大利损失了 40% ~ 60% 的人口。② 人口的锐减与流离失所、战争的爆发与商业的停顿,对城镇的打击特别大。到 15 世纪早期,人口在 5 000 以上的城镇的数量

---

① 关于城镇的节点功能与分层(中心位置)过程的关系,见霍恩贝格和利斯(Hohenberg and Lees,1985)。

② 见德尔潘塔等(Del Panta et al.,1996)。

比 1350 年之前少了一半多(表 5.1),城镇人口占总人口的比重也由 20% 下降到 14%。① 然而,到 1440～1450 年代,一旦人口开始复苏,这些衰退的势头很快就得到了遏制,到 16 世纪早期,城镇人口比重已经恢复到了黑死病前的水平。但此后直到 18 世纪的下半叶,意大利的城市化水平就一直没有新的提高。② 相反,欧洲大多数的其他地方都突破了 1300 年达到的最高水平。尽管 1500 年的总人口要比 1300 年的少,但生活在 10 000 人以上的城镇中的欧洲人口却增加了 15%,而具体到各个地区,这个进步往往更为明显。③

　　当然,在意大利稳定表面的背后,同样发生了重要的变化。人口下降导致了人口在 5 000 人以上的城镇数量从 215～217 个下降到 1500 年的 151～156 个(减少了 27%),但人口在 10 000 人以上的城市下降的更多(减少了 42%)(表 5.1)。相应地,1500 年比 1300 年有更多的人生活在最大的城市与最小的城镇中,生活在人口为 10 000～40 000 之间的中等城市的人口在城镇总人口中的比例由 32% 下降到 25%。总的结果就是城市规模的两极分化和级层中的地区性大都市群的出现。

———————————

① 见马拉尼玛(1998,第 98 页)。西西里、那不勒斯王国与托斯卡纳城市收缩的直接证据是可以得到的(爱泼斯坦,1992 第 2、3 章;萨克拉里乌,1996,第 2 章;爱泼斯坦,1991)。15 世纪早期维斯孔蒂(Visconti)王朝的衰落与国内战争削弱了伦巴第的城市;关于 15 世纪早期科莫的问题,见米拉(1939)。

② 马拉尼玛(1998,第 109 页)估计,意大利的城市化水平从 1300 年的 20.6% 下降到 1500 年的 17.9%。

③ 关于一般的估计,见德弗里斯(1984,第 41～43 页),他从罗素(1972)和热尼科(Génicot,1973)的材料中抽取了 14 世纪早期的数据,而后者很可能低估了黑死病之前城市人口的数据。关于 1350 年之后各地区城市化水平提高的证据见施塔贝尔(1997)、霍彭布鲁维尔斯(2000)、桑切斯·利昂(2000)、斯科特和斯克里布纳(Scott and Scribner,1996)、帕利泽(2000,第 130 页)。

在位于新兴城市级层最顶端的少数几个"超级巨人"中,仍然包括米兰与威尼斯。作为"危机"的结果,佛罗伦萨与热那亚的地位已经开始下降,并且它们的地位先是被那不勒斯所取代,后者的人口由 1450 年的 30 000 增长到 1500 年的 150 000,达到原来的 5 倍,并从原来的第二档次的省级中心被推到欧洲舞台的中心;几十年后,它们的地位再被罗马所取代,罗马在宗教改革中再次被确立为天主教世界的中心。因此,在 15 世纪与 16 世纪早期的意大利,国内市场的持续分割、不断出现的在国际贸易(威尼斯、米兰)、政治(那不勒斯)与宗教运动(罗马)中成为领导者的新机会,使意大利的多极结构与几个大区之间相互竞争的格局被永远地保留下来了,这构成了从那时开始的这个国家政治与经济史上最为稳定的特征。而所发生的最为重要的变化,就是从黑死病之前就存在的由意大利北部商业中心(威尼斯、米兰、佛罗伦萨与热那亚)主导的结构,被整个半岛在功能与地理上更为均衡的网络结构所取代。①

到 1500 年,人口在 40 000~80 000 之间的城市的比例同样出现了增长,尽管按照当时欧洲的标准它们已经是大城市了,但按照意大利的标准,这些城市并不比担负着地区范围内的政治(费拉拉、博洛尼亚、巴勒莫以及最初的罗马)或工业和商业中心(布雷西亚、克雷莫纳、维罗纳、热那亚和墨西拿)功能的省级首府大多少;其他一些城市,像热那亚与墨西拿,则扮演着本地区市场与很远的外地市场之间进行沟通的贸易"门户"的角色。然而这些城

---

① 见德弗里斯(1984,第 109~112 页),他提到,在威尼斯、罗马、那不勒斯之外,热那亚是另一个都市体系中早期现代化的领导者,但其影响主要在意大利之外;我认为热那亚是米兰的替代者。另见马拉尼玛(1998)、吉纳滕波和山德里(Ginatempo and Sandri,1990)。

市与威尼斯、米兰、那不勒斯和罗马的真正区别则在于,它们不具
有**双重**功能。所谓的双重功能,是指它们既要拥有进入一个大型
内地食品与原材料市场的特权,同时也要拥有进入国际市场网络
的特权。因为和"危机"前那些以成功的东西方国际贸易中介为
主要基础的大型城市不同的是,16 世纪初的威尼斯、米兰、罗马和 94
那不勒斯对它们内部的农村和内地城市拥有着和它们在外部的国
际市场上一样巨大的影响力。在黑死病之前,意大利大城市增长的
一个最显著特征就是它的经济排名与政治地位不相关。在大瘟疫
之前,热那亚、佛罗伦萨、米兰和威尼斯的首要城市地位不是来源于
它和其他中北方城镇共同享有的、对臣民们的政治经济剥削,即那
种叫**城郊税**(contado)的课征,而是它们对国际贸易网络的**实际**(de
facto)控制。但到了 1500 年,政治权力与经济排名已经开始相互关
联了。现在的城市领导权同样应拥有广泛的、积极的对内进行控制
的经济霸权;热那亚与佛罗伦萨的失败正是因为前者缺乏一个领土
国家,后者却对其拥有的领土进行了阻碍生产发展的政治剥削。

　　在这些地区的与跨地区的领导者背后,领土国家的兴起从两
个方面影响着城市的规模与排名。首先,政治边界开始得到更准
确的界定,并成为政治主权行使与对跨越边境的贸易课征税收的
手段。其次,通过把以前独立的封建领地与城市领土整合在一起,
通过废除这些封建的与城市的课税权利,或者通过支持在农村兴
起的新兴市场与市集,国内贸易的关税下降了。① 更为严格地界
定外部边界和降低内部交易成本,使更多的商人从对外贸易转向
内部贸易,这加剧了领土国家内部城市间的竞争。当中等大小的
城市失去了它们的政治经济独立性,并成为那些新兴起的地区精

---

① 见本书第三、四、七章,也见萨克拉里乌(1996,第 4、第 5 章)。

英们课征惩罚性重税的对象时，市场驱动的再分配过程不可避免地也伴随有财政再分配的内容。另一方面，大多数的小城镇从这些领土的整合中获得了收益，这些整合赋予它们更多新的行政与政治职责，也使它们在与大城市的法律、财政和商业冲突中能够有更多的机会向中央政府反映它们的权利和诉求。[①]

政治经济压力的增强使这些城镇更为专业化，并导致更为明显的城市级层分化现象。然而，"危机"对各地的影响却并不相同，这里至少可以看到三个不同的类型。城市化水平停滞或下降的地区很明显超过了那些仍在增长的地区，这个事实证实了前面提到的意大利的城市化水平作为整体是在下降的结论。城市化水平的停滞或下降在意大利中部地区（艾米利—罗马涅区、托斯卡纳、翁布里亚、马尔什区）以及南部少数几个更加锁定在内陆的地区（阿布鲁佐城（citra）、巴西利卡塔、卡拉布里亚城（citra）、卡皮塔纳塔（Capitanata）和普林奇帕托—乌尔特拉（Principato Ultra））最为引人注目。[②] 像伦巴第、威尼托、西西里和南卡拉布里亚地区（在墨西拿的影响下）的城镇那样，大饥荒之前位于城市化水平较高地区的许多城镇都从萧条中复苏了，但却并没有出现进一步的增长：换句话说，与 14 世纪早期相比，它们仍属于停滞不前。只有少数地区的城市部门显示出了确凿的增长证据，其中包括皮德蒙特、拉齐奥（罗马）、泰拉·迪拉沃洛（Terra di Lavoro）（那不勒斯）和阿布鲁佐（Abruzzo Ultra）地区，在这些地区中，皮德蒙特既从作为新地区首府的都灵（Turin）兴起中受益，也从卡萨莱—蒙费拉托和蒙多维的"原工业"城镇的兴起中受益，而阿布鲁佐，则是从拉

95

---

① 见奇托利尼（1987，1995）、爱泼斯坦（1991）以及下面第六章。
② 见吉纳滕波（1993）、萨克拉里乌（1996，第 2 章）。

奎拉的工商业城镇的强劲增长中获益良多。

凡是能从新首府的兴起中受益,或者能从像罗马和那不勒斯(那不勒斯的人口在 1450～1500 年间增长了 4 倍,推动了它所在的泰拉·迪拉沃洛地区的城市化进程,使之接近 60%)这样一些"帝国"城市的兴起中受益,或者因为北部阿布鲁齐和皮德蒙特地区的新兴工业中心兴起而受益的地区,城市部门都增长了。在这两个案例中,城市的扩张既是因为作为行政与财政中心或工业产品的出口者,它们拥有跨地区的收入来源,也是因为它们周围没有特别强劲的竞争对手:这些地区的城市化大多是"新的"增长。相反,城市化的下降,往往是因为在黑死病之前这些制度要素就已经存在了。其中的一种衰退模式就是,当城市化水平较高地区的核心城市失去了它原有的一些功能时,城市化进程的倒退就出现了。就像在托斯卡纳那样,当佛罗伦萨失去了它早期对意大利南部长途贸易的控制,并转而对它属下的那些地区性小国进行过分的剥削时,城市化进程的衰退就出现了;或者像在艾米利—罗马涅那样,当博洛尼亚在黑死病前拥有的霸主地位受到以费拉拉、帕尔马、皮亚琴察为首的新兴的领土公国的挑战时,城市化的衰落也会出现。黑死病之后,在其他地方,由于相互竞争的城镇之间的势均力敌,因此,缺乏能够解决冲突、执行合同的没有争议的地区性领导者,既得利益集团就能够更为容易地维持保护性法律与贸易壁垒。翁布里亚和马尔什就是这种情况。因为从名义上讲,这个地区的主权归教皇,但教皇的软弱迎合了各城市都宣布拥有"独立的"司法管辖权的行动。① 城市衰退的第三种类型出现在南部地

---

① 见吉纳滕波(1993,1996)。对前现代增长来说,囚徒困境的结果在本书的第一章已经概述过了。

区,那里的城市只拥有微弱的政治与司法管辖权,缺乏强有力的集权,因此,它们往往通过将经济全面转型为农业与牧业来应对"危机"的发生。①

总之,城市化的增长出现在城市的政治权力较弱、而领土国家的权力较为强势的地方;相反,城市规模与实际影响力的下降,则出现在城市的权力较为强势、而中央的政治协调能力较为软弱的地方。在国家与城市的政治权力达到均衡或势均力敌的地方,城市化都恢复到了它在黑死病之前的水平,但却并没有进一步的提高。在没有被城市既得利益者操纵的领土国家,以及在那些有一个明显的地区性领导者出现以协调本地的资源配置的地方(大多是它的政治与行政首府),城市经济就会增长,当然,那些既得利益者会因为对工商业控制的削弱与关税的下降而损失很多利益。

政治一体化

为了理解政治制度与市场制度在现实中的相互关系,我要对三个规模大体相当的意大利地区国家,在 14 世纪早期到 16 世纪中期进行的由政府推动的政治一体化过程进行比较。这三个地区性国家分别是西西里(25 000 平方公里)、托斯卡纳(12 000 平方公里)和伦巴第(全盛时期为 27 000 平方公里,但在 1550 年代已降为一半左右)。尽管 14 世纪的传染病对三个地区的冲击大体相同,其中托斯卡纳与西西里失去了 2/3 的人口,伦巴第的损失也不会差太多,但它们的政治制度的演变路径却根本不同。在 1300

---

① 见萨克拉里乌(1996,第 2 章)。

年,制度差异主要表现在伦巴第、托斯卡纳和西西里之间,其中前两个是由独立的城市国家控制的,它们拥有对农村地区的司法管辖权;而后者在11世纪以来就是由封建的君主统治,它们的城镇拥有的乡村司法管辖权相当微弱。在此后的两个世纪中,北方两个地区的政治结构之间开始出现差异,而伦巴第与西西里之间却变得越来越接近了。托斯卡纳在佛罗伦萨的领导下已变成一个城市领土国家,伦巴第与西西里则被西班牙共主邦联君主国所吞并。

西西里的城市缺乏城市国家拥有的标志性的政治与司法管辖权,并且由于有大量会随着食品价格与当地经济条件的变化而流动的无地的高流动性人口,因此,它们的规模与排名非常不稳定。[1] 在13世纪的后半期,巴勒莫和墨西拿都拥有西西里第三大城市三到四倍的人口,并且分别控制着该岛的西部和东部(表5.3)。很明显,它们是没有争议的、拥有政治与行政功能的地区性大都市,它们甚至将影响扩展至意大利半岛的南部地区。因此,这个时候的地区性整合是非常微弱的。

表5.3　1300～1550年西西里的城市排名—规模分布(人口以千为单位)

排名	1300	1400	1500	1550
1	88	14	30	80
2	53.2	12	28	50
3	27.2	12	25.2	19.6
4	26.4	8	14	14.4
5	17.6	6.4	13.2	13.6
6	16	6	12.4	12.8
7	15.6	5.6	12.4	11.6
8	12	5.6	11.4	10.8

---

[1]　下面是对爱泼斯坦(1991,第22～26页)与爱泼斯坦(1992,第2、第3章)的总结。

（续表）

排名	1300	1400	1500	1550
9	10. 52	4. 8	10. 8	9. 6
10	10	4. 4	10. 8	9. 6
合计	276. 52	78. 8	168. 2	232
首位度	0. 318	0. 178	0. 178	0. 345

资料来源:爱泼斯坦(1992)。

然而,（西西里）晚祷（Vespers）战争（1282～1372）和国内战争（1348～1362）的爆发极大地改变了它的城市级层体系。首先是和意大利本土的贸易关系逐步分化瓦解了。随后,在黑死病之后,西西里的国内市场体系也瓦解了。巴勒莫和墨西拿失去了它对意大利本土南部地区的政治与行政控制,只是保留了它在西西里岛内部的一些控制权,并且巴勒莫的领先地位——它在城镇总人口中所占的份额——也失去了（表5.3）。直到在15世纪早期,卡塔拉—阿拉贡（the Catalan – Aragonese）君主制的恢复才开始逆转了这个趋势。墨西拿和巴勒莫不仅恢复了部分早期的功能,而且补充了部分功能。墨西拿增强了它作为贸易门户将西西里、意大利本土与东地中海地区联系起来的贸易地位,而巴勒莫则从它作为本地的官方首府的地位中获得了越来越多的行政、商业与资本方面的利益。[1] 然而,巴勒莫从来都没有达到那不勒斯、巴黎、伦敦那些现代早期首府所拥有的优势地位,或者说,它从未扮演过佛罗伦萨或米兰那样的角色。巴勒莫的人口在十个最大的西西里城市人口中的份额在1277年曾达到32%,到1464年已下降为

---

[1] 中世纪晚期西西里的条件成为16世纪晚期布拉版特（Brabant）回忆往事的素材,作为政治首府,巴勒莫就像安特卫普,作为主要的贸易中心,墨西拿就像布鲁日（霍恩伯格和利斯,1989）。

17%，到 1548 年也仍未超过 32%。①

　　到 1500 年，西西里已经完成了市场一体化与领土内高度专业化分工的进程。之所以如此，原因之一就是各个城市对其周围农村并不拥有强有力的司法控制权，这强化了城市之间以及城乡之间的竞争。在王室私有领地上授予城镇减免税收、创建市场特权的政策（以对抗封建领主对城镇的控制），将这些领地变成了准免税自由贸易区。为了反对封建贵族、讨好领地中的城镇，这些政策在 1390 年代伊比利亚王朝新的复辟中得到了进一步的强化。由 98 于王室的领地包括了一多半的西西里人口与所有的大城市，因此这些自由贸易区的存在同样也会让其他的地区受益。

　　在中世纪后期的托斯卡纳，城市的相对规模与排名远比西西里的稳定。在 1350～1550 年间，十个最大的城市基本上没有发生变化，城市排名的变化也越来越少。和巴勒莫相反，佛罗伦萨在同类城市中的优越地位却更加突出，它的人口在城镇总人口中的比重由黑死病前的 48% 增长到 15 世纪早期的 56%～57%（表5.4）。② 尽管在黑死病及其余波期间，托斯卡纳损失了 60% 的人口，然而危机对城镇**相对**规模影响的减弱，却表明佛罗伦萨领土国家的扩张并没有从根本上改变市场机制与政治机制分配资源的模式。③ 国家形成的最重要影响只是把更多的地区资源，配置给了首都城市本身。④

---

　　① 关于西西里人口的数字，见贝洛赫（Beloch，1937，第 96～161 页）、爱泼斯坦（1992，第 2 章）。

　　② 关于托斯卡纳人口的下降，见吉纳滕波和山德里（1990，第 258～263 页）。

　　③ 这是意大利人口损失最多的地区之一（平托，1982，第 68、77 页）。

　　④ 见本书第六、七章。

表5.4 1300～1550年托斯卡纳的城市排名—规模分布(人口以千为单位)

排名	1300	1300[a]	1400	1400[a]	1540～1552	1540～1552[a]
1	110	110	37	37	59	59
2	50	30	14	7	20	9.9
3	30	18	8	4	19	7.75
4	25	13	7	4	9.9	6.85
5	18	12	4	3	7.75	6
6	13	12	4	3	6.85	5.2
7	12	11	3	2	6	3.75
8	12	9	3	1.8	5.2	3.2
9	11	8	2	1.7	3.75	2.5
10	9	6	1.8	1.5	3.2	2
合计	290	229	83.8	65	140.65	106.15
首位度	0.379	0.480	0.442	0.569	0.419	0.556

a. 不包括锡耶纳和卢卡。

资料来源:吉纳滕波和山德里,1990;马拉尼玛,1998。

关于佛罗伦萨为何能在黑死病之后强化自己在托斯卡纳的领导地位,有两种可能的解释。一个城市在分层体系中的领导地位——城市首位度——是其政治经济实力的反映,这些实力使之在规模与权力方面拥有优势。一个首位城市的**经济**资源就是它在公司与产业层面,在其他类似公司聚集带来的需求,在成本与技术溢出方面,在降低运输与交易成本方面,在更容易进入信用市场等方面的规模经济效应。这些因素的存在意味着一个简单的道理,市场竞争的压力使得富者更富、大城市更大。[1] 而一个首位城市的**政治**资源就是它所实行的经济保护主义,它所拥有的政治权威

---

[1] 见格莱泽等人(Glaeser, Kallal et al.,1992)、克鲁格曼和维纳布尔斯(Krugman and Venables,1996)。

和政策的变化无常,这些做法能够使更多的资源在再分配过程中流向制度确立的领导者。① 因此,尽管从原则上讲,政治领导者可以逆转导向城市集中的经济压力,但佛罗伦萨显然并没有这样做。从经济上讲,黑死病之后佛罗伦萨从交易成本的降低与它在商业、工业与银行业方面的领导地位中受益匪浅,因为那些交易成本的降低削弱了关税壁垒向弱势地区竞争者提供的"自然"保护。② 然而与米兰的比较却表明,佛罗伦萨地区性领导地位的提高却并不仅仅是比较优势与经济聚集的结果。尽管在黑死病之前,和当地其他城镇相比,米兰与佛罗伦萨的规模经济优势差不多,并且在1350 年之后,伦巴第的市场整合进程甚至还加快了,但米兰却从 99 来没有获得类似于佛罗伦萨的地位。佛罗伦萨拥有、而米兰所缺乏的正是它在领土范围内用政治手段实行的对小城镇与乡村不利的歧视性政治与财政特权政策。③

　　尽管在行政区域与经济区域方面佛罗伦萨并没有整合新的土地,但佛罗伦萨却仍然进行了领土扩张。④ 在 14 世纪后期与 15 世纪初期,行政管辖权的整合并没有触动城市与其领土之间现有的司法管辖权不平衡的格局,也没有触动那些影响不同**郊区**之间进行贸易交流的障碍。⑤ 事实上,只有在垄断损害到佛罗伦萨人自己的经济利益时,城市的垄断——比如它在最为重要的纺织部门的垄断——才会遭到禁止。而政府的财政政策则往往是被用来

---

① 见埃兹和格莱泽(Ades and Glaeser,1995)。

② 见马拉尼玛(1983)、坦盖罗尼(Tangheroni,1988)。

③ 关于黑死病之后,佛罗伦萨的经济战略,见爱泼斯坦(1991,1996a)、弗兰切斯基(1994),本书第六、七章。

④ 见奇托利尼(1979,第 293 页)。

⑤ 见奇托利尼(1979,第 292～295 页)、瓜里尼(1976,第 16 页,1991)、圭迪(Guidi,1981,第 3 卷)、佐尔齐(Zorzi,1990)、迪亚兹(Diaz,1989)。

惩罚像比萨这样的反叛城市,并用来从农村向城市转移大量财富。除了谷物贸易之外,佛罗伦萨的寡头统治者真正追求的只是作为工具的**特定**(*ad hoc*)的地区整合模式。而大量整合前就存在的、很大程度上是自我封闭的城市市场聚集模式,却并没有发生根本性的转变。竞争性整合的缺乏,表现在日益扁平化的城市级层体系上,即在所属的城市之间缺乏专业化与差异化的特征,并且其经100 济与人口从中世纪晚期的危机中恢复的速度异常缓慢。① 该地区的总人口与城市化率都花了几个世纪的时间才恢复到黑死病以前的水平,同时当地的服装工业也萎缩了,平均生活水平也下降了。②

在中世纪的晚期,伦巴第的城市化模式介于托斯卡纳与西西里之间。就像它的相对地位变化所揭示的那样,伦巴第的城市受到"危机"带来的工业与商业波动影响的程度要远比托斯卡纳严重。而最大的变化就是克雷莫纳的地位从第二变为第四,排在了米兰、布雷西亚和皮亚琴察之后。其中的原因很可能是当地的粗斜纹布工业出了问题,同时也可能是由于维杰瓦诺(Vigevano)和亚历山德里亚的兴起;维杰瓦诺一直是1500年之后意大利北部地区少数几个作为新兴城市(*civitas*)被正式授权的城镇之一。③ 然而,伦巴第的复苏也相对较快,其中的洛迪、皮亚琴察、维杰瓦纳和亚历山德里亚,到15世纪后期已经超过了它们以前曾有过的最高水平,而大多数的城市都在16世纪早期恢复到了它在黑死病之前

---

① 关于所辖城市间特色差异的缺乏,见本书第六、七章。霍恩伯格和利斯(1989,第455页)指出17世纪的卡斯蒂利亚有类似的特征。

② 关于黑死病后缓慢的恢复,见吉纳滕波和山德里(1990,第109~115页)。关于工业萎缩见本书第六章。

③ 关于粗斜纹布工业,见本书第六章。维杰瓦诺在1530年成为授权城市(奇托里尼,1996,第100页,1992)。

的水平。① 而在托斯卡纳,城市的规模直到 1500 年,也仍未恢复到它在 1330 年代的水平。

在 1348 年之前,米兰的经济与人口在伦巴第中西部地区(那时该地区包括布雷西亚和贝加莫,但这两个城市在威尼斯人的统治下在 1420 年代衰落了)的显赫地位确实非常类似于佛罗伦萨在托斯卡纳的地位(表 5.5)。然而领土整合却并没有增加这个城市的首位度。实际上,米兰的首位度从 14 世纪早期的 40% 下降到了 1550 年的 27%:这个数字要远低于佛罗伦萨、甚至是巴勒莫同期的水平。米兰地位的相对下降很可能是不幸的国内战争、外国进攻与伦巴第公国在 1420 年代失去贝加莫、布雷西亚、克雷马(Crema)在 1530 年代失去帕尔马、皮亚琴察等因素相互作用的综合影响的结果。然而,伦巴第中部新的政治分割似乎并没有导致商业的瓦解,相反,伦巴第的城市化水平一直比较稳定,甚至还有所上升。② 当然,作为一个被构建的经济核心,在任何情况下,米兰都应该比那些小城市中心更能经得起波动的考验。总之,随着经济一体化与竞争的加剧,米兰在国内经济中的份额确实一直在下降。而最可靠的解释,似乎是政治的整合与其他城市的竞争削弱了米兰早期所从事的寻租活动。 101

---

① 见吉纳滕波和山德里(1990,第 73~79、250~251 页)。

② 尽管有了政治上的分割,但上面提到的城市仍然以米兰为经济中心。在 1470 年,它们仍然决定对克雷莫纳、布雷西亚、贝加莫和克雷马诸省之间的贸易免税(Provigioni de dacii di Cremona, Cremona 1590:14)。见罗韦达(Roveda,1988)、罗西尼和扎林(Rossini and Zalin,1985)、文图拉(Ventura,1964,第 382 页)、莫约利(Moioli,1986,第 174~176 页)。关于城市化的水平,见德弗里斯(1984,第 160~162 页)。

表 5.5　1300～1550 年伦巴第的城市排名—规模分布(人口以千为单位)

排名	1300	1400	1500	1500[a]	1542～1548	1542～1548[b]
1	150	100	100	100	80	80
2	45	30	48	40	44	40
3	45	30	40	25	40	16
4	30	20	28	18	30	10
5	25	20	25	16	27	7.5
6	23	15	18	10	19.5	6.5
7	20	10	16	10	17	6
8	16	10	15	8	16	5
9	12	7	10	7	11	4.5
10	12	7	10	6	10	4
合计	378	249	310	240	294.5	179.5
首位度	0.397	0.402	0.323	0.417	0.272	0.446

a. 不包括贝加莫、布雷西亚、曼托瓦与克雷马。

b. 不包括贝加莫、布雷西亚、曼托瓦、帕尔马、皮亚琴察与克雷马。

资料来源:吉纳滕波和山德里(1990),马拉尼玛(Malanima,1998)。

　　在 15 世纪,从维斯孔蒂(Visconti)和斯福尔扎(Sforza)建立的一个半世纪之久的王朝国家中诞生的领土国家,是以多中心的政治多元化城市体系为基础的。[①] 从政治经济的角度来看,它们的政策有两个方面是非常重要的。首先,它们不像佛罗伦萨的精英那样只和某一个阶级——城市的、封建的或农民的——利益集团结盟。由于更多的是作为政治的经纪人或中介人,而不是作为领土的君主来起作用,因此它们可以建立一个多元化的制度,并在政治、司法和经济权力之间进行宪政性界定与区分,这样一种体制是佛罗伦萨那样的城市国家所没有的。伦巴第的统治者在政治上更

① 见吉纳滕波和山德里(1990,第 198～199、214～215 页)。

为超脱于各个既得利益集团之上,这确保了它们的政治更为稳定。①

　　第二,从 14 世纪以来,伦巴第的统治者就一直在用各种各样的方法推动跨区域的贸易,其中包括与邻近的国家签订商业协定、统一关税和通行税、扩展地区性的航运通道与网络。② 到 15 世纪早期,维斯孔蒂就在建立新的市场与市集、以及在确定道路收费等 102 方面拥有了完全的主权;1450 年之后,斯福尔扎也采取了类似的政策。③ 这些政策表明,那些仍认为伦巴第的各个社区拥有独立的政治、司法与财政权力的观点是十分荒谬的。由于维斯孔蒂和斯福尔扎发现他们很难直接对城市征税,于是他们转而对那些他们可以提供协调帮助、可以执行城际和国际协议的地区性的或地区间的贸易进行征税。④ 通过支持其他的拥有特许权的中心,维斯孔蒂和斯福尔扎还试图削弱既得利益集团的影响。在 15 世纪中,他们越来越支持那些较小的封建领主,用封地与贵族身份来奖励那些忠实的雇佣军的首领(condottieri),授予那些位于国家边缘地带的战略要地上的乡村社团与小城镇以财政与司法上的“自由权利”。⑤ 当然,他们也小心地将商业、市场与课税的权利从这些特许的自由权利中克扣下来,以至于这些城镇的权力渐渐缩小,从

---

　　① 见本书第二、七章。
　　② 见诺托(Noto,1950)、乌戈利尼(Ugolini,1985,第 201~208 页)。
　　③ 见米拉(1955、1958)、安诺尼(Annoni,1970)、克伦本茨(1982)。
　　④ 见布埃诺德梅斯基塔(Bueno de Mesquita,1988)、布莱克(1988)、马塞托(Massetto,1990)、斯托尔蒂·斯托尔基(Storti Storchi,1984,1988,1990)、瓦拉尼尼(1976,第703~706 页)。
　　⑤ 见布埃诺德梅斯基塔(1960)、奇托利尼(1979,第 36~100 页;1982;1996,第4、第 6 章)。

而减少了国内贸易的制度性障碍。①

公爵领地上的政治与财政政策强化了市场之间的竞争，削弱了城市对周围腹地的司法与经济控制权。在前面几章，我们已经提到公爵对乡村市集的支持，后面我们将在第六、七章再讨论这些刺激了伦巴第服装行业的竞争，并建立了统一的谷物市场的措施。② 公爵领地上的这些政策解释了为何米兰不能像佛罗伦萨那样把它的首位度优势扩展到整个地区。通过把它的**城郊税**(*contado*)特权扩展到整个公国，米兰曾试图把它位于跨越阿尔卑斯山与德国、瑞士、法国进行贸易的交叉路口上的优势，与它实际上的首都地位的优势结合起来，但遇到了其他城市的成功抵抗。③ 并且它的垄断企图还进一步被来自威尼斯、热那亚、布雷西亚、贝加莫、皮亚琴察和帕尔马等中心城市的竞争所削弱，因为这些地方都与米兰有着密切的商业关系，但却并不受制于米兰。④

当佛罗伦萨通过那些阻碍了托斯卡纳经济发展的制度性特权，来扩展它的地区性霸主地位时，米兰人最为重要的优势却只能103 体现在经济上。这一点还可以在伦巴第的诸城市中并不存在严重的敌视米兰的事实中得到证实。相反，对佛罗伦萨人的强烈仇恨，不仅体现在 1406 年佛罗伦萨人征服之后比萨商业精英的大量逃亡上，而且也体现在 1427 年、1471 年与 1501 年沃尔泰拉人的反抗上，更体现在比萨人在 1494～1509 年的叛乱、阿雷佐人在 1502

---

① 博涅蒂(Bognetti, 1927，第 267～268 页)、米拉(1955，第 114 页)、奇托利尼(1979，第 45～51、65～69 页)。见下面第七章。

② 还有一个例子表明公爵对特殊利益诉求的反对，1460 年代公爵修了一条运河把皮亚琴察的木材运到米兰和帕维亚，该工程是与皮亚琴察的反对对立的(罗韦达，1989，第 1028～1029 页)。

③ 见本书第六章。

④ 见本章第 147 页注②。

年的起义，以及一系列并未爆发出来的稍轻一点的抗议上。[①] 托斯卡纳政治上的集权，是以政治经济的极化为代价的，并最终导致了佛罗伦萨的衰落。[②] 而更为多元化的政治结构却使伦巴第在城市、乡村与中央政府之间维持了更为均衡的关系，并最终导致了更为一体化、更为有活力的经济体的出现。

司法管辖权的一体化与国家形成

贸易的制度性约束条件不仅和地理与自然禀赋对贸易的影响相类似，而且其对中世纪晚期经济的影响在黑死病之后的城市级层体系形成中起着重要的作用。德弗里斯（de Vries）发现，到16世纪早期，欧洲的城市级层体系更为一体化了。然而这个一体化却并不是从中世纪晚期的社会经济危机中自发演变出来的，[③] 而是国家形成带来的制度变迁的产物。而国家形成则是城乡之间、城镇与国家之间以及不同城镇之间复杂的政治斗争的结局。

这些社会与政治冲突，对市场结构与经济增长路径有着重要的积极影响。正在出现的领土国家重新界定了城乡之间、城镇之间的管辖权范围。在1390年代的西西里，卡塔拉—阿拉贡人

---

① 中世纪晚期伦巴第的政治不稳定主要来自于把所辖城市与以前独立的领土联系在一起的困难（奇托利尼，1990），而不是一个城市对其他城市的压迫（例如1499年维格瓦诺人的反叛，见福萨蒂（Fossati）1914b）。关于对比萨征服的后果，见彼得拉利亚（Petralia，1987）。关于沃尔泰拉的反叛，见布鲁克（Brucker，1977，第494~495、505页）、菲乌米（Fiumi，1977）、富比尼（Fubini，1977，第363~366、547~553页）。关于阿雷佐，见卢扎蒂（Luzzati，1973）、佩扎蒂（Pezzati，1842）。

② 见本书第二章。

③ 见德弗里斯（1984，第253~257页）。

（Catalan – Aragonese）的政治复辟将城市的排他性领土司法管辖权消灭在了襁褓之中，并通过授权新的市场与市集、减少内部通行费的办法来促进贸易的发展。在伦巴第，维斯孔蒂和斯福尔扎支持小型社区要求削弱城市管辖权的主张，同时小心地扩展他们自己在税收与地区贸易方面的司法管辖权与执行能力。尽管政治整合增加了西西里与伦巴第首都在政府、行政与财政等方面**法律上**（*de jure*）或**事实上**（*de facto*）**的**集权程度，但市场竞争的离心力仍然产生了一个相反的压力。相反，佛罗伦萨却用它那扩张了的领土权力来控制托斯卡纳的经济，并强化了其霸主地位的政治基础。因此，作为佛罗伦萨人的执政官，莱奥纳尔多·布鲁尼（Leonardo Bruni）在 15 世纪早期就曾自豪地说道，"城市就像一个监护人与领主一样位于核心，而佛罗伦萨的小镇则散布在四周的边缘，各居其所。"①但这样做的后果却是，托斯卡纳用了 500 年才从黑死病带来的萧条中恢复过来。

和前面几章的分析一样，这里的分析再次表明，更为强势的城市精英在中世纪晚期的危机中起了相当大的反作用与阻碍作用，他们试图反对、阻碍与扭转国家扩展司法管辖权的努力，或者试图利用国家的权力来获取新的政治租金。就像蒂利（Tilly）和布洛克曼斯（Blockmans）已经指出的那样，小城镇并不会因为集权国家的财政性剥削以及可能会对贸易有不利影响而反对国家的形成。② 相反，它们会由于集权国家可以给城市提供一些它们自己很少能提供的服务而支持国家的形成。这些独特的服务是指为领土安全与内部争执调解，提供一个外在的力量，为那些克服政治经

---

① 见布鲁尼（Bruni，1978，第 144 页）（c. 1403～1404）。

② 见第二章。

济争端的法律提供一个外来的执行者,从而为那些无处不在的城镇关系中的协调失败提供一个外部解决办法。此外,中央政府还能为这些城镇提供商业特许权,正是这些特许权构成了前现代贸易活动的主要利润源泉。① 当然,那个时候的这些特许权授予是有可能遭到拒绝的。

意大利的历史表明,商业成功与政治的、制度的权力并不是相互对立的。城市经济和司法管辖权与领土的扩大是相辅相成的。意大利中北部的城市并不会因为它们对周围的领土有"强权政治"的野心而有什么特别的不同,这种野心是所有前现代城市的基本特征,它们的异常只是因为它们缺乏强有力的领土竞争者,以至于它们的野心能够比欧洲其他地方的城市更为有效地得以实现。② 在前现代的欧洲各地,都市特许权方面的差异主要来源于政治条件的差异,而不是来源于城市选择的经济发展战略的差异。③

因此,一个城市是支持还是反对司法管辖权的集中就依赖于该城市的精英们对被选方案进行的成本收益的评估,而不是依赖于**事先**就有的对国家主权的敌意。如果司法管辖权与特权的损失超过了预期的收益,那么,他们就会反对国家的侵犯。在 15 世纪的西西里岛,王室控制下的城市之所以与君主联盟反对封建贵族

---

① 见莱恩(Lane,1958,1975)。

② 见奇托利尼(1989)。对那些追求"强制"权力增长的城镇来说,这样一些特别有利的机会就意味着意大利中北部地区的政治权力"在用与政治形式根本不同的经济组织形式进行尝试方面根本没有成功。它们追求商业目标、食品供给与生产控制的方式主要是政治镇压与领土征服导向的"(同前,第 695 页)。

③ 见希伯特(Hibbert,1963)、米勒(1963)、范韦尔维克(van Werveke,1963)、奇波拉(1963a)、尼古拉斯(1971)、基斯林(Kiessling,1966)、舍瓦利耶(1982)、纳德(1990),第 2 章。

并同意支持国家的财政与官僚制度,是因为他们已经尝试过诸侯们的专制统治,并且得到了更坏的结果。[1] 而在托斯卡纳,它所辖的城市并没有机会进行选择。佛罗伦萨人的统治与它们的经济控制并存,佛罗伦萨认为没有必要与所辖的臣民协商并授予他们更多的权力。[2] 在伦巴第,城市国家发现在黑死病之前的公社运动[3]扩展时期,要让乡村的社团、联盟与封建领主屈服要远比在托斯卡纳更为困难;1350 年之后,维斯孔蒂和斯福尔扎则是利用那些争夺权力的竞争者来绕过城市特权或探索废除城市特权的办法。

因此,城市本身固有的权力确实为中世纪晚期的国家形成与地区整合作出了贡献,但却并没有起决定性作用。意大利北部城市拥有的强硬的司法管辖权并不是南北经济持续分岔的根本原因:1450 年之后的两个世纪中意大利的宏观经济绩效作为整体是收敛的。意大利与前现代欧洲其他地区的差异要大于它们自己内部的差异。前现代意大利最明显的特征,以及这个国家内部地区间差异的主要原因是它们在政治上持续的分治,以及它们处在欧洲、非洲与中东的商业、政治和宗教交流的交叉路口上的区位差异。

---

[1] 见爱泼斯坦(1992,第 7 章)。

[2] 见奇托利尼(1979,第 292~352 页)、瓜里尼(1976)、贝伦戈(Berengo,1974,第 691 页)、爱泼斯坦(1991,第 31 页;1996a)。

[3] 11~12 世纪因日耳曼皇帝空缺而爆发在意大利半岛的城镇机构争取主权自治的斗争,1190 年腓特烈一世死后,公社势力趁机有所扩张。——译者

第六章 公元1300～1550年原工业的起源

中世纪晚期的原工业

为地区市场和跨地区市场服务的乡村与小城镇纺织制造业的
增长,是中世纪晚期的经济现象中最为重要的特征之一。然而,对
于这个特征的形成原因,却众说纷纭、莫衷一是。① 与现代早期的原

---

① 参见克伦本茨(1963)、卡雷尔(Carrère,1976)、布里德伯利(1982)、科瓦勒斯
基(1995,第13～40页)、博尔顿(Bolton,1980,第267～273页)、霍尔巴赫(Holbach,
1994,第47～208页)、迪尼(Dini,1990a)。约翰·兰登(John Longdon)正在进行的工
作意味着,在英格兰水车的总数中,漂洗机(fulling mills)所占的比例由1300～1348年
间的6%～7.5%增长到1400年左右的12.2%,再增长到1500～1510年左右的
15.9%,尽管在同一时期中水车的总数有轻微的下降。最近,芒罗(1997)已经从佛莱
芒和法国北部"便宜、轻型布料"(draperies,légères,says)的衰落中得出结论,并对中世
纪晚期的工业增长提出了一个更广泛的解释。他指出,随着带来了长途贸易交易成本
上升的战争的频发,佛莱芒、卡塔兰(Catalan)和意大利的纺织工业开始由"便宜的"布
料生产转向高质量纺织品的生产。当日益增加的收入差距刺激了富人的消费增加、同
时却降低了生活水平、也减低了低收入阶层对便宜布料的需求时,这个趋势在黑死病
之后得到了进一步的强化。为低收入阶层提供便宜布料的生产在黑死病之后有所增
加的观点因被斥为"天真"而遭到抛弃(芒罗,1997,第67、71～73、113页,注114)。然
而,芒罗的观点缺乏足够的证据支持,特别是对意大利这个佛朗哥-佛莱芒大卫星城
市群之外最大的纺织业基地来说更是这样。在意大利,和芒罗从佛罗伦萨(在这里向
高质量布料生产的转移确实发生了)的发展推出来的结果相反,在14世纪早期比较便
宜的羊毛布料的生产有了明显的增长,黑死病之后增长得更为明显(见下面表6.1和
图6.1,迪尼,1990a;也见霍西诺(Hoshino),1983,第185页)。这些工业既为中上层阶
级生产布料,这些中上层阶级以前总从佛莱芒人的纺织作坊(sayetteries)那里购买产
品,也为下层阶级提供布料,对后者来说,即使是最一般的佛莱芒轻型布料也是不可企
及的。对于这最后一点,下面的说法足以证明:即使是最便宜的、1318～1323年间来自

工业化理论有关的观点认为,为了应对城市僵化的手工业行会,为了应对抬高了城市中制造业工人工资的市场约束条件,以及为了满足乡村经济边远地区或人口过密地区贫困农民对额外收入的需要,中世纪晚期的城市商人将工厂从城市迁到了乡村。[①]另一种观点则认为,与城镇相比,乡村的主要优势在于劳动力的成本较低,但同时他们也认为中世纪晚期原工业的兴起是大众、包括农民在内的生活水平提高的结果。[②]第二个观点的另一个版本认为,按照准马尔萨斯模型,乡村原工业的繁荣依赖于人口规模的变化。当人口增加时,真实地租增长,真实的工资下降,社会精英们对高质量城市产品的需求增加;相反,社会大众对在乡村生产的便宜消费品的需求减少。因此,人口增长将会有利于城市工业的发展,而不利于乡村原工业的发展。另一方面,人口的下降将会提升真实工资,而把地租压低。于是,中世纪晚期的农民和工人拥有更多的可以花费在原工业产品上面的可支配收入,相反,精英消费者可以用

佛罗伦萨的吉斯泰勒斯(Ghistelles)的布料(say)(芒罗 1997,第 55 页表 5),1 坎纳(等于 2.3 米)的价值也要相当于建筑工人 2 年的购买衣服的预算,或者是熟练技工 1 年的储蓄;而最贵的、来自翁斯科特的轻型布料,1 坎纳将要等于 1 个劳动者 5 年的储蓄和工匠的两年储蓄。一个简单的皮件就需要 2 个坎纳的布料,而一个复杂的背心或紧身短上衣则需要耗费三到四倍的布料。关于佛罗伦萨人的工资和预算的估计,见德拉龙西埃(de la Roncière,1976,第 1 卷,第 295 页表 54,第 345 页表 58,第 413 页表 70)。在 1340 年代由奥尔尚密齐勒(Orsanmichele)医院分给穷人的长袍共值 2 个坎纳(见亨德森(Henderson),1994,第 399 页注 117)。最后,芒罗认为黑死病并没有对工资所得有重大影响,当然也不会导致对低质量布料需求的增加,该观点是以佛莱芒人的数据为依据的,但佛莱芒的发展却并不能代表其他地区的发展。由于佛莱芒的人口损失远不及欧洲其他地区,因此,他们的工资在黑死病后并没有大幅度上涨(见特恩,1988,第941~962 页,关于黑死病后荷兰的类似情况,见范桑登(2000))。

① 见范桑登(2000)。关于包含有广泛的参考书目的原工业化文献的近期综述,见奥格尔维和塞尔曼(Ogilvie and Cerman, 1996)。关于中世纪晚期与 17 世纪原工业化之间的类似性,见克伦本茨(1963)、汤姆森(Thomson, 1983)、爱泼斯坦(1998b)。

② 见马沃维斯特(Malowist, 1972)。

来购买奢侈的城市工业品的收入就减少了。这个理论用价格与收入效应来解释工业增长,并把它看作是一个零和游戏,城市工业与乡村工业的增长都是以对方的减少为代价的。①

但这些解释并不特别令人信服。在中世纪晚期人口减少的过程中,新马尔萨斯主义者的悲惨化(immiseration)进程似乎是一个不可能的条件,并且在大多数的案例中,中世纪晚期的"原工业"都是在缺乏城市投入的情况下,甚至是在城市工匠与商人的敌意中被建立起来的。② 如果正确地注意到黑死病后大众对低成本消费品需求的增加,那么,从实证角度看,需求模型的解释就会更为让人满意,尽管它仍然留下了大量有待于进一步回答的问题。在制度上与商业上将城乡工业对立起来的做法引起了两个方面的反驳:首先,大多数中世纪晚期的"原工业"是在小型和中型规模的村镇中兴起的,而不是在分散的农场与家庭庭园中兴起的,并且它在长时期中的成功似乎更依赖于它对"传统的"城市手工业行会组织标识的模仿性运用。因此,在结构与区位方面,它都比乡村更为"半城市化"。第二,在黑死病之后,半城市化的生产者的收益很少会直接带来城市工业的损失。其实半城市化的竞争者并不是摧毁那些"传统的"、受到管制的城市制造业,而是迫使这些以工匠为基础的工业转向高质量的产品,这些产品使他们能够更充分地利用熟练技工的高超技艺。尽管城市工业在转型中并不总是能取得同样的成功,但以工匠行会为基础的制造业普遍存在危机也同样未能得到证实。相反,第五章讨论的1300与1500年欧洲城

108

---

① 见霍恩贝格(奥昂贝格)和利斯(1985,第113～120页)。

② 关于康斯坦茨湖地区,见斯科特(1996,第13页);关于上莱茵地区,见斯科特(1997,第104～121页)。

市人口的增长却为之提供了一个相反的例证。①

中世纪晚期的纺织工业无论是在城市,还是在乡村,事实上都比前面所讨论的理论暗示的情况要复杂得多。在乡村,供给基本上是不受限制的——资本的需求很低,很多农民都有一些基本的纺织技巧,便宜的羊毛、亚麻和推动漂洗机的水源都可以很容易得到,以及 1350 年之后比较低的人口压力释放出来的农业劳动力——而对衣服的需求弹性却很高。② 因此,从理论上讲,无论什么地方,只要存在合适的生产要素条件,中世纪晚期的原工业就应该得到充分自由的发展,并且作为农民家庭生产的一种简单扩展,他们生产的大多是最为基本的、非常类似的产品。但在现实中,原工业不仅在地理分布上是高度集中的,而且在技术上也是多种多样的,这表明,复杂的区位因素与产业(聚集)力量是起作用的。

乡村与小城镇纺织业在 14、15 世纪的兴起是上一章所描述的创造性破坏进程的重要表现之一,这为大多数经济史学家一直关注的 17 世纪更大规模、更为专业化的原工业的增长奠定了基础。尽管经过二十多年的国际化研究之后,最初由门德尔斯和其他学者提出的 17 世纪的原工业化是"工业化进程的第一阶段"的原工业化理论,已经遭到了全面的否定,但很少有人怀疑,通过雇用剩余的农业劳动力,原工业确实在提高劳动生产率方面起过重要的作用。因此,我们必须像对待作为前现代斯密增长象征的现代早期工业增长那样,来看待中世纪晚期的原工业化。

109

---

① 关于伊比利亚和意大利之外的西欧其他地方的发展回顾,见霍尔巴赫(1994,第 47~208 页)。认为英国的城市纺织业从总体上讲在黑死病后没有下降的观点是由布里德伯利(1982,第 6 章)进行了有力的论证的。

② 就像黑死病之后那些不利于消费者升级的、限制奢侈性消费的法律激增所表明的那样(欧文·休斯(Owen Hughes)1983;布尔斯特(Bulst),1988)。

确实,由于以下三个方面的原因,中世纪晚期的原工业化在很多方面仍然是前所未有的。首先,新型纺织业的兴起刺激了"城""乡"之间分工体系的迅速重组,这里的"乡村"主要指小城镇以及较大的或正在扩张的村庄,而不是分散的农民。城市的生产者用提高市场进入壁垒的方式对那些低价值产品的竞争作出了反应。在开始时,他们的典型反应是,用城市属地中的合法垄断将竞争者排斥在合法经营的范围之外。这种办法有时能使非城市生产者半途而废,但行会的控制与压制有时也能很容易地被绕过。手工业行会的下一个更为有效的措施,是利用他们的技巧优势来从事新型面料、新型样式的多样化生产,或者从事像丝绸、高品质亚麻的纺织这样一些产业,或者为那些半城市工业提供更为复杂的技术终端服务。[1]

第二,中世纪晚期的原工业一般都聚集在一个狭小的区域或新兴的"工业区"内,并拥有共同的地理、商业与制度方面的特征。它们中间有一些位于高地的"边缘"或海边那些不适合农业种植的地区,这些地区因为黑死病后人口的大量下降而多专业化于畜牧业与便宜产品的制造业,但制造业同样在接近大城市的农业种植平原区聚集起来,而在像卡斯蒂利亚这样一些地区,新的工业甚至是在城市内部发展起来的。然而,把城市与半城市工业尖锐地对立起来的观点,忽略了黑死病之后工业发展的一些最重要的特

[1]　以低地国家为例关于对原工业挑战作出反应的城市工业重构过程的最详尽论述,见范德韦(1988)、布恩和普雷维涅尔(Boone and Prevenier, 1993)、布恩(1995)、施塔贝尔(1997,第138～158页)、特恩和绍利(Thoen and Soly, 1999)。关于中世纪晚期英格兰城市"危机"的长期争论,可以在这个背景下重新考虑;相关参考文献见帕利泽(1988)和布里特内尔(1993,第170～171页)。对技术工人需求的一般增长解释了中世纪晚期手工业行会为何要制定更为严厉的训练与出师标准,以及为何要采取各种措施改进技术工人在城镇之间的流动(爱泼斯坦,1998a,第692～693页)。

征。最成功的产业集群出现在拥有行会传统优势、城市工业已经存在的地区，因为从密集的城市中心溢出的技术与知识十分有利于那些半城市工业的发展，而且密集的城市中心才拥有的与买卖双方的紧密联系——技术、组织与商业方面的外部性——也让半城市工业受益匪浅。产业聚集降低了信息成本、监督成本、执行成本与运输成本，创造了一个更大的、更为同质的技术工人储备，加快并增加了技术创新的回报。正是这些自我强化的产业聚集，解释了为何中世纪晚期有如此多的工业区域都能够维持几百年之久，有些地方，甚至一直延续到今天。①

　　中世纪晚期原工业化的第三个主要特征，是国家作用的日益增长。就像很容易被课税的高度资本化的、劳动与技巧密集型的产业一样，13 世纪后期以来，城市的成衣制造业与原材料贸易就已经开始引起统治者的关注了，英格兰的爱德华一世在 1294~1297 年开征的羊毛税就是这样一个经典的案例。然而，黑死病之后，在城市与半城市之间日益激烈的冲突给国家提出了一个更为紧迫的任务，即在行会的司法管辖权与原工业的赦免诉求之间进行协调。领土统治者发现，对他们来说，这是一个极具诱惑力的②扩张其政治基础、打压城市特权的机会，正是这些特权构成了对他们权威的挑战。作为一种"幼稚工业的保护伞"，以及作为一个永久性地改变了地区工业布局与比较优势的因素，国家许可的反对城市垄断的特许权与"自由权利"对新工业的生存来说常常是至

---

　　① 关于地区性聚集的证据，见施雷默尔（Schremmer，1972）、施特罗默（1986）、布里德伯利（1982，第 5 章）、霍尔巴赫（1994）、汤姆森（1996）、贝奥涅·布罗基耶里（Beonio Brocchieri，1995）。关于聚集的模型与结果，见克鲁格曼（Krugman，1991）、贝克尔和墨菲（Becker and Murphy，1992）、齐利博蒂（Zilibotti，1994）、奇科内和松山（Ciccone and Matsuyama，1996）。

　　② 原文误为 irrestible，根据上下文应为 irresistible。——译者

关重要的。即使是国家没有积极支持原工业发展的地区,政治整合也帮助建立了一个更为竞争性的市场,并减少了小城镇工业与新近兴起的乡村工业进入市场的障碍。①

为了解释政治结构对工业增长的影响,我们不能孤立地考察单个制造业,因此,我们必须把它们放在一个经济与制度的环境中进行考察,而这些环境大多是地区性的。本章从这个角度考察1300～1550年间意大利三个地区——伦巴第、托斯卡纳与西西里原始纺织工业的兴起。② 这些地区拥有某些共同的重要的宏观经济特征,比如都有比较高的城市化率,比较发达的基础设施,比较稳定的产权,以及在1350年之后都有类似的人口衰退速度,稳定或上升的实际工资水平,比较丰裕的羊毛、亚麻与棉花原材料的供给。它们还是15世纪意大利工业集中度最高的地区(图6.1)。③

然而,就像第五章所讨论的那样,它们的政治发展道路却是互不相同的。伦巴第是一个公国与城市国家联邦的混合体;托斯卡纳则在佛罗伦萨共和国的统治之下;而西西里,在1282～1416年间是一个独立的君主国,后来成为伊比利亚—那不勒斯共主邦联国家的一个组成部分。因此,在讨论经济与制度因素对中世纪晚期工业增长的影响方面,这三个地区提供了最为接近的最能排除

111

---

① 见范韦尔维克(1963,第354～356页)、尼古拉斯(1971,第203～221页)、布恩(1997)、诺德格拉夫(1992)、斯科特(1996,第16页)、米勒和哈彻(1995,第321～322页)。关于原工业化过程中法律特权的重要性,见波拉德(1997,第4章)。

② 关于从这个角度对意大利中世纪晚期"原工业化"的最新研究,见孔巴(1988a,第25～61页,1988b)、阿尔比尼(Albini,1993)、贝奥涅·布罗基耶里(1993)、格里洛(Grillo,1993)。

③ 关于黑死病后意大利制衣工业,见博兰迪(Borlandi,1953)、黑斯(1961,第227～229页)、罗马诺(Romano,1974,第1849～1853、1855～1856页)、琼斯(1978,第181～183页及注14)、格罗曼(1969,第85、87、137、173、211、297、414、427页)、莱昂内(Leone,1983)、孔巴(1988a,第125～141页,1988b)、迪尼(1990a)。

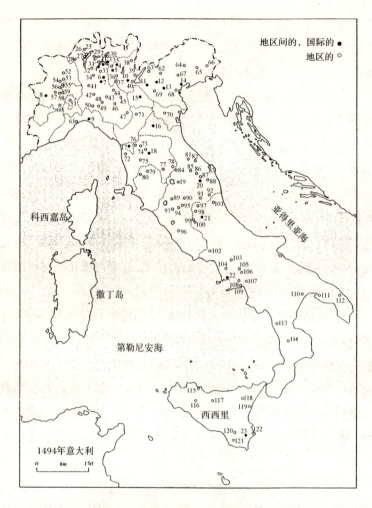

图 6.1　15 世纪意大利的毛纺织业

图 6.1 中各节点的地名

1. 科莫	2. 托尔诺（Torno）	3. 莱科
4. 见图 6.2 第 36、39~44 节点	5. 贝加莫	6. 蒙扎
7. 米兰	8. 皮内罗洛	9. 热那亚
10. 布雷西亚	11. 维罗那	12. 维琴察
13. 帕多瓦	14. 威尼斯	15. 曼图亚（曼托瓦）

16. 博洛尼亚（波伦亚）
17. 卢卡
18. 佛罗伦萨
19. 佩鲁贾
20. 卡梅里诺
21. 拉奎拉
22. 那不勒斯（那波利）
23. 诺托
25. 瓦尔维杰佐（Val Vigezzo）
26. 坎诺比奥
27. 因特拉
28. 瓦塞西亚
29. 卢加诺
30. 贝拉诺
31. 切尔诺比奥
32. 瓦雷泽
33. 坎图
34. 布斯托阿西齐奥
35. 瓦尔布伦巴纳
36. 伦巴第的罗马诺
37. 松奇诺
38. 瓦尔迪斯卡尔韦
39. 萨洛海岸
40. 洛纳托
41. 诺瓦拉
42. 维杰瓦诺
43. 帕维亚
44. 洛迪
45. 克雷莫纳
46. 皮亚琴察
47. 帕尔马
48. 沃盖拉
49. 托尔托纳
50. 亚历山德里亚
51. 阿斯蒂
52. 莫斯湖
53. 比耶拉
54. 伊夫雷亚
55. 韦尔切利
56. 基瓦索
57. 都灵
58. 蒙卡列里
59. 基耶里
60. 卡拉廖
61. 萨沃纳
62. 马罗斯蒂卡
63. 罗韦雷多
64. 费尔特雷
65. 波代诺内
66. 乌迪内
67. 特雷维索
68. 罗维戈
69. 洛尼戈
70. 费拉拉
71. 雷焦艾米利亚
72. 比萨
73. 皮斯托亚
74. 普拉托
75. 圣吉米尼亚诺
76. 佩夏
77. 阿雷佐
78. 圣塞波尔克罗
79. 锡耶纳
80. 拉迪孔多利
81. 乌尔比诺
82. 福松布罗内
83. 安科纳
84. 卡斯泰洛城
85. 古比奥
86. 马泰利卡
87. 圣塞韦罗
88. 圣吉内西奥
89. 奥尔维耶托
90. 斯波莱托
91. 诺尔恰
92. 阿斯科利
93. 维泰博
94. 奥尔泰
95. 特尔尼
96. 罗马
97. 阿马特里切
98. 莱昂内萨
99. 列蒂
100. 杜卡勒城（Ducale）
101. 泰拉莫
102. 丰迪
103. 皮耶迪蒙特
104. 卡普阿
105. 切帕罗尼（Ceppaloni）
106. 阿韦利诺
107. 吉丰尼（Giffoni）
108. 萨尔诺
109. 阿马尔菲
110. 圣塞韦罗
111. 塔兰托
112. 莱切
113. 桑圭内托
114. 科森扎
115. 巴勒莫
116. 科莱奥内
117. 波利齐
118. 兰达佐
119. 卡塔尼亚
120. 拉古萨
121. 希克利
122. 锡拉库萨

其他因素影响的历史实验场（controlled historical experiment）。

原 始 资 料

实际上,在半城市化工业的早期,在它们完成制度化构建以前,并没有多少书面材料被保留下来。这些地方既缺乏手工业行会,其经营人员也缺乏合法的组织标识。大多数情况下,它们都是通过雇用外面的专业商人来推销它们的货物,它们急切地想逃避邻近城市的盘查。它们经常是作为被打击的对象而在城市的记录中被提到的,只有在比较偶然的情况下,它们才会出现在国家与城市的立法程序中,出现在关税清单与税收的报告中,出现在描述消费时尚变化的嫁妆与遗嘱的清单上。这样一些记录材料的质量与数量在三个地区之间有着很大的不同。由于西西里行会增长的迟缓,只有伦巴第与托斯卡纳保留了一些有关手工业的官方记录材料,而手工业活动的记录则只有佛罗伦萨才有。米兰的羊毛行会与佛罗伦萨的羊毛与亚麻行会,保留了那些落入了城市手工业行会管辖权控制的农村制衣工人的入行名单,但似乎只有后者才在乡村地区严格执行了他们的管辖特权;另一方面,更为成功的竞争性工业活动却在城市行会管辖权的控制之外。①

关于伦巴第纺织工业的最好证据来自于当地社团的章程,数百个这样的章程在13、14世纪公社运动高峰时被制定出来,章程的制定在15世纪进一步受到领土统治者的鼓励。伦巴第的128个社团起草的240个左右的章程,在1550年之前存在了三个世纪

---

① 米兰人的注册表在1393年到1480年间记录了77个农村录用者,其中37个是1470年以后录用的(桑托洛(Santoro),1940)。佛罗伦萨的清单下面再讨论。

之久(其中有 29 个是在 1350 年之前被起草的),这些章程包含了大量的经济性规章制度,其中有许多是与纺织业管理相关的。①尽管这些章程,像所有其他的法律材料一样,需要小心使用并在独立的基础上相互印证,但它们的一致性仍然表明,社团章程曾精确 114地描绘了该地区半城市工业的发展状况。②

社团章程在中世纪晚期的托斯卡纳却没有什么用处。在托斯卡纳,佛罗伦萨的**统治者**(*signoria*)利用这些章程来扩张他们的领地司法管辖权,并通过制定那些与城市法律和行会司法权相抵触的各种条款——包括任何有关布料生产的标准——来削弱那些臣属城市的司法管辖权。③ 佛罗伦萨强迫当地的经营者削足适履地采用它自己的法定标准,并让它自己的行会来监督全国的制造业;因此,托斯卡纳的乡村章程无法反映工业活动状况的独特性并不令人诧异——但就像我们将要看到的那样,这实际上也反映了托斯卡纳原工业的弱点。

---

① 所有这些章程的微缩复制胶片都保存在米兰大学的意大利法律史研究所(the Istituto di Storia del Diritto italiano)。我非常感谢斯基奥帕(Antonio Padoa Schioppa)教授和斯托基(Claudia Storti Storchi)教授允许我不受限制地使用这些材料。通过把伦巴第扩展到包括整个米兰(按照 1535 年查理五世登基时的情况)、瓦尔泰利纳和皮亚琴察的领土(仅仅在几年之前才输给米兰的),以及在 1426～1428 年间被威尼斯人控制的、但一直与他们的西边维持着强劲的经济联系的布雷西亚的领土和贝加莫,比较的范围进一步扩大了。关于继续不提高克雷莫纳、曼托瓦、布雷西亚、贝加莫、克雷马等城市与领土之间贸易关税的决定,见罗韦达(1988)、罗西尼和扎林(1985)、莫约利(1986)、科里托雷(Corritore,1993,1995)、普罗丰吉昂尼(Provigioni,1590:14(1477))。

② 所有章程的名单发表在爱波斯坦(1993);另见图贝尔(Toubert,1976)。关于章程立法的制度方面,见奇托利尼和维洛韦特(Chittolini and Willoweit,1991)、奇托利尼(1996,第 105～126 页)、斯托基(Storchi,1988,1990,1992)、科特西(Cortesi,1984)、蒂拉博斯基(Tiraboschi,1880)、瓜拉齐尼(Gualazzini,1950～1951,第 109～167 页)、索拉齐(Solazzi,1952～1953)。米兰北部 16 世纪晚期原工业的分布与当地章程所描绘的布局是相吻合的(贝奥涅·布罗基耶里,1995)。

③ 见瓜里尼(1991)。

　　然而,托斯卡纳有两类资料却是伦巴第与西西里所没有的。这就是没有中断地被保留下来的佛罗伦萨的羊毛与亚麻行会成员名单,该名单从 14 世纪一直延续到 18 世纪被废除时为止。两个行会都从 1382 年开始记录技工在佛罗伦萨**城郊**(*contado*)的出现,这表明它们已经日益意识到来自乡村的制造业与日益增长的司法管辖权的竞争威胁。尽管在 1490 年代刚开始时还不太可靠,但一直持续到 16 世纪的这些乡村注册表,仍可用来描绘这二百多年来最好的历史时期中**城郊**织布者与企业家的数量与布局。① 这些资料可以和来自于 1427～1430 年所谓的地籍簿(*catasto*)或税收评估材料中的资料结合起来使用,因为税收材料报告了家庭纳税户主的职业活动,并提供了一个更为详尽的关于整个地区纺织业活动的缩影。尽管包括 40% 以上的佛罗伦萨人与比萨人在内的、相当大的一部分纳税人都没有披露他们的职业,但那些披露的人仍然为整个人口提供了一个值得信赖的截面图。②

　　不过,西西里并不存在伦巴第或托斯卡纳这样的资料积累,因为西西里的手工业工匠行会直到 15 世纪才第一次被建立起来,这时乡村的工业也已经开始出现,并且行会的司法管辖权始终是弱势的。它们的社团规章制度都按照墨西拿、巴勒莫、卡塔尼亚和特拉帕尼这些城市的要求进行了标准化,因此,这些章程根本不具有原始材料的特征。于是关于这些地方服装制造业的证据基本上都是推测性的,这个推测则是以当地的关税清单、私人存货清单与嫁

115

---

　　① 让城郊(contado)技工注册(没有女性被记载)的决定很明显与 1382 年元月的政治体制变革(档案材料 ASFi, AI46, f.134rv)有关,这个决定很可能是新的贵族政权讨好佛罗伦萨羊毛行会的措施,但统治者的这些行为引发了成百上千的技术工人逃离了城市。见本章第 196 页注①。

　　② 见赫利希和朱伯(Herlihy and Klapisch Zuber,1985,第 124 页)。

妆清单、公证合同为基础的，并参考了当地原材料、漂洗机与印染设备的相关资料。①

伦 巴 第

原材料

为管理在泡制过程中容易产生臭味儿的亚麻生产而制定的章程表明，亚麻种植最为密集的地区遍布在整个伦巴第中部的诺瓦拉省、亚历山德里亚省、托尔托纳省、贝加莫省、布雷西亚省、克雷莫纳省、克雷马省和洛迪省。在伦巴第中部的米兰与帕维亚附近以及皮亚琴察的附近，亚麻却并不太常见，在科莫省甚至更为少见。② 在 16 世纪的瓦尔泰利纳及其以北地区的章程中几乎一点也没提到亚麻。③ 各地亚麻生产的不同与质量的差异导致了 15 世纪亚麻线地区性贸易的发生，主要的交易地点就在贝加莫与奥齐诺维（皮亚琴察）管辖的特雷维廖，该市场主要服务威尼斯的泰拉费尔马（Terraferma）的东部省份和克里莫纳与米兰的管辖区，当然市场还分布在东北的松德里奥（Sondrio）和各个主要的地方首府。④

---

① 关于伦巴第与托斯卡纳的嫁妆与存货清单，见马齐和拉韦吉（Mazzi and Raveggi，1983）、卡索（Caso，1981）、罗韦达（1948）。

② 塞内德拉（Cenedella，1990，第 234 页）认为亚麻是在 15 世纪后期才引入到米兰北部高地干旱地区的。也见克罗蒂·帕西（Crotti Pasi，1984，第 28 页）。亚麻在洛梅利纳（Lomellina）广泛传播，并传到帕维亚（莫里，1997，第 10～12 页）。拉辛（Racine，1977，第 289 页）也提到一些 13 世纪中期在皮亚琴察南部种植亚麻的合同。

③ 见莫里（1986，第 139 页）。

④ 见本章第 171 页注①、172 页注①～⑥。

相反,这些章程很少提到羊毛的供应。因为伦巴第当地羊毛
(*lana nostrale*)的质量比较差,因此,城市里的制造商与比较有抱
负的半城市化的生产商纷纷从意大利中南部的阿布鲁佐、普利亚、
西西里和撒丁岛以及法国南部、西班牙、勃艮第和英格兰等地输入
羊毛。[①] 在粗斜纹布生产中使用的棉线存在着类似的问题,棉线
来自意大利南部,特别是经由威尼斯人与热那亚人之手从黎凡特
输入。[②] 更为令人吃惊的是章程中也没有提到靛蓝,而直到 17 世
纪为止,靛蓝都是欧洲主要的蓝色染色材料,并且黑死病后伦巴第
地区曾大量生产并出口靛蓝。

116　　　需要肥沃土壤和拥有比较高的体积成本比(bulk-to-cost-ratio)
(其色素是从干叶中提取的)的靛蓝,大多种植在能够获取家庭肥
料与工业下脚料的城镇附近。虽然与洋茜相比,靛蓝是一种不太
有效的染色材料,并且伦巴第也同样种植洋茜,但对种植者来说,
靛蓝仍有许多优势。比如,靛蓝一年可以收获五次,而洋茜两年才
能收获一次;另外,靛蓝可以在谷物夏收冬播之间进行播种与收
获,并且它的工业下脚料还可以用作动物饲料和肥料。因此,对试
图在谷类作物收成波动时补偿收入的农民来说,种植靛蓝是一个
特别有用的方法。

　　对 13 世纪的大部分时期来说,意大利北部工业所需的靛蓝,
是由博洛尼亚和阿雷佐附近的地区以及托斯卡纳东南地区的圣塞
波尔克罗镇与卡斯泰洛城来供给的。13 世纪后期,托斯卡纳与意
大利北部之间的交通条件的日益不稳定,导致了这些植物被引入
到伦巴第的西部进行种植,并且黑死病之后,这些植物的种植迅速

---

① 有少数山区的社团管理着绵羊的放牧(图贝尔,1976,第 475～483 页)。

② 见芬内尔·马扎欧伊(Fennell Mazzaoui,1981,第 7 章)。

增加了。在伦巴第,1 **索玛**(*soma*)(大约为 100～120 公斤)靛蓝的价格,在 1278 年到 1350 年代已经从 6.78 佛罗林降到了 3.12 佛罗林的情况下,然后又进一步降到 1470 年的 1 佛罗林,降低了 2/3 还多,其间总的名义下降高达 85%。[①] 到 15 世纪,伦巴第的靛蓝已经成为主要的出口商品了,主要运往加泰罗尼亚和欧洲的北部(包括英格兰)地区了,并成为公爵重要的税收来源。[②]

亚麻制品

资料表明,根据生产技术的复杂程度不同,亚麻的生产可以分为三个类型(图 6.2)。其中最简单的是为家庭需要与当地市场服务的家庭生产,这些产品往往被章程所忽视,但却可以在遗产清单中看到。稍微专业化一点的是小规模的、为本省市场服务的、管制较少的产品的生产,这些生产广为分布在诺瓦拉、贝加莫、布雷西亚这些高地省份,在其他地区却并不普遍。[③] 更为专业化的是产业化生产,这些生产要求对布料的尺寸、经线的密度和一些其他的技术特征进行规定,它们分布在大多数的首府城市。最为精细的生产分布在诺瓦拉、亚历山德利亚、托尔托纳和帕维亚,紧随其后的是分布在米兰、洛迪、克雷莫纳、皮亚琴察与瓦尔泰利纳的博尔

117

---

① 1350 年之后下列地区的靛蓝生产也有所增长:朗格多克(Languedoc)、诺曼底、阿图瓦(Artois)、皮卡尔迪(Picardy)和加斯科因(Gascoigne)、南部佛兰德斯、莱因中部及低地地区。

② 见博兰迪(1949)。伦巴第洋茜的价格同样从 1280 年 1 索玛 8.14 佛罗林降到 14 世纪中期 1 索玛 3.91 佛罗林。博兰迪用需求的下降来解释这个现象,但科莫与梅索尔奇纳河谷在 1335 年签订的贸易合同却提到洋茜的出口(国家档案,科莫卷,社区历史档案,达齐(Dazi),13/1,第 46～48 页及以后诸页)。关于索玛,见弗朗焦尼(Frangioni,1992,第 10 章);关于 14 世纪向加泰罗尼亚的出口,见马伊诺(1982,第 23 页)。

③ 档案材料 BA, ms. S. C. T. VII, p. 54 rubr. 205(坎诺比奥(Cannobio), 1357)、奥多里奇(Odorici,1876:col. 1584 注 108～109、139(1248)、244(1292)、诺托(1950,第 112～123 页注 222(1354))。

米奥领地上的制造业。科莫对亚麻的生产没有太多兴趣,布雷西亚很明显只是在16世纪才发展了一个当地的产业。而在克雷莫纳,亚麻生产在14世纪开始与粗斜纹布生产进行了联合,从此就不再被单独提起了。[①] 尽管这个区域的大部分地区都星罗棋布地拥有一些高质量的亚麻产业,像靠近亚历山德利亚的圣马蒂诺镇(1380~1390),靠近科莫的贝拉诺(Bellano(1370?))以及很可能还有帕拉佐洛(1425),位于贝加莫地区的伦巴第的罗马诺(1368),或许还有克雷马(14世纪后期),蒙扎,靠近布雷西亚的萨洛海岸(1425),但在大城市之外,大量的专业化生产大多分布在诺瓦拉省(1395年在比安德拉特(Biandrate),1404年在奥尔纳瓦索,1318~1319年很可能在阿罗纳)和帕维亚省(1412年在罗马涅,1418年在维杰瓦诺,1389年在沃盖拉);而皮亚琴察地区似乎一点儿也没有。

章程与关税清单表明,黑死病之后,伦巴第的工业有所扩张,并且专业化水平也进一步提高了。尽管维杰瓦诺14世纪后期的章程还只是对亚麻子与布料通行税的课征进行了规定,但为了竞争更有价值的市场,1418年的章程已经开始对当地亚麻生产的长度(13 *braccia*)与宽度(精品1 400根线,次一点的1 300根线)进行了规定。[②] 对米兰人的日期为1330~1350年的关税清单和15世纪下半叶的关税清单进行的比较研究表明,在城市市场上销售的亚麻产品的种类有了迅速的增加。[③] 在"普拉托(Prato)商人"

---

① 关于16、17世纪亚麻的纺织业,见佩尔加梅尼(Larsimont Pergameni,1948~1949,第182页)、塞拉(Sella,1978)、贝奥涅·布罗基耶里(1993,1995)(关于粗斜纹布的)。

② 见科隆博(Colombo,1933,第346~347、486页)(1371~1392年、1418年))。

③ 见法令(Statuta 1480:192卷(1396)、诺托(1950,第17页)。

的通讯录中,弗朗切斯科·迪马尔科·达蒂尼(Francesco di Marco Datini)曾在 1390 年代向罗马教皇在阿维尼翁的法庭抱怨"伦巴第人"销售的亚麻质量比较低劣,但实际上,他们提到的是米兰人的亚麻,这些亚麻的质量与该地区最好的亚麻质量相比相差甚远。[①]

然而,获得便宜的原材料与劳动力的可能性并不能决定工业的布局。因为丰富的亚麻资源和诺瓦拉、贝加莫、布雷西亚地区高地"边缘"地带大量的人口是和低素质的工匠联系在一起的;亚历山德里亚的农村地区既发展了专业化的亚麻生产,又发展了高水平的工业生产;只有托尔托纳、克雷莫纳和克雷马的城市工业似乎 118 从该地区的亚麻供应条件中受益匪浅。在罗马涅、沃盖拉、维杰瓦诺和帕维亚地区,尽管当地缺乏好的亚麻供应,但专业化工业仍然得以发展,而在拥有类似的市场条件的米兰和皮亚琴察**城郊**却并没有出现类似的发展。

粗斜纹布

亚麻工业之所以如此布局的一个原因**很可能**是强势的粗斜纹布工业的出现,这些粗斜纹布工业在原材料(粗斜纹布是由亚麻和棉花合成的)与劳动力的市场上与亚麻工业进行竞争。由于 13 世纪以来就一直在为国际市场生产,伦巴第人的粗斜纹布工业不仅是比亚麻制造业更为先进的、更为资本密集型的产业,而且还能争取到更为有力的政治支持。其实,早在独立的亚麻工业出现之前,大多数的粗斜纹布产业就被赋予了对亚麻经线供应的准垄断

---

① 米兰人在阿维尼翁提供的亚麻的价值只有克雷马亚麻价值的一半多(弗兰焦尼,1986a,第 63～64 页);另见弗兰焦尼(1983,第 67～72 页)。15 世纪早期佛罗伦萨人似乎已经认为伦巴第最好的亚麻来自洛迪(档案材料 ASFi, ARSL 8,第 4、第 15 卷及以后诸卷)。

特权。1248 年，布雷西亚就曾禁止它的**城郊**与**辖区**出口亚麻经线。① 早在 13 世纪，皮亚琴察同样开始管制亚麻纺线的贸易，并从 1346 年开始，禁止**城郊**亚麻线和棉线的出口。② 克雷莫纳在 1318 年就禁止了纱线的出口，并在 1430 年再次重申了这个禁令；它的粗斜纹布工业还试图限制向克雷莫纳管辖区四个市场进行批发经线的贸易。③ 帕维亚在 1368 年禁止了所有的纱线出口。④ 米兰先是在 1338 年通过了一项法律免除了亚麻经线的通行税，随后又用 1354 年制定的一个经常重复的法律禁止**城郊**与**辖区**经线的出口。⑤ 在克雷莫纳粗斜纹布生产者的支持下，通过把禁止的范围扩展到整个公爵领地，城市对经线贸易一体化的地区性市场的发展作出了反应。⑥

因此，在那些粗斜纹布生产传统比较悠久的城市，比如米兰、克雷莫纳、皮亚琴察、布雷西亚（这里也生产梅泽拉内(mezzelane)线——一种羊毛与亚麻混成的经线），甚至也包括贝加莫（15 世纪

---

① 奥多里奇(1876：col. 1584 注 139)。

② 见卡斯蒂诺里和拉辛(Castignoli and Racine, 1967：п. 100～104、373～374、432、588)；潘科蒂(Pancotti,1925～1930,第 3 卷,第 325 页)。

③ 见梅罗尼(Meroni,1957,第 112 页)、萨比奥内塔·阿尔曼西(Sabbioneta Almansi,1970,第 127～129、132～133、143、159 页)、马伊诺尼(1994a,第 103 页)。另见萨比奥内塔·阿尔曼西(1970,第 186、188(1410～1430)页)。

④ 见帕加尼尼(Paganini,1971～1973,第 487 页注 24)。关于帕维亚内地亚麻的生产见莫里(1997,第 69～91 页)。

⑤ 见诺托(1950,第 106 页注 201、第 112 页注 221(1414 年、1425 年、1444 年、1448 年和 1452 年再次重复了这个禁令))。

⑥ 见巴比里(Barbieri,1938,第 65～66 页)、马扎欧伊(1981,第 85、147、148 页、197 页注43、220 页注52)、本页注3。在 1444 年，菲利波·马里亚·维斯孔蒂公爵禁止从克雷莫纳、诺瓦拉、萨龙诺和加拉拉泰向米兰以外的地区出口。在 1448 年，米兰人的粗斜纹布制造商曾宣称经线正在被偷运往克雷莫纳和佛罗伦萨(纳塔莱(Natale),1987,第 72～74 页；马扎欧伊,1981：85,148)。

粗斜纹布才出现），亚麻工业只是简单地被挤出了。① 只有在亚历山德里亚和维杰瓦诺，高质量的亚麻生产与粗斜纹布生产是从1400 年代早期开始就同时共存了，而帕维亚的亚麻工业得以幸存 119只是因为它的粗斜纹布工业最终衰落了。② 当然，亚麻线市场同样也面临着几个新的粗斜纹布生产商的需求激励，这些厂商遍布莱科（14 世纪晚期）、维杰瓦诺（1392）、梅莱尼亚诺（1425）、布斯托阿西齐奥（c.1407～1418）和萨洛海岸（1425）的小镇上。③ 它们中的大多数都位于帕维亚和米兰的管辖区，这些地方的亚麻工业发展相对落后；而在伦巴第、克雷莫纳这些最大的粗斜纹布工业集中的内地，亚麻工业的发展则根本就没有出现（图6.2）。④

　　尽管大多数新的粗斜纹布工业都在为地区性市场提供更为便宜的布料，但也有一些厂商在那些由米兰和克雷莫纳控制的国际市场上进行低端竞争。在开始时，后者很可能低估了这些竞争的

---

　　① 关于梅泽拉内混纺线，见法规（Statuta,1480:191v）、诺托（1950,第 17 页）。关于粗棉线，见瓦尔乌梅（Volumen,1686:32（1457））。克雷莫纳的亚麻技工在 1313 与1388 年间被合并进了粗斜纹布行会，见萨里奥内塔·阿尔曼西（1970,第 22 页）。在皮亚琴察，在章程中最后一次提到亚麻纺织是在 1396 年，并且是出现在羊毛行会的章程里面（帕拉斯特雷利（Pallastrelli），1869:29 rubr. 71）。在 1385 年已经组织起来的米兰的亚麻纺织者（马蒂尼（Martini），1980,第 233 页）只是到 1460 年才被特许了一个行会章程。

　　② 关于帕维亚的粗斜纹布生产，见马扎欧伊（1981,第 85 页、197 页注38、第 224页注4～5 第 229 页）。在 15 世纪的亚历山德里亚,粗斜纹布加入了亚麻纺织行会（孔巴,1988a），但两个工业之间的关系却并不清楚。

　　③ 时间可以追溯到引证的第一个章程。1327～1329 年间托尔托纳有少数的粗斜纹布工业，很可能 1331 年的蒙扎也有。米兰北边的加拉拉泰、阿比亚泰格拉索和博尔米奥也在 16 世纪建立了制造业（贝奥涅·布罗基耶里,1995,第 158～167 页）。

　　④ 如果克雷莫纳能比米兰更紧密地控制乡村的制造业，将有助于更为有说服力地解释为何粗斜纹布工业在中世纪危机后期萎缩了。在 1391 年，城市采取了措施在城乡同时清除非法竞争者，因为它们用并不足数的棉花制造了"无数的皮诺莱蒂（pignola-ti）（粗斜纹布的一种）"（法令 1580？: 35）。

120

图 6.2   1350～1550 年伦巴第的亚麻与粗斜纹布纺织业
（节点地名见图 6.3 注）

威胁,这部分是因为小镇上的竞争者刚开始都是作为大城市基地
的分包商出现的,比如梅莱尼亚诺的纺织业在 15 世纪的早期只是
为米兰的印染与最终生产提供粗加工布料。但到 1470 年代,他们
就开始接管印染行业了,从而导致米兰人以他们那些黑色产品的
低廉质量为借口来反对他们。[1] 自从 1370～1380 年代以来,米兰
人一直都在与来自中欧的产品进行竞争,但到 15 世纪中期之后,
越来越多的低价竞争开始来自皮德蒙特、利吉里亚、皮亚琴察和帕

---

[1]   见诺托(1950,第 122 页注 5)、马扎欧伊(1981,第 158 页 (1478))。

维亚。① 经过了几十年的竞争之后，为避免出现两败俱伤的价格战，米兰与克雷莫纳都决定转向质优价高产品的生产。对米兰而言，这还意味着要转向技术更为先进、利润更为丰厚的丝绸工业。②

羊毛纺织业

就像亚麻制造业一样，伦巴第的羊毛纺织工业也包含了三到 122 四个层次的专业化水平。该地区冬天寒冷气候的影响带来的对厚重布料的强劲需求，以及羊毛纺织生产更为通用的技术，解释了为何新的羊毛纺织制造商的数量会远远超过新的亚麻与粗斜纹布制造商的数量（图 6.3）。由于更为专业化的半城市工业使用进口的羊毛，因此，是否接近本地的原材料对产业的区位选择来说已经无关紧要了。在选择区位时，更为专业化的羊毛纺织生产商往往会选择没有专业化亚麻工业的地区去发展，尽管实际上这两个工业在米兰、克雷莫纳和皮亚琴察的管辖区中都不存在。③

选择工业区位的决定性因素是城市行会的权力。伦巴第的大多数城市羊毛纺织生产商，都使用来自乡村与小城镇的廉价劳动力来从事纺线与低质量的织布工序，但对更为有利可图的终端生

---

① 关于来自中欧的竞争，见马扎欧伊（1872，第 283～286 页）、马扎欧伊（1981，第 139、144、145 页）、弗兰焦尼（1986b，第 89～91 页）。关于来自意大利小镇的竞争，见黑斯（1961：229）、孔巴（1988a）、马扎欧伊（1981，第 85 页和 196 页注 29）。

② 关于多样化或产业升级，见马伊诺尼（1983，第 577 页）、马扎欧伊（1981，第 146、150 页）。关于羊毛工业，见马伊诺尼（1984，第 22、40～42 页）。到 1500 年，丝绸已经成为米兰主要的纺织工业了（马伊诺尼，1994b；格里洛，1994）。

③ 专业化的羊毛生产商包括博尔米奥（瓦尔泰利纳）、坎诺比奥、瓦尔维格佐（Val Vigezzo）和瓦拉洛塞西亚（诺瓦拉）、圣马丁诺镇（Borgo San Martino）（亚历山德里亚）、沃盖拉（Voghera）和维杰瓦诺（帕维亚）、贝拉诺（Bellano）、瓦尔萨西纳（Valsassina）和莱科（科莫）、伦巴地区的罗马诺（贝加莫）、罗纳托（Lonato）和萨洛海岸（布雷西亚）。

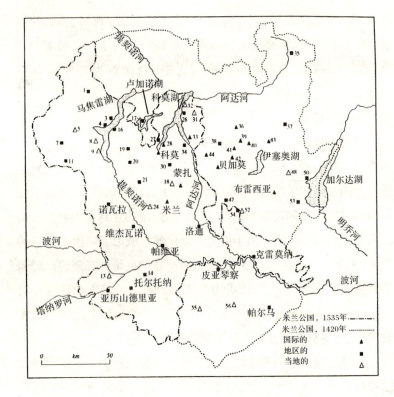

图 6.3　1350～1550 年伦巴第的羊毛纺织业

图 6.2 和图 6.3 的节点地名

1. 瓦尔维杰佐（NO）

2. 普雷莫塞洛（NO）

3. 坎诺比奥（NO）

4. 因特拉，帕兰扎，
瓦林特拉斯卡（NO）

5. 沃戈尼亚（NO）

6. 奥尔纳瓦索（NO）

7. 瓦拉洛塞西亚（NO）

8. 格拉利亚　皮亚纳（NO）

9. 阿罗纳（NO）

10. 比安德拉泰（NO）

11. 博尔戈塞西亚（NO）

12. 克雷沃拉塞西亚（NO）

13. 圣马蒂诺镇（AL）

14. 沃盖拉（PV）

15. 罗马涅赛（PV）

16. 瓦尔特拉瓦利亚（MI）

17. 卢加诺（MI）

18. 代西奥（MI）

19. 库维奥（MI）

20. 瓦雷泽（MI）

21. 布斯托阿西奥奥

22. 加拉加泰（MI）

23. 阿比亚泰格拉索（MI）

24. 科贝塔（Corbetta）（MI）

25. 梅莱尼亚诺（MI）

26. 贝拉诺（CO）

27. 切尔诺比奥（CO）

28. 托尔诺（CO）

29. 坎佐（CO）

30. 坎图（CO）

31. 瓦尔萨希纳（CO）

32. 代尔维奥，科雷诺（CO）

33. 莱科（CO）

34. 瓦尔马德雷拉（CO）　　35．博尔米奥（SO）　　36. 塞里亚纳河谷（BG）

37. 瓦尔迪斯卡尔韦（BG）38. 瓦尔布伦巴纳（BG）　39. 韦尔托瓦（BG）

40. 甘迪诺,瓦尔甘迪诺（BG）41. 阿尔比诺　　　　　42. 阿尔扎诺

43. 洛韦雷（BG）　　　44. 阿尔门诺,伊玛纳河谷（BG）45. 马丁嫩戈（BG）

46. 特雷维廖（BG）　　47. 伦巴第的罗马诺（BG）　48. 瓦尔德塞比亚(BS）

49. 帕拉佐洛（BS）　　50. 萨洛海岸（BS）　　　51. 瓦尔泰内斯（BS）

52. 奥齐诺维（BS）　　53. 洛纳托（BS）　　　　54. 松奇诺（CR）

55. 博比奥（PC）　　　56. 阿尔夸托堡（PC）

各省名称

AL = 亚历山德里亚　　　　　　MI = 米兰

BG = 贝加莫　　　　　　　　　NO = 诺维拉

BS = 布雷西亚　　　　　　　　PC = 皮亚琴察

CO = 科莫　　　　　　　　　　PV = 帕维亚

CR = 克雷莫纳　　　　　　　　SO = 松德里奥

产却实行了非常严格的控制。因此,只要乡村能严格遵守分工的要求,城市的手工业者原则上是不反对乡村发展布料生产的,他们甚至曾试图通过以下两个方面的努力来推动分工的发展。[①]首先,它们要求那些技术水平更高的非城市工人要服从他们的规则,这些规则一直是小城镇的工业经常想模仿的对象。[②]其次,他们限制

① 在 1377 年,贝加莫发布命令摧毁所有北部地区印染、拉展和拓布工厂,并禁止向"伊玛尼亚(Imania)山谷高地、洛维里(Lovieri)的高地和低地、布雷姆比勒(Brembille)、赛利亚那(Seriane)高地和低地"地区,加尔达湖周围和斯卡利厄和卡洛皮山谷(the Scavalie and Callopii valleys)出口经线,但这个努力很明显失败了,因为到 15 世纪这个地区仍在生产布料。见合同(Contractus)1575:f.27;档案材料 BCBg, Sala I.D. 7.28(9),馈赠法规(Statuta datiorum)1453:rr. 49～50;马伊诺尼(1994a,第 103、105 页)。

② 关于对非城市工人的要求,见马尼亚尼(Magnani,1963)、菲纳齐(Finazzi,1876:col.2011 rr.36～38)、斯托尔蒂·斯托尔基(1986:157 r.69)、(瓦尔乌梅 1686: rr. 65～66,80,83(1457));档案材料 ASCBs, Queriniana (A.M.M.)1056,f.138 r.57 (1457)。另见档案材料 ASCBs, Queriniana (A.M.M.)1056,f.171 (1479)关于驱逐奸诈的剪羊毛工、搅拌工出行会以及禁止他们进入城市和管辖区的描述。1518 年布雷西亚的制帽商限制他们的行业进入城市(同上:f.192)。1392 年,米兰的毛线纺织工人和此前已经被分开管理的它的城郊合并在了一起。但在 1403 年吉安·加莱亚佐·维

123

城市的内地进行原材料与成品布料的贸易,控制了生产高质量布料所需要的外来羊毛与染料的渠道。[①]这两个策略都需要拥有相当大的管理**城郊**与**辖区**的司法管辖权力。当然另一方面,如果他们拥有必要的技术优势,他们也会采取前面描述过的粗斜纹布工业所采取的措施,即通过在质量上多样化、而不是通过在成本上的努力与对手进行竞争。[②]

斯孔蒂(Gian Galeazzo Visconti)公爵死后这个合同就中止了(马伊诺尼,1994a,第214页)。然而,米兰人行会也声称他们的章程适用于整个区域,包括1385、1396、1403和1471年的科莫(米拉,1937,第355~356页;巴比里,1938,第40~41页)。克雷莫纳也在作同样的声明;见法令(Statuti,1580?(1388))和维亚内洛((Vianello)1951~1952,第205~206(1504)页)。尽管1336年皮亚琴察羊毛行会的章程没有提到非城市的生产,但在1386年,行会就采用了更为严格的米兰人的章程,并强制城市管辖下的每一个人都必须加入社团组织;见帕拉斯特雷利((Pallastrelli)1869;rr. 22、53~54、59)。在这些年间,吉安·加莱亚佐·维斯孔蒂公爵为移居到皮亚琴察及其管辖区内并从事毛纺织业的人提供了一个十年的免税期(博诺拉(Bonora),1860,第335~336页)。关于帕维亚亚麻行会对乡村劳动力的类似控制,见帕西(1984,第37页)。关于比较小一点的城镇,见米拉(1937,第366~367页(14世纪的莱科)、法令(Statuti 1891,第169~172页(蒙扎,1382))。

① 1292年布雷西亚禁止出口(奥多里奇,1876:col. 1584注244)。科莫对它管辖区内生产的粗加工(carded)羊毛与布料课征关税(冯利伯瑙(von Liebenau),1885~1886,第218~219页)。尽管有科莫的限制,1445年托尔诺(Torno)的邻镇还是要求菲利波·马里亚·维斯孔蒂公爵允许他们在整个公爵领地销售产品(克里斯蒂尼(Cristini),1987,第73~74页)。关于米兰的限制,见诺托(1950,第99页注181(1346))。15世纪,皮亚琴察反复地试图禁止从贝加莫和曼图亚(Mantua)的管辖区进口质量不等的布料(panni alti e bassi)和成衣(档案材料ASPc, Stat. Com. Corp. cat. ,42(reg. provv. 7);帕拉斯特雷利(1869,第xiii~xiv,55~58页(1472));贝尔萨尼((Bersani),1992)。关于曼图亚(Mantua)的羊毛工业,见科尼利奥(Coniglio,1958,第1卷,第390页注223、第429~432,461页、第481页注5~7;第2卷,第430页)。关于对羊毛的控制,见冯利伯瑙(1885~1886,第214~215页)。另见克莱里奇(Clerici,1982~1983)对科莫在德国羊毛向附近,特别是向托尔诺(Torno)的工业进行再配置中扮演角色的描述。关于米兰,见诺托(1950,第99页注181(1346))、法令1480:228v~9(只有羊毛生产者行会才能购买来自北欧的质量最好的羊毛)。在15世纪,蒙扎日益依赖于来自米兰的羊毛(马伊诺尼,1984,第42页)。关于染料,见合同(Contractus)1575:25v~6;档案材料BCBg, Sala I. D. 8. 5, f. 9 r. 41。两个例子都来自贝加莫。

② 见马伊诺尼(1983,第577页)。

为了挑战现有的城市生产者,新的工业区需要一定的时间去积累必要的技术与商业技巧;在 14 世纪中期的时候,只有少数几个地方,包括科莫附近的托尔诺(Torno)和米兰附近的蒙扎,在某种程度上率先开始了这个尝试。[1] 大多数其他的半城市工业基地都是在黑死病之后,通过制造像奥贝斯(*orbace*)这样的粗羊毛制品以及通过模仿城市产品、制造半假冒的最便宜的服装开始起步的。[2] 其中一些基地甚至一直都没有能跨越这一阶段,但其他的基地——像在 14 世纪只做奥贝斯(*orbace*)这样的粗羊毛制品的莱科、坎诺比奥和瓦雷泽以及像坎佐(Canzo)、瓦尔迈德雷拉(Val Madrera)和坎图这样一些在 14 世纪完全不被人们所知道的生产基地——到 15 世纪早期就和贝加莫一样在从事着一种在地区和国际市场上进行销售的质量中等的布料帕诺巴索(*panno basso*)(根据其宽度被称为"低级布料")的生产了。[3] 在 1400 年代的早期,贝加莫北部的山谷地区就生产各种"高""低"档的贝加莫布料 124 的仿制品。[4] 长期以来,由于质量问题而一直反对半城市布料生

---

[1]　关于托尔诺,见巴比里(1938,第 64 页)、诺托(1950,第 111 页注 219,第 123 页注 7)。蒙扎在 14 世纪向威尼斯与佛罗伦萨出口布料(扎尼内利(Zaninelli),1969,第 15～16,24 页)。

[2]　公牛毛经常被用来冒充绵羊毛来使用。见档案材料 ASCBs,BS1046,f. 77(1355);法令 1557,f. 86(1429);法令 1508:r. 215(1471);法令 1625:16～17 r. 24(c. 1360)。在 1382 年,蒙扎的商人曾报告说,小镇的内地在生产质量低廉的布料("panni debiles et non bonos")(法令 1891:169～172)。

[3]　在那些尚未发展的基地中,博戈塞西亚(Borgosesia)似乎已经在粗羊毛奥贝斯(*orbace*)的生产上实现了专业化(莫尔(Mor),1932,第 166～167 页 r. 66)。关于帕诺巴索(panno basso),见诺托(1950,第 89 页注 133,第 96 页注 166(Lecco and Cannobio,1346),第 123 页注 7(公元 1425 年);法令 1480:f. 191v(Varese,公元 1330～1350 年))。关于坎佐(Canzo),见马伊诺尼(1992,第 215 页)。

[4]　档案材料 BCBg,Y. S. 1(= MMB 728),f. 73(Val Gandino,1428);pacta 1722:22 r. 55(1498),24 r. 15(1475)(Lonato)。

产基地的皮亚琴察的羊毛生产者,到 1430 年代,已经开始承认非城镇产品的质量和城镇产品的质量没有什么区别了。[①] 在一些最成功的地方,比如在维杰瓦诺,它的羊毛工业只用了数十年的时间就可以在它的国内市场上挑战它附近的帕维亚和米兰的制造商了。[②]

工业发展与制度框架

伦巴第原工业成功的秘密,就是把各个地区分割成相互竞争的城市、领地、小镇与乡村管辖区。每一个成功地建立了新纺织工业的社团,都能够拥有一些封建的免税权、商业的特许权和财政司法上的管辖权——由伦巴第领土的统治者在 14 世纪晚期和 15 世纪确认或再次授权——这些权力使他们能够躲过商人与工匠们的垄断。[③] 这个事实解释了为什么有些最成功的羊毛生产基地位于诺瓦拉、科莫、贝尔加莫和布雷西亚诸省地区的边缘地带,因为米兰和威尼斯的国家都发现这些地方拥有保护社团自己的权利与自由权利的战略上的地理优势。在平原的下面,梅莱尼亚诺因它的领地拥有**独立**(*terra separata*)于米兰城市的地位而宣称它拥有制造粗斜纹布的权利,而蒙扎在羊毛工业的成功以及维杰瓦诺在羊毛、粗斜纹布与亚麻工业上的成功,都严重地依赖于它们拥有独立于米兰与帕维亚的司法管理权;但平原上的社团却发现要打破城市的监管是十分困难的,它们与中央权威抗衡的力量是十分微弱

---

① 见贝尔萨尼(1992)。

② 见马伊诺尼(1992)。1418 年建立了一个布料行会(同上,第 219～220 页)。关于对维杰瓦诺的限制,见马尔亚尼(1963,第 58～59 页)、福萨蒂(1914a,第 116～117 页)、马伊诺尼(1992,第 234、238 页)、科隆博(1988,第 198 页注 13)。

③ 大多数关于管辖权的自由权问题的基本论述,见奇托利尼(1996),包括这里提到的每一个社团的指数。

的,因此它们就没有多少机会获得工业上的成功。①

从原则上讲,大量的司法管辖方面的自由权利的特许应该已经导致了地方市场的分割,但实际的结果却刚好相反。到 15 世纪早期,伦巴第的城市已经失去了随意对商业施加限制或独立地课 125 征关税的权利。从原则上讲,随着 1346 年伊艾纽条款(*Provisiones Ianue*)的通过,城市已经把这些权力特许给了维斯孔蒂的领主们。为了所谓要改进热那亚、伦巴第平原与北欧之间的转运贸易,这个条款在米兰、科莫、洛迪、克雷莫纳的城市与皮齐盖通(Pizzighettone)自治的城镇(随后诺瓦拉、布雷西亚和贝加莫被加进来)之间建立了一个统一的关税体系,其目的是换得维斯孔蒂对地区间和平贸易的保护。② 不过,该地区共同认可的原则或统一的市场直到一百多年之后才得以建立起来。在 1402 年,在第一个公爵吉安·加莱亚佐·维斯孔蒂死后,伦巴第的国家曾陷入内战与混乱的状态表明,它的政治、财政与司法集权政策的有效还需要进一步削弱城市权力的法律与政治基础才行。③

纺织原工业在 1350 年之后的兴起,在市场整合的过程中扮演了重要的角色。到 15 世纪中期,希望施加立法性保护措施的城市必须获得公爵的同意,而把自己置于公众的严密监督之下,这也同样增加了它们获得损人利己规则的成本。在这个新的游说程序中

---

① 关于梅莱尼亚诺和米兰,见马扎欧伊(1981,第 158 页)。关于蒙扎和维杰瓦诺,见马尼亚尼(1963:34 r. 70)和档案材料 BCPv,ms. A. III. 15,f. 20 v r. 93,他们提到维杰瓦诺逃避帕维亚对亚麻经线贸易的限制。维杰瓦诺利用它的战略性优势区位使米兰、帕维亚和诺瓦拉相互斗争,并从中得利,见奇托利尼(1992)。

② 关于统一的关税体系,见诺佛(1950,第 75～83 页)。关于维斯孔蒂扮演的角色,见布埃诺德梅斯基塔(1941,第 4～5,303,311 页)、奇托利尼(1982,第 28 页)。

③ 见奥基平蒂(Occhipinti,1992)、贝拉尼尼(1994)、奇托利尼(1996,第 85～104 页)。关于 14 世纪司法管辖权整合的限制,见布埃诺德梅斯基塔(1941,第 55～56、第 316～317 页)、布莱克(1988)。关于 15 世纪,见奇托利尼(1982)。

有一个非常有名的例子,米兰曾成功地恳求弗朗切斯克·斯福尔扎(Francesco Sforza)公爵禁止向城市进口公爵领地和意大利其他地方生产的羊毛布料。然而,三年之后,当米兰人的请求已经引发了其他伦巴第城市保护主义的循环报复行为时,并且它的委员会也已注意到这些报复行为有可能摧毁地区贸易与工业发展的基础、并导致税收收入崩塌时,公爵就在1457年撤消了这个禁令。而对产自维杰瓦诺和其他小城镇的粗制滥造低质羊毛布料禁令的取消,是根据城市生产者的要求采取的,公爵规定布料必须标以品牌以便消费者可以获得选择对比的信息;这样,当他们想购买质低价廉的产品时,他们就能够作出这样的选择。值得一提的是,弗朗切斯克·斯福尔扎公爵克服了城市保护主义带来的囚徒困境问题,并保护了新兴的半城市生产基地的竞争性权利。① 总之,司法管辖的自由权利与市场整合是一枚硬币的两面。

126 除了司法管辖自由权利之外,决定工业区位选择的第二个因素是,是否能得到质量比较高的生产要素。在这个方面,**亚麻**生产者受到的制约最少,因为亚麻几乎无所不在,并且亚麻编织是每一个农民都有的基本技巧。尽管只有那些拥有粗斜纹布工业的大城市,才能很容易地得到质量好的亚麻原材料与更有技巧的工人,但比较低的进入门槛仍然解释了为什么城市很少试图对亚麻原工业进行直接的管制。② 相反,**羊毛**与**粗斜纹布**原工业制造商更依赖于外部的原材料供应,而这些供应更容易被城市的商人所控制。

---

① 见巴比里(1938,第130~132页)、档案材料(BT, Decreta ducalia pro Cremona, ff. 138v~9 (1457))。在帕维亚,1457年的法令在1459年被出版;见法令1625:66~67 rubr. 119。

② 亚历山德里亚在农村地区进行的控制亚麻生产的尝试似乎不太成功,见科德克斯(Codex 1547,第89页)。

虽然这些原工业在得到来自北非、意大利、法国南部和德国南部的低质量的便宜羊毛方面并没有遇到太大的困难,但在诺瓦拉、贝尔加莫和布雷西亚等省的边缘地带的工业生产与最接近城市中心地区的生产商,却很难逃避城市对棉花、染料和质量更好的羊毛贸易实行管制的影响。[①] 尽管这些对新工业发展所需要的原材料的供应与分配网络进行的管制本身并没有留下太多的踪迹与证据,但 1396 年试图强迫蒙扎的羊毛工业把产品销往米兰的尝试,以及同年贝尔加莫禁止人们和它的北部山谷工业区以北地区进行亚麻和非成品贸易的命令都表明,潜在的冲突确曾发生过。[②] 因此,只有那些能够获得竞争性原材料供应的工业,才能够抵消城市采取的敌意行为的影响。对伦巴第中西部的布斯托阿尔西齐奥(Busto Arsizio)、加拉拉泰和阿比亚泰格拉索,以及皮德蒙特南部基耶里和皮内罗洛的粗斜纹布工业来说,除了米兰、帕维亚与克雷莫纳人控制的、来自威尼斯的供应之外,它们还能够从热那亚与其他利吉里亚港口获得棉花的供应,而莱科的小镇则从它位于米兰与威尼斯之间商业十字路口上的区位中获益匪浅。[③]

---

①　在这些原工业中,在接近瑞士阿尔卑斯山通道的科莫、托尔诺(Torno)和莱科的生产者主要使用德国与英国的羊毛(克莱里奇,1982～1983,第 85～86 页;格里洛,1993,第 97 页;1995,第 4 章;皮尼(Zelioli Pini)1992,第 69～72 页)。位于米兰与热那亚主要的通道之上的维杰瓦诺维勒,为了通过当地的犹太人银行与商业企业阿韦利诺(the Averlino)直接从热那亚购买羊毛,他们越来越多地绕过了米兰人的市场。它们使用了来自普罗旺斯、朗格多克、塞浦路斯和西班牙的羊毛(马伊诺尼,1992,第 218～219、221、245 页)。从洛韦雷到贝尔加莫北部的生产者则使用来自克雷莫纳、曼图亚(Mantua)和当地的羊毛(西利尼(Silini),1992,第 230～231 页)。伦巴第的工业也能够利用邻近地区威尼托羊毛质量的改进(马扎欧伊,1981,第 135 页);塔利亚布(Tagliabue,1991～1992,第 130～132 页)讨论了维罗纳人羊毛的高质量。

②　见法令 1480:144v;马伊诺尼(1993),合同 1575：ff.9,27v。

③　关于莱科,见皮尼(1992,第 26～32、63～66、69～72 页)。关于这里提到的其它城镇,见贝奥涅·布罗基耶里(1995,第 58、165 页)。

　　然而城市与纺织原工业之间并不是一个零和游戏。面对着几十个它们不再能控制住的新型亚麻、粗斜纹布与羊毛工业基地,伦巴第城市中的纺织工业开始转型并调整结构。作为伦巴第最经常127 被引用的中世纪晚期工业衰落的例子,15 世纪中期米兰羊毛工业的危机,既可归罪于世纪中期西班牙羊毛供应的中断,又可归罪于地区性原工业发展的竞争,这些危机的损失要远大于同时期城市转向高增长的、拥有先发优势的丝绸工业所带来的补偿。① 因内战而在 1400 年代早期遭遇了衰退与恶化的科莫羊毛工业,到15 世纪晚期才得以恢复。② 其他城市则是通过转向亚麻与粗斜纹布工业的多样化策略,来补偿羊毛工业的衰微的。根据 1420 年代的威尼斯总督托马索·莫切尼戈(Tommaso Mocenigo)的记载,伦巴第的城市每年都要向威尼斯出口价值超过 900 000 达卡(金币)的 48 000 件羊毛布料和 40 000 件粗斜纹布料,这里提到的正是规模空前与生机勃勃的地方工业的聚集,而其中新兴的原工业城镇正是其中的关键组成部分。③

托 斯 卡 纳

　　托斯卡纳纺织工业的发展大体上与那场瘟疫之后的伦巴第工业发展境况非常类似。与高档羊毛产品相比,中低档羊毛、亚麻和混纺纺织工业都扩张了,产品种类也增加了,更多的生产基地出现在城市与大型城镇之外。但这两个地区之间的差异同样是至关重

---

① 见马伊诺尼(1984,第 22、40~42 页;1992,第 226、231、234 页;1994b)。
② 见米拉(1937)。
③ 见卢扎托(1965,第 195 页)。

要的。托斯卡纳的原工业患有贫血症,它们很少将产品销售到日益受到保护的国内市场之外,而在这个国内市场上,它们那些缺乏技术含量的产品也无法向城市的生产商发起挑战;当然,相应地也就不会有伦巴第以及中世纪晚期与现代早期欧洲其他地方出现的那种产业聚集。前现代原工业只是简单地从托斯卡纳旁边擦肩而过。①

羊毛纺织业

甚至早在黑死病到来之前,来自商业关税的证据就表明,托斯卡纳的城市羊毛纺织业的发展就晚于伦巴第的羊毛纺织工业的发展,并且一般来讲,托斯卡纳的生产技术水平也更低一层。到 13 世纪中期,伦巴第出口的纺织产品质量就已经与众不同了,而在佛罗伦萨之外的托斯卡纳的城市只是在几十年之后才开始了这个过程(表 6.1)。在 13 世纪,除米兰之外,伦巴第的布雷西亚、科莫与蒙扎都拥有很有竞争力的羊毛纺织业,而克雷莫纳则拥有国际知 128 名的粗斜纹布工业。在托斯卡纳,佛罗伦萨唯一一个比较有影响的竞争对手,就是位于它北面几公里处的小型准卫星城普拉托(Prato)。② 13 世纪,在托斯卡纳的第二大城市比萨,羊毛纺织业的大多数产品是供应它的内地和殖民地撒丁岛(Sardinia)市场的自产自用的中低档产品。③ 其他城镇(除了表 6.1 列出的名单外,还包括阿雷佐、皮斯托亚、圣吉米纳诺(San Gimignano)、科莱(Colle)和沃尔泰拉(Volterra))的制造商则主要是为当地的消费者进 129

---

① 关于现代早期,见马拉尼玛(1982,第 2 章;1990)。

② 见努蒂(Nuti,1928)、皮亚托利和努蒂(Piattoli and Nuti,1947)、马扎欧伊(1984,第 529～530 页)、卡桑德罗(1991,第 401～415 页)。

③ 见席尔瓦(Silva,1910)、卡斯塔涅托(Castagneto,1996)。行会章程提到了五种不同的纺织品类型(博耐尼(Bonaini),1857,第 705～708 页)。

行生产的。① 在佛罗伦萨人 1320 年代转向用英国的羊毛生产高质量的**弗朗切斯科的布料**(*panno francesco*)之前,与伦巴第最好的工业相比,这里的技术仍是相当不发达的。②

为什么在黑死病之前托斯卡纳羊毛纺织工业,竟会落后于伦巴第的羊毛纺织工业至今仍是一个谜。托斯卡纳拥有同样好的基础设施、类似的产权保护以及类似的商业机会与原材料。它自己生产染料——在圣塞波尔克罗镇,阿雷佐和蒙特普尔恰诺(Montepulciano)之间的地区,以及沃尔泰拉附近地区都出产靛青,在沃尔泰拉附近、埃尔萨山谷上部以及蒙特普尔恰诺附近还出产橘黄染料,14 世纪晚期科尔托纳和沃尔泰拉则出产茜草红——并拥有本地产的用做色彩添加剂(mordants)的硫酸盐、硫磺和明矾。③ 托斯卡纳的羊毛质量是不好,但伦巴第的更差,并且两地都能同样容易地进口到高质量的羊毛。

将两个地区的工业导入不同增长路径的,很可能是它们对待

---

① 对托斯卡纳比较小的城镇上的纺织工业来说,并不存在详尽的研究。一些零散的材料见菲乌米(1961)、卡斯泰拉尼(Castellani, 1956,第 93～137 页)、赫利希(1967,第 173～175 页)、马扎欧伊(1984,第 529～530 页)、比亚迪(Biadi, 1859,第 41页)、穆齐(Muzzi, 1995,第 236～239 页)、平托(1995a)、档案材料 BCV, G nera 15,沃尔泰拉法令 ff. 112v～13 (1336)、373rv (1348);ASAr,阿雷佐的市镇法令与改革法令 3, f. 22v (1348)。

② 这些变化很可能是佛罗伦萨纺织业对来自意大利南部日益增长的威胁的反应,以及对佛兰德斯高档产品出口下降提供的新机会的反应(霍西诺, 1983)。

③ 档案材料 BCV, G nera 17, ff. 9～14v (沃尔泰拉);佩罗尔(Perol), 1994,第 81、429 页(科尔托纳)。在 15 世纪早期,佛罗伦萨禁止科尔托纳城郊出口茜草红种子(同前,第 94 页)。关于黑死病前靛蓝的贸易,见阿尼奥莱蒂(Agnoletti, 1940,第 72～81页)、弗兰切斯基(1994,第 90 页)、莫兰迪(Morandi, 1966,第 357～359 页)、档案材料 ASFi, AL 41, ff. 142v～3v (1345) 关于从博洛尼亚进口 150 000 磅靛青的描述。关于中世纪后期,见范范尼(Fanfani, 1935)、平托(1994)、沙夫(Scharf, 1996,第 142 页)。关于橘黄染料,见菲乌米(1961)、档案材料 BCV, G, nera 15, f. 9v (1354);BCV, G nera 38, f. 49r (1514)。关于添加剂,见菲乌米(1943;1948)。

技术传播的态度。由于技术主要是通过工匠的流动传播的,为保护个体工匠免受内部技术秘密的损失,托斯卡纳设计了系统的限制工匠流动的正式制度,这些制度很可能推迟了技术的传播,影响了技术工人的储备,导致了平均成本比竞争者的成本上升得更快,因而严重损害了工业发展的长期绩效。[①] 而追求技术合作的伦巴第的城市则允许它们的工匠自由流动并共享技术的储备,这使它们那些互不相同的纺织工业之间能够相互促进、共同进步。其成员主要精于羊毛纺织、并波及了意大利北部各地的 13 世纪**乌米利亚蒂**(*Umiliati*)的忏悔运动(他们于 1239 年在佛罗伦萨建立了一个女修道院)正是发源于伦巴第。[②] 相反,托斯卡纳的城市禁止技术工人的流动,并通过将他们驱逐出境来惩罚那些犯错的工匠。[③] 更为重要的是,在 13 世纪,当佛罗伦萨人为反对托斯卡纳的基伯林派或保皇派(Ghibelline)城市比萨、锡耶纳、皮斯托亚和阿雷佐而组建了牢固的卫尔夫派或教皇派(Guelf)同盟的时候,在这次出现的、唯一一次偶然的、可以自由流动、从而使他们可以交流并分享当时技术的机会中,佛罗伦萨的工匠们都流向了博洛尼亚。[④]

[①] 见爱泼斯坦(1998a)。关于意大利纺织工业技术的传播,见马扎欧伊(1984;1987)。

[②] 关于乌米利亚蒂运动的一般记载,见扎诺尼(Zanoni,1911)。关于它在佛罗伦萨的活动,见戴(1999,第 5 章)。

[③] 在 13 世纪,法令禁止佛罗伦萨的工匠在比萨的领土上工作或与它的居民发生业务联系(阿尼奥莱蒂,1940,第 115 ~ 116 页),佛罗伦萨的剪裁工不能剪裁来自普拉托(Prato)的布料(同前,第 118 ~ 119 页)。前面的禁令在 1361 年再次得到重申(档案材料 ASFi, AL 6, f. 35v),并且到 15 世纪仍在起作用(档案材料 AL 51, ff. 39v ~ 40, 1434)。关于流动禁令执行的例子,见上述档案 ff. 72v ~ 3r, 1435;在这个例子中,过失工匠被允许从佩鲁甲回家而未受处罚是因为佛罗伦萨需要更多的有技术的工匠。

[④] 关于 1231 年佛罗伦萨羊毛纺织技术向博洛尼亚的流动,见马扎欧伊(1967 ~ 1968,第 310 ~ 319 页)。关于托斯卡纳城市之间由于在 13 到 14 世纪早期之间一直存在的政治敌意而导致的经济合作的缺乏,见戴(1999,第 6 章),另见韦利(Waley,1978,图 6)。

通过减少托斯卡纳的城镇能够获得的工匠储备的数量,技术保护主义降低了产业聚集的可能性,并使 13 世纪托斯卡纳的纺织工业与伦巴第的工业相比,永远处在一个十分不利的地位。[1]

表6.1　1200～1429 年意大利关税清单上的伦巴第和托斯卡纳毛纺织业

	1200～1249	1250～1299	1300～1349	1350～1429	合计
	2[a]	10[a]	25[a]	19[a]	56[a]
伦巴第					
贝加莫	1	2	3	5	11
布雷西亚	1	1	6	7	15
科莫	2	2	8	10	22
洛迪	—	—	1	—	1
克雷莫纳	—	1	—	1	2
米兰	—	5	18	16	39
蒙扎	1	1	4	7	13
帕维亚	—	1	1	—	2
皮亚琴察	—	—	1	—	1
"伦巴第布料"	—	3	1	8	1
总计	5	17	42	54	118
托斯卡纳					
阿雷佐	—	—	—	1	1
佛罗伦萨	—	8	25	15	48

[1]　一般而言,托斯卡纳的城镇比伦巴第的城镇更崇尚保护主义。最早的佛罗伦萨的章程就包含有一些未加时间限制的禁止外来的廉价羊毛制品销售的禁令;而优质的米兰与佛莱芒人的纺织品则除外(阿尼奥莱蒂,1940,第 125～126 页)。关于比萨人在羊毛工业行会(Arte della lana)中专门谈反对佛罗伦萨人的保护主义,见档案材料 ASFi, Mercanzia 142, ff. 21r～2r, 24r～6r (1336);Mercanzia 145, ff. 54v～5r (1340)。关于普拉托(Prato)工业的保护主义,见皮亚比利和努蒂(1947,第 2 页)。关于意大利城市国家之间的长期合作与斗争的全面讨论,见爱泼斯坦(2000b)。

（续表）

	1200~1249	1250~1299	1300~1349	1350~1429	合计
	2[a]	10[a]	25[a]	19[a]	56[a]
比萨	—	1	2	5	8
皮斯托亚	—	—	2	2	4
普拉托	—	—	6	2	8
锡耶纳	—	—	4	6	10
托斯卡纳布料	—	1	1	4	6
总计	0	10	40	35	85

a 关税清单上列举的城市的数量。

资料来源:霍西诺(Hoshino,1980,第 50~60 页)。

托斯卡纳比较低的城市专业化水平表明,黑死病之后,任何新兴的工业都将比伦巴第的同行面对着更多的来自城镇工业的竞争,并招致更多的敌意。尽管在黑死病后不久,佛罗伦萨的羊毛制品行会就开始采取官方的措施来反对那些小型的乡村工业,比如在 1335 年通过了第一个管制法令、在 1360 年代决定强迫**城郊的**生产商登记注册,但行会的这些反应与上述现象的数量与经济意义并没有什么关系。[①] 在 1362 年到 1549 年间,这个行业每年只有平均五到六个在郊区工作的工匠获得了许可(表 6.2),这意味着在 15 世纪的佛罗伦萨**城郊**工作的工匠,同一时间内不会超过 80~100 人。[②] 由于 131

[①] 关于城郊的生产商被迫在城市的羊毛制品行会中登记注册,见档案材料 ASFi,AL 42,f.148v;AL43,f.24rv;AL44,f.104v。在黑死病前的章程中并没有提乡村的生产者(阿尼奥莱蒂,1940)。一个关于进入许可的详尽记录在 1382 年的反革命之后被介绍进来(档案材料 ASFi AL46, f. 134rv)。在 1362 年到 1382 年间进入许可的登记册只列出了 43 个城郊的进入者,而行会的委员会记录则提到了 92 个乡村工匠;表 6.3 报告了后面这个数字。

[②] 这里假定每年五个进入许可,每个人的工作寿命是 17~21 年(弗兰切斯基,1993,第 135~141 页),这个时间是父子换代的时间。

有相当多的登记者住在城市的近郊但却为佛罗伦萨的工业工作,因此,很可能真正独立的原工业生产者的数量从未超过 50 个,这个数字某种程度上低于 1424 年在普拉托工业中就业的人数(表6.3)。

表6.2　1305～1549 年佛罗伦萨羊毛业行会与亚麻业行会的进入许可登记[a]

| | 羊毛业 | | | | | |
| | 佛罗伦萨 | | | 郊区 | | |
	外国人[b]	%	总计	外国人	%	总计
1305～1349	558	100.0	558			
1350～1399	941	67.6	1 393	145	92.4	157[c]
1400～1449	477	21.7	2 201	191	80.6	237
1450～1499	425	18	2 364	129	70.9	182
1500～1549	137	12.9	1 065	386	81.3	475

| | 亚麻业 | | | | | |
| | 佛罗伦萨 | | | 郊区 | | |
	外国人[b]	%	总计	外国人	%	总计
1365～1399[d]	263	100.0	263	24	96.0	25
1400～1449	596	99.7	598	190	91.8	207
1450～1499	513	96.6	531	185	80.1	231
1500～1549	367	87.6	419	2	33.3	6

a 亚麻工业、裁缝与商业(Arte dei rigattieri, linaioli e sarti)中的裁缝与零售商未包括在内。

b 扣除工匠成员亲戚自由(为获利而)登记的人数,其他同此。

c 郊区是从 1362 年开始的。

d 佛罗伦萨从 1365 年开始,郊区从 1383 年开始。

资料来源:ASFi,羊毛工业(Arte della lana)27, 540～541;亚麻工业、裁缝与商业 10, ff.130r～59v。

更为惊奇的是,在 1490 年代中期以前进入许可的人数似乎一点儿也不受人口在 1420 年代前持续下降及在 1450 年后复苏的干扰(图 6.4)。黑死病及其余波对佛罗伦萨内地的羊毛纺织原工业没有明显的影响。[1] 1493 年以来登记人数的急剧下降,似乎是比萨叛乱引起的行政与军事动荡的结果(1492~1505),而不是工业 [132] 生产衰退的产物,因为这场动乱使佛罗伦萨的羊毛纺织行会更难以监督工业的发展状况。[2] 这种进入许可登记制度中的瘫痪状态一直持续到 1530 年代,从那时开始,梅迪奇为了获得各地区工业发展能力的分布图而开始了新的注册登记,但大多数登记者很可能并不是新人(表 6.4)。[3]

表 6.3 1424~1427 年托斯卡纳的纺织业

	当地的/ 次地区的	地区的/ 跨地区的	国际的
表明职业的数量	10~49	50~99	100 以上
科莱 瓦尔德 尔萨(Valdelsa)	17W, 1L		
圣吉米尼亚诺 (San Gimignano)	20W, 1L		
蒙特普尔恰诺	29W		

---

[1] 用于毛纺工业的漂洗机的数量可以作为一个大体近似的工业发展指数。佛罗伦萨城郊的水车数量在 13 世纪与 1420 年代之间迅速增加了,戴(1999,第 5 章注 68)的参考文献指出在开始时仅有 4 个,而 1420 年代的税单(Catasto)则表明在该时期结束时一个更大的地区拥有 60 个(明德尔(Muendel),1981)。然而,扩张的时间还有待查明,1424~1427 年间的大多数水车都位于城郊边远地区,在那里,它们不受佛罗伦萨竞争的影响并被用于制造比杰利布料(panni bigelli)(档案材料 ASFi, DAC 372, ff. 159~63, 6 Feb. 1391;法令 1778~83: L. V. rr, 26, 31)。另见本章第 205 页注①。

[2] 一个未标明时间的 1490 年代早期以来的条款,免除了城郊居民在佛罗伦萨行会中登记注册的费用(档案材料 ASFi, AL 13, ff. 155r~6r)。

[3] 早在 1525 年梅迪奇就试图进行进入许可登记,但随着其家族统治的倒台而在 1527 年流产了(档案材料 ASFi AL 62, f. 146v)。

（续表）

	当地的/ 次地区的	地区的/ 跨地区的	国际的
沃尔泰拉	30W, 2L		
科尔托纳	33W		
皮斯托亚	40W, 17L-S		
普拉托		55W, 5L-S	
阿雷佐		60W, 41L-3-C	
比萨		80W, 48L-S, 34O	
佛罗伦萨			1 434W, 386L-S-C, 62O
合计	169W, 21L-S	195W, 94L-S-C, 34O	1 434W, 386L-S-C, 62O

W=羊毛纺织业；L=亚麻纺织业；S=丝绸纺织业；C=棉纺织业；O=其他

资料来源："托斯卡纳省佛罗伦萨领土上人口普查与产权调查，1427～1480"，赫利希（D. Herlihy）和朱伯（C. Klapisch – Zuber）编辑，由博诺米（F. Bonomi）提供软件。

　　尽管对托斯卡纳的其他城市来说，行会记录并没有保留下来，但我们也很难断定，邻近的**城郊**地区原工业十分强大。大多数证据来自沃尔泰拉的**城郊**，这是佛罗伦萨东南的一个小镇，该镇在1421 年就成立了一个新的羊毛纺织工业行会，此举很可能是为了保护自己、抵制来自乡村的竞争。[①] 当然，这些证据反映了沃尔泰拉工业的弱点（1424～1427 年的课税评估表（the Catasto）上仅仅

[①]　沃尔泰拉用840～1 200 根的经线生产各种各样最廉价的纺织品（档案材料 BCV，G nera 16b，f. 24v）；他们的工匠都是在佛罗伦萨购买工具（帕利亚齐（Pagliazzi），1939，第28、33 页）。15 世纪保留下来的通行税记录表明，这个镇在1434 年的8 到10 月份运送了42 件服装，在1470 年的8 到9 月份运送了53 件，但在1490 年的4 到8 月份只运了22 件，而在1527 年的8 到9 月份则只运了13 件。产量的急剧下降很可能是佛罗伦萨人的军队在1470 年对小镇洗劫的结果。然而到1548 年10 月，25 件运送量表明了一个缓慢的复苏（档案材料 BCV，A''''，Giornali di gabella 1，9）。

列举了 30 个工人（表 6.3）），但同时也夸大了乡村竞争者的规 134
模。① 更具活力的比萨、阿雷佐和皮斯托亚的工业早就发展起来
了，并且不会给它们的**城郊**留下多少发展工业的空间，甚至是在
14 世纪后期新建立了羊毛纺织工匠行会的圣塞波尔克罗镇的小
镇，后来也小心地建立了它对周围地区的垄断地位。②

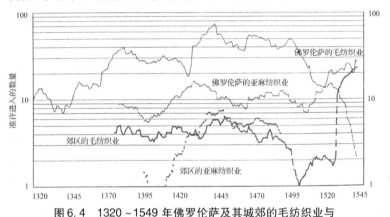

图 6.4　1320～1549 年佛罗伦萨及其城郊的毛纺织业与
亚麻纺织业行会的进入许可数量（17 年移动平均值）

---

① 见档案材料 BCV，G nera 16b，沃尔泰拉有关羊毛技术的行规（1422，ff. 1～4v）
关于 1425 年到 1471 年间乡村地区登记注册的纺织工的名字；最大的数字（8）来自一
个叫波马兰斯（Pomarance）的小村子。在权威的沃尔泰拉羊毛纺织商的条款中，清晰
地提到波兰斯的乡村纺织工在他们的行会中登记注册（档案材料 BCV，G nera 16c，
f. 30，1 July 1425）。这些乡村纺织工每年交的会费是 5 索尔第（soldi），与此相对比的
是，佛罗伦萨城郊的纺织工匠交的会费是 2 里拉（lire）（BCV，G nera 16b，f. 27v；ASFi
AL 44，f. 104v），1400 年一件沃尔泰拉的羊毛布料值 12 到 18 里拉（lire）（档案材料
BCV，G nera 17，ff. 9～14v）（1 里拉＝20 索尔第）。

② 15 世纪中期，乡村生产的产品被限制在阿雷佐城郊用本地粗羊毛生产的罗马
尼诺利布料上（档案材料 DAC 372，f. 716，12Jan. 1461）。关于圣塞波尔克罗镇（Borgo
San Sepolcro），见范尼（1933）、沙夫（1996：96）、档案材料 DAC 372，ff. 664～665，20
Mar. 1458。圣塞波尔克罗 1451～1476 年在罗马销售纺织品（霍西诺，1980，第 286
页）。

　　以精心选择的佛罗伦萨的注册登记表与税收登记表（Catas-
to）中的证据（表6.2和6.3）为基础，图6.5在地图上标出了黑死
病后城市和半城市羊毛纺织基地的位置。当然，使用这两个来源
的数据时都要小心谨慎。因为在税收申报中，户主表明他们职业
135 的还不到一半，这就意味着，在比较大一点的城市中，在纺织业中
就业的总人数很可能是表6.3中数字的2倍。① 行业间的流动以
及清晰的职业界限的缺乏使辨别那些实际操作过程中的具体工匠
的职业十分困难，在1417年到1427年间，在**羊毛工业行会**（*Arte
della lana*）中登记的**城郊**居民只有不到20%的人因其有明确的居
住地而出现在税收登记表中。尽管有这些限制，但该图仍然十分
136 清晰地反映了某种内在的规律性。中世纪晚期托斯卡纳的中低档
的纺织工业几乎全集中在比较大的小镇上。而乡村与小型乡镇的
纺织工业，从生产数量上讲是微不足道的，从技术工艺上讲是粗糙
的，从市场结构上讲，它们主要供应当地及周围的居民（表
6.4）。② 尽管没有原工业的竞争，但城市中的工业也同样没有上
佳表现，它们很快就在佛罗伦萨人的阴影笼罩下渐渐衰落了。
1454～1480年间，在佛罗伦萨康姆贝尼（Cambini）公司销售的
2 531包进口羊毛中，有2 383包（94.2%）销给了佛罗伦萨，只有
115包（4.5%）销给了普拉托，11包销给了比萨，其余的销给了圣
卡夏诺、波吉庞斯（Poggibonsi）、菲奥伦蒂诺堡（Castelfiorentino）、
马尔恰拉（Marcialla）、恩波利（Empoli）以及穆杰洛河谷的生产制
造商。③

---

　　① 对于本研究的目的来说，我们并不试图区分这些职业的不同行业性质。
　　② 1418年的一个倡议书的主要内容，就是建议圣米尼亚托（San Miniato）每年最
多生产50件衣服（龙多尼（Rondoni），1877，第217页）。
　　③ 见霍西诺（1980，第302页）。

表6.4　1350~1549年佛罗伦萨城郊的亚麻与
毛纺织业（进入许可登记）

	1350~1399ᵃ	1400~1449	1450~1499	1500~1549	总计
巴贝里诺	—	—	1W	30W	31W
圣洛伦佐镇	3W,1L	12L	14L	10W	13W,27L
菲奥伦蒂诺堡	7W,2L	23W,7L	1W,7L	12W	43W,16L
卡瓦利纳	—	—	7W	8W	15W
切塔尔多	3W	21W	5W	4W	33W
恩波利	5W,3L	19W,15L	14W,18L	40W	78W,36L
菲利内	10W,2L	4W,7L	6W,9L	15W	35W,18L
马尔恰拉	24W	4W	11W	1W	40W
蒙特卢波	13W	6W	9W	17W	45W
蒙特瓦尔基	4W,1L	5W,9L	4W,6L	9W	22W,16L
波吉帮西	15W,1L	4W,3L	2W,6L	8W	29W,10L
龙塔	4W	6W	1W	8W	19W
圣卡夏诺	—	6W,5L	6W,15L	20W	32W,20L
波焦的圣多纳托	4W	1W	—	6W	11W
圣乔瓦尼瓦尔达诺	22W	3W,7L	5W,3L	6W	36W,10L
特拉诺瓦－布拉乔利尼	7W	2W	—	17W	26W
总计	121W,10L	104W,65L	72W,78L	211W	508W,153L

a 1362~1399年是羊毛纺织业,1383~1399年是亚麻纺织业。

资料来源:见表6.2。

　　托斯卡纳日益僵化的工业级层体系,某种程度上可以归结为佛罗伦萨对它自身危机作出反应的产物,而危机的源头甚至可以追溯到1378年乔姆皮(Ciompi)劳工起义引起的1382年的旧体制的失败,而该体制正是以行会为基础的。由于担心遭到报复,成千上百个工人与工匠逃到了比萨、卢卡、佩鲁甲和威尼斯;尽管来自德国与中欧的移民填补了他们留下的岗位,但随后的工业衰落——1373 到 1437 年间工业产值下降了 2/3,产品质量也有所下降——表明,作为国内战争结果的技艺的流失未能得到全面恢复。① 佛罗伦萨羊毛纺织工业遇到的困难使它对竞争尤为敏感,在它遇到麻烦的 1390 年代和 1400 年代早期——即在城市反对米兰的吉安·加莱亚佐·维斯孔蒂(Gian Galeazzo Visconti,1351 ~ 1402,米兰领袖)运动达到高潮的时候,后者控制了佛罗伦萨、比萨、卢卡和锡耶纳之间的主要商道——它越来越无法摆脱在国内市场上的恐惧竞争心理。

佛罗伦萨的**羊毛工业行会**(*Arte della lana*)在 1392 年和 1394 年,随后又在 1396 年再次宣布说,它的劳动力、资本、原材料正在流向它在地区市场上的竞争对手,因此它为课征保护性关税而进行了游说;在 1406 年,它把皮斯托亚和普拉托的制造商确定为自己主要的威胁。一年之后,它规定**城郊**的生产者只能使用最低档的、托斯卡纳羊毛或当地的羊毛(*lana nostrale*)。② 管制确实相当残酷无情;相当于一个成熟建筑工匠两年工资的最多 **500 里拉**(*lire*)的罚款尤其具有威慑力。③ 尽管在它的城郊之外,佛罗伦萨人必须更加小心行事,但在 1407 到 1415 年之间,它仍然通过了几个法令对地区性的羊毛纺织工业进行管理,这些法令在 1428 年羊毛工业行会的新章程中被改造成了非常成熟的工业政策。这些章程描绘了该地区工业的三分天下的分工格局:佛罗伦萨的大工业

---

① 关于 1382 年之后工匠的移民,见弗兰切斯基(1989;1993,第 119 ~ 135 页)。工业的问题又被英国羊毛供应方面的困难以及 15 世纪前期意大利南部市场的政治不稳定放大了。见弗兰切斯基(1993,第 11 ~ 13、18、21 ~ 23 页)、霍西诺(1980,第 233 页)。

② 档案材料 DAC372,ff. 170r ~ 3r(1392);ASFi,AL 47,ff. 72v,102r,103r,127rv,129(1392 ~ 1396);ASFi,AL 48,ff.98r,113v ~ 14r(1406 ~ 1407)。

③ 见弗兰切斯基(1988,第 580 ~ 582 页)。关于罚款,见档案材料 ASFi,AL 6,ff. 90v ~ 1v(1407)。

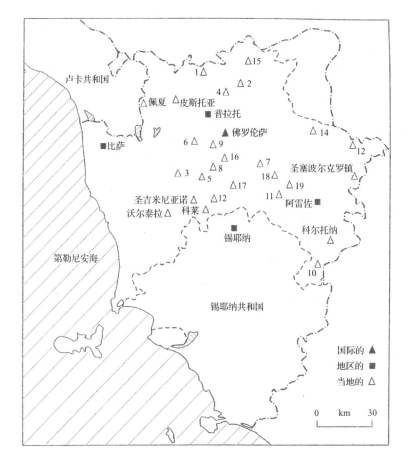

图6.5 1350～1550年托斯卡纳的毛纺织业

图6.5和图6.6的节点地名

1. 巴贝里诺	2. 圣洛伦佐镇	3. 费奥伦蒂诺堡
4. 卡瓦利纳（Cavallina）	5. 切塔尔多	6. 恩波利
7. 菲利内	8. 马尔恰拉（Marcialla）	9. 蒙特卢波
10. 蒙特普尔恰诺	11. 蒙特瓦尔基	12. 皮耶韦-圣斯特凡诺
13. 波吉邦西	14. 波皮	15. 龙塔（Ronta）
16. 圣卡夏诺	17. 波焦圣多纳托	18. 圣乔瓦尼-瓦尔达诺
19. 特拉诺瓦-布拉乔利尼		

获得了垄断来自北欧的最好的羊毛、染色原材料和高质量布料的
权利；小城镇则只能使用来自西班牙圣马泰奥（*lana di San Mat-*

teo)、南部法国与北非加尔博(*lana di Garbo*)的比较好的羊毛,并且它们使用的染料的质量也受到限制;而在最底层的是**城郊**和其他**辖区**的生产商,他们只能利用最差的意大利中南部地区的羊毛,并且不能够印染布料。[①] 这种最终形成的在佛罗伦萨的出口导向型工业与服务于本国其他地区的内向型工业之间的分工体系一直持续了300多年。[②]

或许,其他城市工业的迅速衰败出现在佛罗伦萨管制最严厉的15世纪早期,并不是一个偶然的巧合。[③] 受到打击最大的是比萨,比萨的羊毛纺织工业在佛罗伦萨人1406年的征服之后完全衰落了,那次征服使该城市大多数的工匠与商人逃往他乡,并导致当

---

① 档案材料 ASFi, AL 7, ff. 62rv, 65r ~ 6r;弗兰切斯基(1988,第586页;1994,第85页)。

② 中世纪晚期的税收名单只列举了城市生产商。1362年比萨的关税清单提到了来自佛罗伦萨、锡耶纳、普拉托和皮斯托亚的纺织品(霍西诺,1980,第57页),而1387年阿雷佐的通行税清单则列出来了来自佛罗伦萨与比萨(重量为400~500磅的每1索玛(soma)课征160索尔第(soldi))、圣塞波尔克罗(60索尔第/索玛)、阿雷佐本地(45索尔第)以及科莱和普拉托(30索尔蒂)的纺织品(ASAr, SRD 4, ff. 1r ~ 17r);在1468年来自科莱的布料的税率提高到36索尔第(档案材料 ASAr, SRD 5, ff. 1 ~ 5)。在1354 ~ 1371年和1382 ~ 1402年期间,托斯卡纳平均每年从比萨(不包括佛罗伦萨的纺织品)运往海外的纺织品的价值如下:卢卡和皮斯托亚总共5 003弗罗林,锡耶纳3 557弗罗林,普拉托3 456弗罗林,阿雷佐507弗罗林,沃尔泰拉66弗罗林(梅利斯,1989,第123页)。16世纪早期佛罗伦萨的关税清单将普拉托和皮斯托亚列为第二等最好的纺织品生产商,紧随其后的是蒙托珀雷(Montopoli),该地生产佩尔皮尼亚诺的布料(panni di Perpignano),并在15纪早期将之引入佛罗伦萨(档案材料 AFSI, AL 49, ff. 87rv(1420), 106r(1424), 127rv(1427); AL 51, f. 142rv(1437); AL 52, f. 15rv(1440))和圣吉米纳诺(San Gimignano),沃尔泰拉和科莱(档案材料 ASFi, DAC 431, ff. 2r, 48v ~ 9r)。阿雷佐和比萨已经从名单中消失了。关于17世纪晚期和18世纪托斯卡纳的工业,见马拉尼马(1990,第191 ~ 196页)。

③ 关于普拉托的衰落,见卡桑德罗(1991,第437 ~ 438页)。关于比萨和沃尔泰拉,见第192页注①和下面注①。关于皮斯托亚,见梅利斯(1989,第166 ~ 168页)。关于阿雷佐,见档案材料 ASAr, Camerlengo generale, Saldi di entrata e uscita, 1 ~ 140到处都有(关于贸易流量的材料)。

地的羊毛工业行会被废弃。① 在 15 世纪,托斯卡纳的羊毛纺织工业进一步受到保护主义立法的惩罚,除了最昂贵的外国布料之外,该立法禁止所有其他产品的进口。佛罗伦萨政府宣称,它的这些措施是对未指明的某些其他国家类似行动所作出的反应,但考虑到它关税的非歧视性,该声明的可信度是很值得怀疑的。实际上,针锋相对的保护主义对专业化程度不高的托斯卡纳工业的损害尤其严重,因为这些工业之间的竞争主要集中在价格而不是质量上,并且关税的主要目的似乎也是增强佛罗伦萨工业对国内市场的掌控。② 同时,佛罗伦萨人的羊毛纺织工业也在试图保护托斯卡纳的市场,以隔绝外来的竞争,并且它还把生产从它在中世纪时就已经建立了良好声誉的高档弗兰切斯基布料(*panni franceschi*)转向了以黎凡特为市场的更为低端的产品**加尔博布料**。这次转产实际上是它与那些在过去被分派从事中档产品生产的佛罗伦萨臣属地区之间的一次自相残杀。③ 1533 年之后,佛罗伦萨人在 15 世纪中建立起来的独裁的、自给自足的、封闭性的体制在亚历山德罗·

138

---

① 见班蒂(Banti 1971,第 88、140 页)、席尔瓦(1910)、彼得拉利亚(1987)、布拉切尔(Bratchel,1995,第 143~144、151~157 页)、贝尔蒂(Berti,1980)。

② 第一个普适性关税是在 1392 年设立的(档案材料 DAC 372,ff.170~3),并在 1451 年(档案材料 DAC 372,ff.578~80)与 1535 年(档案材料 ASFi,AL 13,ff.210v~12)再次得到确认与重申。1439 年通过了一个一般性的禁令,禁止从那些对佛罗伦萨施加了类似限制的国家进口纺织品(档案材料 ASFi,AL 13,f.113r)。另见弗兰切斯基(1994,第 109~112 页)、爱泼斯坦(1992,第 283~284 页)。1478 年它尝试性地决定取消国内生产的产品的出口关税五年(档案材料 ASFi,DAC 372,ff.1013r~15r)。随后又通过了一些有针对性的禁令(档案材料 ASFi,AL 13,ff.152v~3r)。

③ 见弗兰切斯基(1993,第 31 页)。1461 年比萨与利沃诺都被允许进口价值低于每布拉休(braccio——长度单位,大约相当于 0.5~0.7 米)20 索尔第的非本地产的廉价布料(档案材料 ASFi,AL 13,f.19rv)。1489 年郊区的纺织工被允许生产价值每布拉休 15 索尔蒂的两种布料(panni alla soventona and rascie),这些都是几年以前佛罗伦萨的工业已经开始生产的(档案材料 AL 54,f.119r;AL 62,f.17v)。

德·梅第奇(Alessandro de' Medici)的统治下部分地得以松动,但对质量与贸易的限制仍然在起作用,以佛罗伦萨人垄断为基础的低水平的工业均衡体系仍未被打破。① 尽管佛罗伦萨的羊毛纺织工业在 15 世纪晚期和 16 世纪中有所复苏,但它的产出即使在 16 世纪的最好时期也仍未能超出黑死病之后那个时期的产值。

粗斜纹布、棉花和亚麻

关于丝绸工业(主要集中在佛罗伦萨)之外的其他纺织部门,我们可能只知道一个大概。尽管在托斯卡纳的乡村中,亚麻的种植无所不在,特别是 14 世纪中期之后,亚麻纺织工业的增长尤为迅速(表 6.2 和 6.3),但无论是亚麻工业、还是粗斜纹布工业都未能引起足够的重视。② 亚麻和粗斜纹布工业的生产基地甚至比羊毛纺织工业更为集中;其中只有佛罗伦萨、阿雷佐和比萨能生产粗

① 1535 年的改革法令旨在建立一个自给自足的市场;只有少数几个为穷人生产的非专业化的粗加工布料能够进口。就像 15 世纪它在伦巴第的竞争对手一样,亚历山德罗(Alessandro)决定只要清晰地注明原产地就允许生产低档的"仿制品"。然而,这个措施的潜在受益者被将低档产品贸易限定在产地抵消了。靛蓝的贸易也有类似的限制(几年以前阿雷佐曾成功地争取到从类似于科尔纳和菲奥伦蒂诺堡(Castiglione Fiorentino)的地区出口靛蓝的机会;见档案材料 ASFi, AL 55, f.74v, 1510)。关于改革,见档案材料 AL 13, ff.210v ~ 12r;关于当地市场的记录,见档案材料 AL 15, ff. 30v ~ 1v, 39v ~ 41r, 45v ~ 8, 49r, 52r, 54r ~ 6r, 64r ~ 9v, 77rv。

② 亚麻种植的扩张延伸到了邻近的锡耶纳和卢卡的领地上(凯鲁比尼(Cherubini), 1981,第 384 页注 3;希克斯, 1986)。1418 年的一个文件提到来自皮斯托亚、比萨、科尔托纳、普拉托和坎皮利亚(Campiglia)的亚麻的质量有差异(档案材料 ASFi, AL 5, ff.115v ~ 16r)。在当地的章程中反复提到亚麻的加工程序(档案材料 ASFi,独立和附属社区的社区法规(Statuti delle comnità autonome e soggette)18(Albiano), f. 17rv; BCV, G nera 12(Monteverdi), f.32v;卡拉马里(Calamari)1927,第 107 页;卡梅拉尼·马里(Camerani Marri)1963,第 96 页;卡西尼(Casini)1968,第 101、167 ~ 168、171 ~ 172 页;龙西埃, 1976,第 3 卷,第 800、909 页和第 4 卷 307 页注 159;贝尔蒂和圭里尼(Berti and Guerrini), 1980,第 165 页;贝尔蒂和曼托瓦尼(Berti and Mantovani), 1985,第 19 页)。关于为家庭服务的乡村亚麻的纺织,见马齐和拉韦吉(1983,第 184 ~ 185 页)。

斜纹布。① 但佛罗伦萨却并不能像它在羊毛纺织工业中那样完全控制这些工业,这部分是因为它的进入门槛较低,并且城市的技术优势并不太明显——在 1430 年代,佛罗伦萨的工匠还必须去伦巴第学习粗斜纹布贸易的秘密——但也同样是因为它的商人发现,在羊毛纺织工业中利用城市的比较优势盈利更为有利可图。② 佛罗伦萨对它自己的棉纺与亚麻工业的支持是三心二意的,禁止竞争对手将其亚麻工人挖走是其城市当局官方试图管制地区性市场结构的最为直接的努力。③

佛罗伦萨人的疏忽,减少了阿雷佐与比萨从羊毛纺织工业中转产出来的机会成本。④ 阿雷佐是意大利中部地区城镇网络的组成部分,该网络包括锡耶纳、佩鲁甲、卡斯泰洛城和福利尼奥(Foli-

---

① 在 1370 年之前,圣米尼亚托(San Miniato)从比萨进口棉花原材料,很可能是为了填充棉被与床垫(档案材料 ASFi,DAC 372,ff.60r～2r,28 Mar.1371;关于填充,见档案材料 ASFi,ARLS 14,f.41(1471))。

② 关于粗斜纹布贸易,见档案材料 ASFi,ARLS 5,ff.133v～4r,2 Jan.1435。

③ 在佛罗伦萨郊区对亚麻纺织的管辖权掌握在负责城市谷物供应的粮食官员(Ufficiali del biado)手中,因为他们认为亚麻籽也能吃、并可用来榨油(马西(Masi),1934,第 135 页)。1437 年还通过了一个反走私偷运的条款(档案材料 ASFi,Ufficiali della Grascia 156,filza 1)。保护主义没有羊毛纺织业中那么强烈。在 1426、1432 和 1473 年,佛罗伦萨三次禁止进口皮尼奥拉蒂与瓜尔内利(pignolati and guarnelli)的棉花用于原材料或销售,但在 1474 年它废除了这个禁令(档案材料 ASFi,DAC 372,ff.469r,1009r);1429 年它还简单地用惩罚性关税来替代这个禁令(档案材料 ASFi,Consoli del Mare 3,ff.20v～2v)。在 1426 年它同样提高了进口瓜尔内利棉花的关税(档案材料 ASFi,DAC 373,ff.142r～3r)。1472 年它又授权城郊地区生产瓜尔内利条纹布(guarnelli vergati)和棉烛芯(档案材料 ASFi,DAC 373,f.12r)。1454 年和 1475 年它又禁止向托斯卡纳进口棉面纱(档案材料 ASFi,DAC 372,ff.966r～7r;DAC 373,ff.146r～8r,148r～50r)。

④ 来自阿雷佐与比萨的托斯卡纳最廉价的纺织品 1451～1476 年在罗马销售(霍西诺,1980,第 286 页)。

gno），这些城市都在黑死病后专门从事亚麻与棉纺工业。① 此外，比萨也一直在稳定地改进着产品的质量。尽管产品的质量可能还不太高，但在 1350 年之前，比萨的粗斜纹布、亚麻布，很可能还有 140 棉布就已经开始销往撒丁岛了；到 1360 年代早期，有记录表明，比萨人已经开始进口高质量的亚麻材料了。② 尽管有佛罗伦萨人的压迫与管制，但到 15 世纪中期他们仍然能够建立一个新的亚麻纺织工业的行会。③

在 15 世纪的前半叶，佛罗伦萨**城郊**地区的亚麻纺织工业很可能已经比羊毛纺织业增长得更快了（图 6.6），但与伦巴第不同，当地的行业章程根本没有提及技术的熟练程度与质量问题。④ 然而，亚麻纺织工业在生产低档羊毛纺织品的同一个中心的频繁出现以及专门从事亚麻生产（除了圣洛伦佐镇（Borgo San Lorenzo）时代之外）中心的缺乏表明，它们的生产水平是相当低级的。就像以前提到的那样，粗斜纹布只有在大城市中才能生产。

工业发展与制度框架

在 1350 与 1500 年之间，托斯卡纳的城市工业萎缩了，而乡村与小城镇工业则根本就没能起飞。这个结果的含义是意味深长

---

① 关于阿雷佐的工业，见迪尼（1984；1990b，第 101～103 页）。关于亚麻的加工，见档案材料 ASAr，SRD 4，f. 27。关于未加工的棉花（bambagia soda）的进口，见档案材料 ASAr，Camerlengo generale，Saldi di entrata e uscita，82，ff. 2r～14r。

② 见坦盖罗尼（1973，第 120 页）。巴拉卡尼（barracani）棉花是在城郊地区纺织的（布鲁加罗（Brugaro），1912，第 390～391 页）。

③ 见档案材料 ASPi，Comune di Pisa A，240，ff. 1～16r（1360）；Comune di Pisa B，8，Arte dei tessitori di pannilini 1452～1455。紧身上衣制造者和零售商（farsettai）行会在 1493 年被建立（档案材料 ASPi，市镇卷 B，11）。关于质量不等的亚麻纺织品的价格清单，见档案材料 ASPi，Comune C，4，ff. 5，7rv（1495）。第一个佛罗伦萨人的亚麻生产与零售行业章程 1296 年被起草（萨尔蒂尼（Sartini），1940）。

④ 没有几个章程提到经线的密度，该密度是技术专业化水平的最明显的标志。见龙西埃（1976，第 3 卷，第 800 页）、卡梅拉尼·马里（1963，第 157 页）。

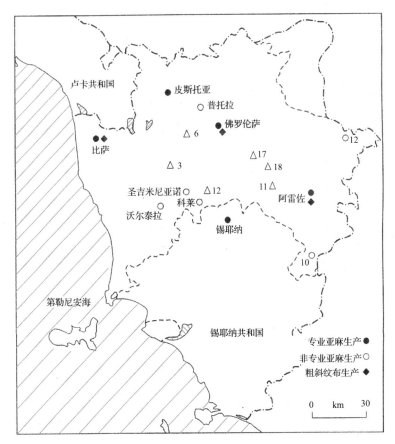

图6.6　1350～1550年托斯卡纳的亚麻与粗斜纹布纺织业

的。托斯卡纳失去了它在中世纪的辉煌;它的城市人口停滞不前;它的经济变得更为农业化了,居民的生活水平也下降了。[①]　如何解释这个内卷的进程?

梅利斯(Melis)认为,城市制造业的危机是由托斯卡纳人口的下降引起的,但伦巴第类似的人口下降却带来了完全不同的结果,

---

①　见本书第14页。

从而使这一解释不攻自破。① 作为一种替代,马拉尼玛(Malan-ima)指出,托斯卡纳奇特的**混合收成分成制**(*mezzadria poderale*)阻碍了乡村地区羊毛纺织工业的兴起,因为参与分成制的农民没有空闲时间去从事纺织工作。② 然而,在我们讨论的这个时期,**混合收成分成制**实际上还没有完全成型,更何况,它根本不会排斥原

141 工业的发展:一方面托斯卡纳的分成制农民能够找到为城市商人纺毛线、亚麻线、丝线与卷线的时间,并且还能找到时间为家庭编制亚麻布;另一方面,在锡耶纳的乡村地区,领主还为参与分成制的女性提供羊毛鼓励其从事纺织工作,然后再平分她们生产的产品。③

赫利希(Herlihy)的观点——作为佛罗伦萨财政政策的结果,乡村地区的贫穷阻碍了"当地非奢侈品市场强有力的扩展"——

142 或许是一个更好的解释,但制度对供给的限制仍然表现得相当明显。④ 在文艺复兴时期,托斯卡纳国家的最明显特征就是在城市之外、特别是佛罗伦萨控制的城市之外,制度化的、特许的自由权利的缺乏。在佛罗伦萨共和国的体制下,国家的形成遵循着两条相互交叉的路径。第一,佛罗伦萨承认臣属城市对其**城郊**地区的司法管辖权,同时用拆分反叛者的城郊,并将反叛者对**城郊**的司法管辖权收归自己的办法惩罚城市中任何反叛的企图。第二,佛罗伦萨向那些仍部分地停留在封建体制中的亚平宁及其北部的单个

---

① 见梅利斯(1989,第208~209页)。在任何情况下,人口的下降都不完全是一个独立的因素;佛罗伦萨的税收与工业政策加速了人口减少的进程(爱泼斯坦,1996b)。

② 相反,丝绸生产却能够繁荣,因为参与分成制的农民能够很容易地把桑树种植与季节性打工结合起来(马拉尼玛,1982)。

③ 关于丝绸,见布朗(1982);关于羊毛与亚麻,见皮钦尼(Piccinni 1985)。关于锡耶纳人的分成制安排,见皮钦尼(1982,第117~120页)。

④ 赫利希(1978,第155页)。关于托斯卡纳乡村的贫穷,见赫利希(1968)、马齐和拉韦吉(1983)、爱泼斯坦(1991,1996b)。

社团和山谷地区特许了广泛的司法管辖权。尽管这些宪章表面上与伦巴第那些将非城市社团从城市司法管辖权下解放出来的宪章非常类似,但佛罗伦萨的特许权每五年或十年就需要重新谈判一次,因此,实际上这些措施对城市更为有利。实际效果非常有限的托斯卡纳的特许权其实是历史的产物,即佛罗伦萨的统治集团控制着主要的工匠与商人行会,这使得这些行会对该国的工业活动拥有超乎寻常的控制能力。①

托斯卡纳亚麻与粗斜纹布工业的绩效不佳其实是它们的城市羊毛纺织工业政策殃及池鱼的恶果。伦巴第的例子表明,除了组建社团的自由外,原工业化的成功还要求一个可以流动的技术工人的储备库,而这个储备库又要求有一个充满竞争活力的、训练有素的工匠行会组织体系。② 在伦巴第,没有一个城市能够垄断工业,没有一个行会能够垄断技术工人,城市之间的竞争性合作培育了乡村和小城镇工业的兴起。在托斯卡纳,城市之间的垄断性竞争推迟了13世纪的技术传播,并在1382年技术工人的大批出走之后迫使佛罗伦萨向外寻求新的技术工人,从而制约了羊毛纺织这样一些"旧"工业与亚麻、粗斜纹布这样一些"新"工业的增长。③

---

① 这些宪章发表在瓜斯蒂(Guasti,1866)和盖拉尔迪(Gherardi,1893)。在几百个幸存下来的宪章中,只有卡森迪诺(Casentino)(1402)的帕拉佐菲奥伦蒂诺和卢卡(1468)附近的萨尔扎纳(Sarzana)的宪章提到了羊毛纺织的生产;而佛罗伦萨山地(Montagna fiorentina)的宪章(1349,1369)提到了漂洗机。所有这三个都是边远地区的社团,它们从来没有建立起真正的原工业;关于卡森迪诺(Casentino)河谷的生产情况,见德拉博尔德拉(Della Bordella,1984)和贝纳杜西(Benadusi,1996,第4章)。

② 关于行会通过学徒制成为一个技术工人的供应库的理论,见爱泼斯坦(1998a)。

③ 这里假定与纺织工业相关的技术能够很容易地从纺织业的一个部门传入另一个部门。佛罗伦萨人丝绸工业日益增长的需求给可以利用的技术工人的供给增加了额外的负担。迪尼(1993)曾经提供了一个意大利和佛罗伦萨中世纪晚期工业发展的概述。关于16、17世纪的情况,见马拉尼玛(1982)。

西 西 里

143　　黑死病之前的西西里并没有专业化的纺织工业可以讨论,因此,中世纪晚期西西里新的羊毛纺织、棉纺、粗斜纹布与亚麻等纺织工业的增长就显得格外有意义。到15世纪,这里已经至少有十几个确定无疑的棉纺生产商和技术上佳的粗斜纹布工业在向海外出口它的产品。尽管也在变得越来越专业化,但大麻与亚麻的纺织工业发展稍显落后。中低档的羊毛纺织工业也有生产,但试图生产高档羊毛纺织品的尝试却并不成功(图6.7)。①

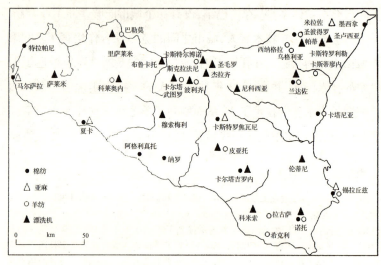

图6.7　1350～1550年西西里的纺织业

尽管关于西西里的纺织工业发展情况的文献材料并不太多,

---

① 　关于详尽的讨论与文献,见爱泼斯坦(1989;1992,第182～200页)。

但它的三个特征仍然是十分突出的。第一,西西里的手工业者行会在中世纪的中晚期受到了强有力的中央集权君主的制约,因为君主对行会在意大利北部地区社团兴起过程中所扮演的颠覆角色有点担心。西西里的手工业者行会是在 1340 与 1350 年代中央政府倒台之后才第一次出现的,并在卡斯蒂利亚的阿方索(Alfonso)国王需要它们的政治与财政支持的 1430 年代才得以迅猛发展的;但它们和中央与地方政府的关系仍很紧张,并且在整个现代早期,西西里的行会一直缺乏制度性的影响。①

　　第二,西西里的城市对它的周围乡村只拥有很微弱的司法管辖权,因此,乡村的纺织业发展根本就不需要自由权利与宪章来保护它免受行会与商人的侵犯,并且它们能够随意选择成本最低的地方作厂址,不需要专门选取碰巧拿到特权保护的地区。

　　第三,尽管西西里天然的自由权利导致了它的原工业比托斯卡纳发展得更为强劲,但西西里的纺织工业仍然是以国内市场为主的。尽管它们能够满足国内市场的大多数需求——高档纺织品进口只占当地消费的 5%——但对出口市场来说,它们的技术水平仍嫌太低。然而,这个现象的原因却并不像托斯卡纳那样是工业保护主义的结果,而是训练有素的技术工人相当缺乏的结果,因为西西里的市场是完全开放的:西西里的工业竞争弱势源于它缺乏强有力的技术工匠的传统,这个传统能够帮助培育并传播手工业技巧。尽管它拥有比较高的城市化率以及制度化的竞争性国内市场,但前现代的西西里仍无法发展出一个像伦巴第那样的充满活力的产业集群,因此,它是一个工业不发达的地区。

---

　　① 见萨瓦尼奥内(Savagnone,1892)、莱昂内(1956)、米尼奥(Mineo 1997,第 137～139 页)。关于 16、17 世纪,见隆巴多(Lombardo,2000)。关于巴勒莫的学徒制,见科劳(Corrao,1980)。

结　论

144　　　就像 15 世纪意大利羊毛纺织工业基地图所展示的那样（图
6.1），黑死病之后半城市化地区纺织工业的发展呈现出一幅明显
的地区多样化的图景。该图描绘了一个强盛的、制造业高度两极
分化的国家工业布局，即分成了三个明显不同的区域：一个是高度
工业化和出口导向的宏观地区，该地区从皮德蒙特向东穿越伦巴
第一直到威尼斯人的特拉费马（Terraferma）；一个是高度发达但专
业化程度不太高的、多样化的工业集群区，该区域包括托斯卡纳和
翁布里亚，并一直向下延伸到罗马南部的拉奎拉（L'Aquila）；而在
南部则是围绕在那不勒斯和西西里东部周围的两个小型工业集群
区，该区域的工业主要服务国内和地区性市场。而在棉纺、粗斜纹
布与亚麻生产方面，这些地区之间的差异很可能更为明显（见图
6.2、6.6 和 6.7）。尽管从某种程度上讲，这些地区性差异早在
1350 年以前就存在了，但黑死病及其余波扩大了这些不同工业和
制度模型之间的强弱差距，并使它们一直保留到工业革命前夕。

　　通过这三个地区性工业集群的比较，我们对原工业化模型的
一些前提假设提出了质疑，特别是对人口、土地产权、农民的"悲
惨化"（"immiseration"）和原工业副业就业之间的关系提出了异
议。在最初的模型中，乡村劳动力的数量与可利用性是隐性失业
率（由人地比例过高引起）和土地分散程度（由遗产可分制度引
145 起）的共同函数，这种局面迫使农民家庭综合考虑下降的土地收
入与非农业活动。因此，原工业就应该主要位于自然资源比较贫
乏的、脱离了城市行会控制的边远地区。但事实上，中世纪晚期的

原工业扩张,主要发生在乡村地区生活水平提高的时期,并且高度集中在包括伦巴第、低地国家和康斯坦茨湖与士瓦本之间的区域在内的高度城市化的地区。

而另一个观点——该观点认为原工业的发展结果是对城市手工业者技术保守、惯于寻租、起步成本较高等不利因素的反应——甚至存在着更多的疑问。① 事实上,对黑死病之后原工业集群的发展来说,城市与工匠行会都是必不可少。首先,城市提供了专业化的商业技巧与服务,这些服务将分散的、小规模的非城市工业与地区性、国际性市场连接起来。其次,成功的原工业发展需要社团特权或自由权利像一种"幼稚工业保护"政策那样起作用,而这些权利实际上是城市所独有的。从规模、经济发展的抱负以及与领土统治者直接谈判的能力来看,伦巴第的许多新兴工业社团**实际上都是城市或"准"城市**。② 欧洲其他地方的原工业发展也总是集中在渴望获得城市地位的社团中。③ 第三,也是最重要的一点,成功的原始或半城市纺织工业严重依赖于熟练的技术工人的稳定供应,而这些技术工人大都来自于技术更为发达的城市工业。

黑死病之后的原工业的增长面临着两个障碍。第一个障碍就是熟练的技术工人的缺乏。尽管 13 世纪以来许多城市的纺织制造商已经雇用了一些非城市劳动力,但他们总是将这些工人限制

---

① 关于这个话题,见奥格尔维(Ogilvie,1997)。关于城乡二分法更为适中的观点,见伯格、赫德森和索南施尔(Berg, Hudson and Sonenscher,1983b)、阿莱格拉(Allegra,1987)、让南(Jeannin,1987)。

② 见奇托利尼(1996,第 85～104 页,"准城市"("quasi‑città"))。

③ 见特恩和绍利(1999)(佛兰德斯和布拉班特(Brabant))、布里特内尔(1993,第 170 页)和米勒和哈彻(1995,第 321～322 页)(英格兰)、托马森(Thomason,1996)(西班牙)。

在像理毛、梳毛与纺线这样一些并不需要太多训练的简单的工序上。① 虽然有各种不同的原因，但训练有素的技术工人的缺乏是托斯卡纳与西西里发展的主要障碍。第二个障碍就是城市行会对城市之外发展高档纺织业的反对。那些半城市的制造商必须获得自由的司法管辖权利，以便使它能够绕过行会的特权，进入地区性的物流网络，并从城市引进更多的训练有素的技术工人；一个成功的原工业基地往往还会建立自己的工匠行会以执行训练与生产的
146 技术标准。② 成功的纺织原工业需要一个强有力的城市网络、一个高度发达的以技术工人为基础的生产体系，以及一个都市工匠与商业的垄断都难以控制的竞争性制度与商业环境等条件的同时具备。

因此，1350 年之后的进程表明，是两个制度性变量决定了原工业发展的命运：城市与领土国家的政治关系的性质，以及领土国家中司法管辖权分散的程度。国家必须强大到足以挑战行会的垄断特权，但又不能强大到可以废除作为一种经济制度的手工业行会的程度。通过挑战保护消费品市场不受来自原工业"不公平"竞争影响的行会特权，国家解决了工业城市与受益的消费者之间垄断竞争中的囚徒困境问题；通过授予非城市竞争者工业发展的特权，挑战行会对工业就业的垄断，国家增加了竞争的激烈程度，并间接地供应了更多的训练有素的技术工人。相当于"幼稚工业保护"的措施则被用来获得规模收益，这些收益来自于技术知识集中在城市中的"溢出"效应。

拥有强有力的司法管辖权的城市——无论是像佛罗伦萨那样

---

① 见霍尔巴赫(1993,第 235 ~ 236 页)。

② 见奥格尔维(1997),然而他总是将前现代的原工业的"社团"简单地解释为寻租组织。

是与领土国家共同扩张的结果,还是因为它们面对着一个虚弱的领土国家,并像意大利中部地区的翁布里亚和马尔什那样缺乏内部其他城市的竞争———一般来说,都不利于原工业化的发展。①拥有弱势司法管辖权的城市所在的地区,原则上拥有更多的发展优势,但实际上这些优势还要依赖于其他一些环境条件才能起作用。存在于伦巴第、低地国家、德国中南部地区的最优越的环境就是将弱势的领土国家、分散的司法管辖权和充满活力的城市网络体系、城市间竞争结合在一起的产物,其中作为政治条件的前者允许原工业在城市权力的缝隙中蓬勃发展。② 而当强势的领土国家不允许强势的城市权利与专业化的工匠进一步发展时,像中世纪晚期的西西里和英格兰(这里的城市化程度较低,但有比意大利更高级的行会结构)那样,发展的效果就不太明显(somewhat less positive)。③

---

①　关于中世纪晚期意大利中部羊纺工业的弱点,见图 6.1。然而,在中世纪晚期的卡斯蒂利亚,他们对纺织业的垄断不是因为他们的强势行会———行会是在当地纺织业兴起之后才建立的———而是因为城市拥有明显超越乡村的技术优势,对这些地区来说他们完全是新兴的部门(汤姆森,1996)。

②　因此,中世纪晚期伦巴第的发展并不是一般性经济危机的"规则的例外",就像米亚尼(1964)和多德(Dowd,1961)声称的那样。

③　关于英格兰中世纪晚期乡村纺织工业的专门的现代研究是缺乏的。见黑尔(Hare,1999)和斯旺森(Swanson 1999,第 57～58 页)的参考资料。

第七章　公元 1300～1550 年的
市场与国家

前　言

在第三章中，我们讨论了中世纪晚期日益强化的政治集权和日益巩固的国家主权现象，正是这个主权国家的出现降低了关税，并为更为有效、更为一体化的贸易体系提供了制度性的支撑。然而，政治集权威胁到了传统的封建特权和自由权利，因此，遭遇到了封建领主与城市精英两股势力的顽强抵制，这些传统力量试图将国家形成的政治变迁局限在现有的地区之内，而不是导向一个尚在观念中的民族国家的框架。① 尽管政治集权已经出现在法国、西班牙和勃艮第帝国这样一些拥有相当规模的"国家"领土之上，但作为其构成部分的各"区域"之间的大多数司法管辖权与财政管辖权方面的分割与障碍却仍在起作用，并对将各地分割成独立的小型领土邦国的边界产生了类似的影响。

由于混淆了经济功能"区"与制度性"区域"的概念，认为制度

---

① 原始的民族国家市场只是在"17 世纪危机之后"才第一次出现。见第二章，第 56 页注②。

与经济边界趋于一致的观点已经遭到了批评。其中经济功能"区"是由经济地理学家定义的,而制度"区"则是由政治和法律史学家定义的。在这些批评者看来,一个"经济区"纯粹是由商业要素决定的,其中,交易成本最为重要;而一个"制度性区域"的边界一般则是由偶然的历史和政治事件决定的;因此,这两个边界只是在很偶然的情况下才会重合。① 不过,有一点是很清楚的:由于不同国家支撑贸易的法律与关税是互不相同的,因此,边界就具有重要的经济意义。在本章中,通过将关注的焦点集中在对贸易课征的直接税与间接税体系上(其中包括食品供应体系),以及通过对在黑死病之后佛罗伦萨人的托斯卡纳和伦巴第公国的特殊利益集团市场权力的关注,我们将讨论制度结构对市场整合来说实际上究竟有多重要。

关税与通行费

在八圣徒战争和阿雷佐于 1384 年屈服之前,佛罗伦萨政府采取的是当时大多数城市国家都采用的、典型的双重经济战略:一方面,它们在**城郊**鼓励发展有效的道路体系,控制市场的数量与功能,努力推广城市自己的度量衡系统,同时在匮乏时期加强对乡村剩余产品的控制;另一方面,在更偏远的乡村,它们同意和邻近的社团进行双向的关税减让与豁免,以确保正常的食物供应、维持自

---

① 见马拉尼玛(1996)。

己的商业利益。① 1384 年之后,在开始了不可逆转的领土扩张之后,佛罗伦萨人试图把它的**城郊**政策推广到它新获得的**辖区**(它直接管辖的领土之外的地区)上去,特别是将限制其臣属地区获得独立的通行费与税收课征权力作为关注的焦点。② 佛罗伦萨的财税当局(fisc,the *Camera*),直接接管了阿雷佐、科尔托纳和比萨的税收课征(gabelles)事宜,只有皮斯托亚通过 14 世纪早期与佛罗伦萨签订的一个关税协议获得了独立的财权,从而逃脱了后者的控制。③

　　在 1384 年之后的几十年间,佛罗伦萨的统治者似乎主要把商业主权看作是税收收入最大化的一种手段。④ 然而,到 1420年代早期,一个为新任命的海事执政官服务的委员会对托斯卡纳的贸易与制造业状况进行的调查表明,一个新的对领土经济更为精准的理解已经出现了。⑤ 尽管,佛罗伦萨的精英们仍然颇为自豪地把包括臣属城市在内的领土国家看作是可以进行财

---

① 见龙西埃(1976,第 3 卷,第 871 ~ 906 页)。关于度量衡,见前书第 3 卷,第951 ~ 964、995、1003 ~ 1006 页、第 4 卷第 337 页注41 ~ 42、圭迪(1981,第 3 卷,第 161 页注 16)。在共和国时期,我只发现一个条款其目的是像佛罗伦萨人那样统一度量衡的(档案材料 ASFi,PR 119,ff. 278v ~ 9,27 Nov. 1428)。1407 年的一个将比萨的度量衡统一为佛罗伦萨人用的标准的法律是唯一一个在 1520 年代再次得到应用的法律(卢扎蒂,1962 ~ 1963)。关于关税减让,见龙西埃(1976,第 3 卷,第 887 ~ 890 页)。

② 档案材料 PR 75,ff. 28v ~ 9,17 Apr. 1386:政府和税收机关曾宣称,因为它拥有制定新税(gabelles)与修改旧税(gabelles)的权力,因而对"阿雷佐城郊地区所有的常规与特定盐税"拥有完全的管辖权。

③ 关于佛罗伦萨的财税机构,见档案材料(PR 110,ff. 96 ~ 7,30 Sept. 1420)关于科尔托纳税收(gabelles)变化的记载,包括一个主要通行税增长 25% 的记载。关于皮斯托亚,见赫利希(1967b,第 160 页)、康奈尔(Connell,1991,第 529 页)、档案材料 AS-Fi,DAC 373,ff. 276 ~ 278,1401;ASFi,PR 91,ff. 21v ~ 2v,1402。

④ 唯一可以得到的关于间接税的研究,参照的是 1380 年以前的情况(龙西埃,1968;赫利希,1964)。

⑤ 档案材料 ASFi,PR 112,ff. 245v ~ 6v。

政与经济剥削的**城郊**,但他们也已经开始用补助来缩小这些地区之间的差异了,并开始把这些地区当作一个更为一体化的整体来看待了。

在 1420 至 1460 年代之间,为了增加国库收入,佛罗伦萨对它的国内关税体系进行了一系列的改革。在 1420 年代后期,**辖区内** 149 主要的流通税(*gabella dei passeggeri*)在佛罗伦萨总收入中所占的份额从 5%~10% 提高到了 13%~15%,这表明,从一定程度上讲,它的税收负担分配开始从城市与**郊区**转移出来。① 财政效率的改进不仅非常缓慢而且非常随意。例如,由于既要考虑臣民的司法管辖特权,又要考虑可能的税收逃避,因此,改革步伐的缓慢使佛罗伦萨人把一个世纪中最好的光阴都浪费在决定其关税机构的最终选址上了。② 其中,至少有九个关税机构位于从佛罗伦萨到比萨的路上,这一事实表明,佛罗伦萨的关税当局更为关注的是对内部贸易征税,而不是对外贸征税。与米兰公国相比,它们对财政安全的担心更为明显。对米兰来说,尽管周围是更容易进入的国际市场,因而使走私更为容易,但由于它更为广泛地依赖于包税人,因此,相对来说,只拥有数量很少的关税机构。③

---

① 见档案材料 ASFi,CCPM 1~45、48。然而,当 1450 年佛罗伦萨再次增加它自己的通行税时,税收负担很可能又转移回来了(莫尔霍,1987,第 205 页)。

② 主要的关税改革记录在档案材料 DAC 372,f. 494、1438~1439;PR 147,ff. 101v~103v and DAC 372,f. 635,1456;DAC 375,passim,1474;DAC 375,c230rv,1503。在 1490 年 7 月,十七人改革委员会(Balia)建议对整个通行税、港口税与关税体系进行总结(布朗 1992,第 108、111、115~116 页),但这些措施并没有在记录所有相关改革的海关(Dogana)登记本中记载。

③ 除了它自己付费的海关官员外,佛罗伦萨的关税还求助于国家的城堡、船长和行政(podesta)网络帮忙;见档案材料 DAC 319,ff. 67,109,110。关于伦巴第对农业课税以及走私问题,见萨巴(Saba 1986)、罗马尼(Romani 1986)、贝尔凡蒂(Belfanti 1986)。

领土扩张同样改变了佛罗伦萨的商业政策。在 15 世纪,它的商业政策就是将 13 世纪晚期和整个 14 世纪典型的专制主义与短期控制政策和它试图用低关税激励转口贸易的努力结合在一起。① 尽管佛罗伦萨在 1350 到 1400 年间的过路税收入增加了,并在此后的一个世纪中还有持续地适度上升,但名义收入的增长已经被通货膨胀所抵消了,而国内其他地方却并没有相应的税收增加作为补偿;在其管辖的社区中,真实的过路税似乎也已下降了。② 佛罗伦萨与其所辖的社区之间的关税,则从名义上被降低了或完全被取消了,例如在前封建司法管辖权辖下的卡森迪诺(Casentino)河谷就是这样;尽管大多数的税收减让只适用于流向掌握统治权的城市的贸易,但至少在皮斯托亚这个减让是双向的。③

当大宗食品比如葡萄酒、橄榄油与肉类食品出现偶然的短缺时,佛罗伦萨会采取暂时禁止出口与补贴进口的措施,但在考虑国

① 短期控制包括对去罗马朝拜的人课征的一次性税收,见档案材料(PR 119,ff. 90~91,223v~5,21 June 1428, revoked 15 October 1428,and PR 161,ff. 107~108,1470)。

② 关于佛罗伦萨 1350~1400 年的通行税,见第 214 页注④。平均收入从 1342~1357 年到 1390~1399 下降了 12%(数字来自龙歇雷(1968,表 1)和档案材料 ASFi, CCPM 6~15)。作为前面提到过的财政自主权丧失的结果,下降很可能已经出现了,这使佛罗伦萨开始增加它的直接税。1402 年之后,佛罗伦萨禁止皮斯托亚增加流通税(gabelles)和通行税来弥补辖区的亏损(赫利希,1967,第 159 页注 22)。当考虑旧的国家获得新生时,当他说一个国家不应该"改变法律与商业税收"(dazi)时,马基雅维里(Machiavelli,1960,第 3 章)很可能讨论的正是托斯卡纳的情况。

③ 关于佛罗伦萨与臣属社区之间的关税,见档案材料 PR 64,ff. 283v~4v,1377。关于向内流动的贸易关税,见爱泼斯坦(1996b,第 881 页)。一个歧视性案例发生在佛罗伦萨提高了从郊区向辖区贩运牲畜的贸易税的 1465 年。阿雷佐与科尔托纳抱怨这个政策损害了他们的市集,并请求对他们的牲畜贸易免税(档案材料 PR 157,ff. 246~7v 和 DAC 373,ff. 555~557,1467)。随后统治者(Signoria)就决定将对辖区的耕牛(不包括用于"贸易的"(per mercatantia)的牛)关税从 2 弗洛林降到 12 索尔第(档案材料 PR 166,ff. 64v~5,1475)。关于皮斯托亚,见康奈尔(1991,第 529 页)。

际贸易时它往往会追求比较克制的财政政策,比如对待当地短缺商品如铁的交易或牛羊的转场(transhumance,即季节性转移牧场)时就是这样。① 其实从公社运动时代(communal era)②以来,人们一直是根据佛罗伦萨的工业与商业需要来发展对外贸易的,直到 15 世纪人们才开始把它作为一个税源予以单独的鼓励。西南方向对阿雷佐(1384)和圣塞波尔克罗镇(1441)的征服,波尔托－皮萨诺(Porto Pisano)和里窝那(1421)的获得,以及东面和东北方向与卢卡(1430 年代)接壤的边界领土的获得,特别是 1406 年对比萨的征服,使佛罗伦萨人获得了对西地中海与北意大利之间重要的海洋贸易路线的控制,这是一条外国谷物进口的通道,所有这些都使佛罗伦萨的社会精英们进一步认识到,由于位于意大利中南部、西地中海、伦巴第与北欧平原的交叉路口上,他们拥有了地区性的战略地位。因此,他们的城市很少依赖尝试性与试验性的双边贸易协定政策,当他们担心贸易可能会转向其他地方、并想推动西地中海与北欧的贸易发展

---

① 关于葡萄酒,见档案材料 PR 129,ff. 246～247,1439;PR 157,f. 147rv,1466;PR 201,ff.49v～9v,1511。关于橄榄油,见档案材料 PR 118,ff,49v～51v,1427;PR 127,f. 296rv,1437;PR 133,ff.118v～19v 和 183rv,1442;PR 137,ff.129v～30,1446;PR 205,f.59,1522。平托(1987)考察了人口减少导致的食品供应压力缓解的情况。关于对铁的关税减让,见档案材料 PR 122,f. 284rv,1431;PR 123,f. 135v～6,1432;PR 132,ff. 211～212,1441;PR 136,ff.39v～9,1445(后者包括为了增加从佩鲁甲、马尔什和阿布鲁佐进口铁而改变在科尔托纳、阿雷佐和蒙特基奥课征的通行税)。1472 年沃尔泰拉的起义导致了 1475 年通行税的增加;见档案材料 PR 166,ff.65～66。在 1428 年管理牲畜的海关(Dogana del bestiame)重新进行了调整(档案材料 PR 119,c. 91rv)之后,统治者开始吸引牲畜群来佛罗伦萨的马雷马(档案材料 PR 122,ff. 207v～8,1431;PR 123,ff.240v～1,1432;PR 126,ff. 241v～2,1435;PR 144,ff.82v～3,1454;PR 1465,ff. 11～12,1465)。

② 11～12 世纪,在日耳曼皇帝缺位时,意大利各城镇机构趁机获得真正主权的运动。——译者

时,他们就会采取单方面削减关税的办法。① 尽管领土扩张和军事竞争增加了佛罗伦萨国家的财政需求,但邻近国家财政竞争威151 胁的存在解释了佛罗伦萨在使用贸易抵制、报复与惩罚性关税这些已成为独立的城市国家惯用的手段时不同寻常的克制态度。② 然而,15 世纪的佛罗伦萨人正在做的,不过是采取了伦巴第的维斯孔蒂在 1346 年的伊艾纽(Provisiones Ianue)条款中已经确立的财政协作与标准化措施。③

① 但是典型地存在于公共社团时代的双边贸易协议从来也没有被完全放弃。见档案材料(PR 79,ff. 95v~98v,31 May 1390)关于一个与拉维纳(Ravenna)领主签订的协议、档案材料(PR 157,ff. 103v~4,27 June 1466)关于 1370 年和博洛尼亚签订商业协议的更新。关于担心贸易转向其他地区,见档案材料 PR 119,ff. 187~188,1428;PR 170,f. 15rv,1479;PR 180,ff. 95~96,1489;PR 200,f. 129rv,1510。关于地中海与北欧,见档案材料 PR 120,ff. 17v~18,1429(和英国与佛兰德斯的贸易)、PR 128,f. 3rv,1437(伦巴第、威尼斯),档案材料 PR 131,cc. 167v~8,1440(伦巴第);PR 171,f. 18rv,1480(伦巴第,四年)。佛罗伦萨很少考虑与意大利中部的外贸关系;例子见档案材料 PR 179,cc. 87~88,1489(和锡耶纳、卡斯泰洛城、法恩扎和博洛尼亚)。由于税率下调导致了收入的增加(档案材料 PR 207,f. 74rv),在 1529 年它确认了比萨与利沃诺关税降低 33% 的做法。关于米兰与托斯卡纳的贸易,见皮斯塔里诺(Pistarino,1986)。

② 见孔蒂(Conti,1981:134,2 May 1401(报复的权力授予沃尔泰拉和皮斯托亚以反对其他皮斯托亚人));档案材料 PR 99,f. 82rv,1410(对热那亚和萨沃纳商人课征增值额(ad valorem)50% 的惩罚性关税);档案材料 PR 127,ff. 281v~2,1436(禁止与米兰公爵控制下的领土进行贸易)。1504 年,卢卡深受佛罗伦萨人报复之苦,很可能是因为在比萨人叛乱时提供了帮助(档案材料 PR 195,cc. 1~2)。1428 年,佛罗伦萨与锡耶纳签订了关税协议,使锡耶纳人更容易与它做生意,并可以把牲畜销往佛罗伦萨的领土(档案材料 PR 119,ff. 223v~5)。关于 14 世纪佛罗伦萨人使用商业报复的情况,见阿斯托里(1993,第 70~72 页)、鲍斯基(Bowsky,1981,第 5 章)、爱泼斯坦(1992,第 284~287 页)。

③ 见第六章第 181 页注②。

经济特权与自由权利

领土扩张同样还与那些初看起来是阻碍政治一体化进程的政策相关联。从 14 世纪晚期到 15 世纪,佛罗伦萨的执政当局(Signoria)授予了其所辖的社区以司法管辖特权,其主要的经济目的就是要使这些收费者摆脱佛罗伦萨行会的控制,降低或完全免除大多数对贸易课征的关税,并授予那些可能会受到严格限制的商品以自由贸易的权利。这样做的一个很明显的结果,就是增加了司法管辖权支离破碎的程度,既削弱了政治整合的表面影响,又削弱了它的本质意义。不过,司法管辖特权的下放,在多大程度上会抵消政治整合带来的经济好处呢?

由于其政治与宪政含义曾经是古代政体研究中老生常谈的热门主题,因此,在讨论前现代社会中的特许权与自由权利时,人们往往忽略了它的经济含义,或者是在讨论它的经济含义时,只是把它们当作前现代国家的一个"沉重负担"(dead-weight costs)而丢进了历史的垃圾堆。这种疏忽是以下面的观点为基础的,即前现代的自由权利是一个将政治经济进步推迟了若干年的时代错误,①因此,这种忽视实际上反映了人们对前现代市场的根本误解。实际上,就像上一章所阐明的那样,在前现代的欧洲夹缝中残存的司法管辖权的"自由"空间正是最基本的经济竞争的源泉与

_____

① 这些传统观点总把封建领主拥有的特权或自由权利当作是落后的、阻碍先进的资本主义发展的历史障碍,而把自治城市或城市共和国视为是新生的市场经济的源泉,而本书作者从市场条件或公共经济学的角度对这些传统的反封建观点进行了质疑。——译者

保障,这些竞争所要反对的恰恰是强势的城市商业与制造业所实施的垄断。在制造业方面,通过抵制城市工匠们的反对,司法管辖权的独立支持了乡村与小城镇原工业的兴起。① 在贸易方面,暂时或永久的关税减让和贸易受限产品获得的自由贸易的权利,刺激了经济的增长和专业化水平的提高。然而,自相矛盾的是,只要市场权力的直接运用是通过司法管辖权来进行的——即只要按照19 世纪的自由含义来讲,市场是不"自由"的——司法管辖独立的特许从经济上来讲就是有利的。②

然而,文艺复兴时期,国家要颁布这些特许权的最根本原因却并不是经济上的利益。尽管从理论上讲,"自由权利"的特许可能会削弱或分散国家的权力,但在现实中,它们的颁布实际上都巩固了国家的立法权,并把国家的主权扩展到那些与之竞争的封建与城市特权之上。因此,司法管辖特许权是一个十分有力的政治集权工具。从制度的角度来看,中世纪晚期的国家可以利用它的财政特许权来主张自己对税收与商业活动的主权。但从经济的角度来看,司法管辖方面的自由权利则使接受它的人可以挑战城市的垄断。如果其他条件不变,一个关税的免除与减让将会改进接受者的生活水平,但经济特权同样可以成为一个"实际"上抵抗城市行会侵犯的制度性屏障。因此,从制度上讲,古代政体中的"自由权利"就相当于现代社会中的"经济特区"。

很明显,佛罗伦萨司法管辖的自由权利特许政策导向同样是模棱两可的。在整个1370 年代至1440 年代的领土扩张时期,它

---

① 见第六章。

② 然而,就他自己的利益而言,只有受益人没有获得对贸易收税的权利时,就像16 和17 世纪早期的卡斯蒂利亚所出现的那样,司法管辖权的免除才能带来利益(纳德,1990;利昂,2000)。

们确实系统地运用了经济特权,特别是关税减让的政策。① 当一个社区有条件地归顺时,它往往可以获得免除大多数间接税、减少强制性盐税的特权;只有佛罗伦萨的通行税从来都没有减少过。免税特权,尽管一般都会有五到十年有效期,并可以在到期时就其延续问题再进一步谈判,但它同样也可以在政治财政形势发生变化时被撤消。② 最优惠的特权总是给予那些拥有战略性前沿地位的社区,像卡森迪诺(Casentino)、佛罗伦萨山地(the Alpi fiorentine)和瓦尔迪涅沃勒(the Valdinievole),它们的商业特权可以追溯到 1350 年代,并且都成了永久性的财政豁免区与社团豁免区;而那些比较小又组织得不太好的离佛罗伦萨比较近的社区则发现,要更新延续它们的财政减让条款几乎是不可能的。③

在前面讨论黑死病之后周期性市集兴起的章节中,我们曾经讨论了如何在权力下放的基础上构建集中的中央权力。④ 新市集的出现是现实生活对更为高级的市场体系需求的反应,但这个进程却会受到贸易中心的强烈反对。这些中心担心更为激烈的市场竞争,也担心通行税收入的损失,因此,新市集需要特别的司法管辖权的安排。然而,大多数国家却愿意支持新的市集,因为这些授权与支持会对城市的司法管辖特权提出挑战,并扩大国家领土上的豁免权。托斯卡纳的发展就非常符合这个一般模型。在 1350 到 1560 年间,它们至少创建或改造(给予新的永久特许权)了 38

153

---

① 见瓜里尼(1976,第 17~18 页)。

② 在 15 世纪后期的几个案例中,通行税的减让期曾高达 25 之久;见档案材料 PR 159,ff.194v~5v,1468(波皮和弗龙佐利(Fronzoli))。一个 16 世纪的调查显示,大多数以前的关税免除已不再使用了(档案材料 DAC 838 各处)。

③ 见瓜斯蒂(Guasti,1866,第 75~76(瓦尔迪涅沃勒)、89~90 页(佛罗伦萨山地))。

④ 见第四章。

个季节性市集。其中至少有 17 个市集被免除了所有主要的通行
税。有 15 个市集给它的商人提供了暂时免于（securitas）因欠债而
被抓捕的特权，其中甚至包括对佛罗伦萨税款的拖欠。如果考虑
到欠税的普遍性与政府官员对市集进行严密巡察的情景，就会理
解这些特权实际上并不是无关紧要的。市集的目的主要是专门从
事牲畜的交易，然后较次要的目的才是谷物交易，它们往往是在佛
罗伦萨、阿雷佐、圣吉米纳诺（San Gimignano）、普拉托和皮斯托亚
等这样一些比较大的城市举办，当然，那些比较小的、半独立的自
治城镇，像圣萨维诺山（Monte San Savino）、安吉亚里（Anghiari）、
圣塞波尔克罗镇、波皮（Poppi）、皮耶韦－圣斯特凡诺（Pieve Santo
Stefano）、蓬塔谢韦（Pontassieve）、圣洛伦佐镇、菲伦佐拉（Firenzuo-
la）和佩夏（Pescia）以及在这个国家战略性的南部与北部边界地
带的中心地区，像维拉马尼亚（Villamagna）、格雷韦（Greve）、蒙特
瓦尔基（Montevarchi）、比别纳（Bibbiena）和普拉托韦基奥（Pra-
tovecchio）这样的一些小城镇也会举办市集。

　　类似的描述也适合于每周一次的市场，在 14 世纪中期到科西
莫（Cosimo）公爵到来之前，至少新建了 34 个市场。其中有 12 个
（其他有 26 个来历不明）获得了暂时免于逮捕的安全保障（securi-
tas）；至少有 12 个被免除了主要的通行税。这些在佛罗伦萨郊
区、在北部河谷中的卡森迪诺（Casentino）、穆杰洛和瓦尔迪涅沃
勒（the Valdinievole）分布得相当有规律的新生事物中的大多数都
很好地幸存下来，并一直持续到现代早期。①

　　一个新的市场或市集出现的最初推动力，总是来自社区本身；

---

① 见夸利亚（Pult Quaglia, 1990, 第 261～264 页），档案材料 DAC 373, ff. 236～
257and passim; DAC 838, ff. 141～155。

只有城堡小镇菲伦佐拉的创建动力来自于佛罗伦萨,它建立这个
小镇就是为了监控通向伊莫拉(Imola)和罗马涅的亚平宁通道。
然而佛罗伦萨拥有拒绝社区请求的权力,并且其决策总是取决于
是否存在激励跨越边界与邻近地区进行贸易的机会。沿着南部与
锡耶纳以及马尔什和翁布里亚的小社区接壤的边界创建一系列市
集的主要目的,则是为了吸引牲畜与谷物的供应(图7.1),因为佛 154

图7.1 1350~1550年托斯卡纳的市集

罗伦萨人认为,自己不能生产这些商品。[①] 因此,佛罗伦萨人的政
策与伦巴第公国的战略是对立的。尽管像佛罗伦萨的寡头们一
样,公爵也试图实现地区性的食物自给自足,但公国自己生产的食
物和牲畜绰绰有余,并且其剩余部分还能出口,因此,政府对待市
155 集的态度就更多是限制性的。在这里,市场和市集并不是一个吸
引进口的手段,相反,它们被当作是一个把珍贵的资源转运出去的
漏洞,因此,只有很少一部分城市之外的市集得以建立,并且在国
家前线的五公里之内,市场是被禁止的(图 7.2)。[②]

　　佛罗伦萨的战略同样要受到政治因素的影响。[③] 正是由于政
治原因而不是经济考虑,城市拒绝对科莱(Colle)地区的一个新市
场给予确认,因为当地居民没有征求佛罗伦萨的同意就自行创建
了这个市场;并且科莱人(the Colligiani)做得甚至有点过分了,他
们单方面免除了市集所有的通行税;[④]正是由于政治的考量,佛罗
伦萨一下子全部废除了(市集的)豁免债务的特许权,并强迫那些
试图收回特权的(城镇)必须出钱赎回;[⑤]同样是由于政治的原因,
拥有统治权的城市偶尔也会支持其**辖区**内的乡村社团拥有立法特
权(*pro legibus suis*),这些特权在正式的制度中是由那些下属城镇

---

① 这些贸易据点的目的在 1441 年的一个位于与锡耶纳接壤的格雷韦的古老市
场的免税请求中清晰地表达出来了(档案材料 PR 132,ff. 290~291)。关于公共社区时
代的一个类似的考虑,见龙西埃(1976,第 3 卷,第 957、995 页)和平托(1978,第 107~
108 页)。关于佛罗伦萨人认为自己土地"贫瘠"的信念,见爱泼斯坦(1996b,第 888
页)。

② 见米拉(1955;1958)、格雷奇(Greci,1983)、贝尔凡蒂(1986)。

③ 见龙歇雷(1976,第 3 卷,第 1015~1019 页)。

④ 见 Archivio de Stato di Siena,Comune di Colle,Deliberazioni 140, ff. 137v~40v,
no. 7,22 June 1410(穆齐(Oretta Muzzi)提供的文献)。

⑤ 档案材料(PR 126,f. 359rv,1435)提到 1427 年的一个一般性撤回。

图 7.2　1350～1550 年伦巴第的市集

控制,并试图借此来创建市场以对付邻近城镇的敌意的。[1] 此外,
佛罗伦萨还必须考虑其所辖城市的政治敏感性。尽管在市场权力
方面没有多少关于司法管辖冲突的记录,但皮斯托亚、沃尔泰拉、
阿雷佐和比萨的**城郊**实际上都没有出现竞争性的市场与市集的事
实,以及新的非城市市集只是在被授权的社区才存在的事实表明

---

[1]　关于皮斯托亚,见马丁内斯(Martines 1968,第 225 页)。

城市的反对是相当成功的。①

谷 物 市 场

　　大多数历史学家都认为,13 到 16 世纪欧洲各地构建的城市谷物供给管制体系,是应对那些最基本的不可避免的经济约束条件的一种理性反应。一方面,当时农业上、技术上与组织上的各种不利因素的错位组合引发了价格难以预料的剧烈波动,并导致了消费量的急剧升降,从而对城市居民的健康与社会的稳定构成了威胁;②另一方面,由于运输成本太高,谷物进口无法轻易地缓解当地的短缺,因此,各地城市当局纷纷引入了一套复杂的价格控制与国际国内市场隔离体系,以便减弱价格波动的冲击。总之,只有当农业进步与运输成本下降使得保护主义不再成为必要时,自由贸易的政策才会被大家所采用。③

156

　　认为不同时空条件下的欧洲城市都采取了大体相同的措

---

　　①　关于市场权利冲突的最好纪录,是阿雷佐反对他的下属、众所周知的科尔蒂内(the Cortine),后者坚持要建一个市集;为何这个证据能够幸存下来的最好的理由是阿雷佐不同寻常地输掉了这次斗争。见布莱克(1993,第 24 ~ 28 页;1996,第 228 页)、档案材料 PR 182,ff. 85v ~ 6v,24 Feb. 1492;PR 187,ff. 131v ~ 2v,19 Feb. 1497. 关于贸易垄断的例子,见盖拉尔迪(Gherardi 1893,第 432 ~ 433(1385)、470 ~ 471 页(1395))。

　　②　尽管都是描述性的,但这里有大量的关于前现代谷物市场的文献。关于前现代意大利条件的回顾,以及更多的欧洲背景材料的文献,见奇波拉(1963a,第 399 ~ 407 页)、平托(1985)、巴勒莫(Palermo,1990,第 1 章)、法齐奥(Fazio,1990)。对现代早期谷物市场福利影响的讨论,见沃尔特和斯科菲尔德(1989b)、韦尔(Weir,1989)和帕尔森(1999),并参照森(1981)、拉瓦利昂(1987;1997)。

　　③　关于这个模型的一个清醒的解释,见帕尔森(1999);关于一个多少有些不同的观点,见福格尔(1992)。

施的上述对前现代市场管制政策的解释,混淆了两种完全不同
的城市管制。第一种管制往往以多少有些不同的形式出现在 157
大多数的欧洲城市中。它包括各种各样的公共储备、价格控制
与面包价格补贴体系,并表现为一种旨在保持城市消费价格稳
定与减少价格波动的福利保护形式。然而,18 世纪的争论主
要讨论的是第二种管制,即一种宏观形式上的管制,该管制通
过禁止出口与补贴进口的办法来稳定谷物供应总量,维持较低
的平均价格水平。当然,尽管所有国家都对谷物市场与贸易采
取了防御性与保护性的措施,但不同地区的宏观管制程度却并
不相同,仍有一些国家采取了相对自由的贸易政策。自由贸易
体制的最好例子出现在革命后的英格兰。不过,虽然名气不
大,但西西里在 1390 年代创建的国内外自由贸易的体制却比
英格兰整整早了三个世纪,并且该体制在整个前现代时期都一
直在持续地起作用。①

西西里与英格兰例子的存在是对下述观点的一个挑战,该观
点认为只有在农业生产率比较高且运输成本下降使保护主义过时
的地方,才会出现自由贸易政策。而这两个国家的贸易自由化都
发生在国内运输成本还没有出现任何可以觉察到的变化以前,也
都发生在农业生产率和出口有强劲的增长以前。事实上,在这两
个例子中,贸易自由都出现在主要的制度动荡时期。在西西里,贸
易自由出现在 1390 年代伊比利亚君主重建王朝时期,在英格兰,
贸易自由的出现则是以复辟后不久 1663 年的谷物条例为标志的。
相反,很多其他的国家即使能够提供有规律的食物供给,却仍然维

---

① 关于英格兰,见阿普尔比(Appleby,1978)、乌思怀特(1981)。关于西西里,见
爱泼斯坦(1992,第 136～148 页)、法齐奥(1993)。

持着对贸易管制的措施。公爵和西班牙拥有的伦巴第正是这样的典型案例,但实际上它们拥有以良好的物流网络为基础的、在整个欧洲都是生产率水平最高的农业生产体系;而另一个例子是佛罗伦萨,尽管在 1490 年代之前它们并没有出现过严重的生存危机,但它们在整个 15 世纪都始终维持着自给自足的管制政策。① 很明显,在所有这些例子中,没有一个国家的谷物政策是由食品供给的可获得性这个主要因素来决定的。

由于城市对谷物贸易的控制是一项重要的歧视政策,因此,贸易体制的选择似乎并不是由农业与商业的相对技术条件对比来决定的,而是由政治条件决定的。最迟到 15 世纪,大多数欧洲的城市都拥有了一定的特权,使它们能够在供给欠缺时控制它们内地的谷物贸易。贸易控制,一方面,意味着城市要确保自己市场上的足量供应,另一方面,也意味着它的政策要超过邻近城市所采取的类似措施。因为,在一个保护主义政策盛行的世界里,不加干预的政策就是自杀性的政策:只要一个城市预计到它的邻居要限制贸易,它就有足够的理由也去这样做。但最终的结果很可能只是互惠贸易体系的崩溃,并走向各个城市最初愿望的反面。正如 18 世纪的"知识分子"②(philosophes) 所说,被用来保护城市供应的贸易关税与非关税壁垒同样抬高了城市

158

---

① 因此在平托(1985,第 633～634 页)的文献中列举的出口谷物和在正常情况下自给自足、在丰收时出口一部分食品的意大利地区和城市国家的清单既包括采取限制性贸易政策的地区,也包括实行贸易自由政策的地区。芒罗(1984,第 57 页)同样注意到低地国家谷物价格的波动与人口的减少没有明显的关系。

② 引号为译者所加,指 18 世纪涌现的、一个特定的、对社会进行思考的法国有识之士的团体,他们重新要求实现过去受挫的希望,追求乌托邦式的社会改革。——译者

谷物消费者的平均购买成本,并抑制了农民增加供给的积极性。① 保护主义很可能还增加了价格的波动性,因为它使从领土之外的地区进口食品的可能性更加难以预期。保护主义政策带来的谷物进口货船的任何延误都会迫使食物紧缺城市的政府当局成立粮食储备机构,而这又会给当地的价格带来更大的压力。只有进口谷物的到来才能使价格降低,并迫使政府用低于成本的价格把多余的储备卖掉。②

尽管城市之间合作的缺乏增加了谷物市场的不稳定性,但每一个城市都缺乏单方面废除贸易限制的积极性,因为它们无法确保在它们取消了限制之后,其竞争对手也会采取类似的措施。③这样的囚徒困境只有借助君主或独裁议会这样的外部权威才能打破,因为这样一个权威能够惩罚不合作者,所以,它可以令人信服地向各个城市提供同一个自由贸易的体系。由于不合作的谷物贸易体系具有不稳定的天性,因此从原则上讲,领土统治者与城市的消费者就应该都有兴趣督促城市进行更紧密的合作;但这样一个由管制向不管制市场的成功转型必须很快完成,并须得到强有力的执行才可能获得成功。否则,如果一个拖延者受到的惩罚低于它从违法行为中可能拿到的利益的话,那么,一个不公正的自由贸易体系将会很明显地使不遵守规则者受益。换句话说,自由贸易

----

① 见帕尔森(1999,第 2 章)关于谷物贸易控制会减少平均产出与农民利润的阐述。

② 见帕尔森(1996,第 699 ～ 701 页)关于统计证据的论述,这些证据是关于比萨、锡耶纳和科隆在 8 到 12 月之间有规律地设立额外的储备库的。就像已经提到的那样,这些储备经常因为有关竞争对手或国外储备水平信息的失误而设立。

③ 博弈论预言自发的合作会出现在城镇之间的重复性博弈(有规律的商业相互作用)中。然而这样的结果只会出现在稳定的、不受外来冲击影响的供应体系中,但在前现代的政治与商业环境中,这是一个不可能实现的条件。

159 的可能性与法律的执行成本成反比,而后者则与司法管辖权的分散程度成正比。国家的司法管辖权越有争议,这个国家越不可能执行一个统一的合作性谷物政策。例如,1763～1764年法国的改革失败正是因为许多省与城市当局能够拒绝谷物贸易的自由化政策而实际上不受惩罚。① 相反,西西里与英格兰君主之所以能够在自己的国家获得自由化贸易政策的成功,正是由于在制度与政治动荡时期它们拥有强有力的政治信用,而反抗者的力量比较微弱。

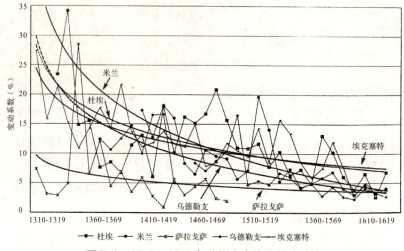

图7.3 1310～1649年欧洲小麦价格的波动性

上述观点的主要含义是司法管辖权的支离破碎构成了谷物价格波动的主要原因,同时,能够减少市场之间合作失败的政治集权会提高市场一体化的程度。而在中世纪晚期欧洲的大多数地区,谷物价格的波动出现了50%或者更多的下降,这为上述假设提供

---

① 米勒(1999,第43～49页)。

了一个直观的表面(prima facie)证据(图 7.3)。当然,对消费者的福利来说,市场一体化的巨大好处与积极影响是永久性的,并恰好出现在区际谷物贸易将要萎缩之际。这个影响类似于同一时期出现的真实利率下降的影响,并且这个利率下降很可能是日益增加的政治稳定与领土国家内部交易成本下降的直接结果。[①] 以价格波动、价格相关度和价格收敛的标准测定方法为基础,我们可以用托斯卡纳与伦巴第的例子对这个假设进行更为详尽的检验;此外,我们同样还对立法与政治变迁带来的一体化过程中结构突破的影响进行了尝试性评估。[②]

确实,所有的市场一体化程度的指标都在描绘着一个类似的场景。在 15 世纪,两个地区的价格的一致性与同步性现象都迅速增加了,并且尽管作为 16、17 世纪军事进攻的结果,一致性与同步性出现了频繁的下降——这也表明可以很容易就摧毁“脆弱”的前现代市场的战争或更一般意义上的政治不稳定是这个时期经济衰退的最重要的原因——但每次危机之后都会有一个更为强劲的一体化过程(图 7.4)。[③] 另一方面,价格波动的强度几乎一直在持续地趋缓(图 7.5)。当政治整合降低了关税、改进了市场间经纪人的机会时,由于距地区领导者佛罗伦萨和米兰较远的城镇会获得更多的收益,因此,地区内部的价格同样会收敛。数据表明,尽管与米兰(图 7.7)相比克雷莫纳的价格平均上涨了 11%,而科莫则下降了 60% 时,但托斯卡纳的价格收敛(图 7.6)似乎不如伦

161

---

① 见第三章图 3.1。

② 后者用库普曼(S. J. Koopman)、哈维(A. C. Harvey)、多尔尼克(J. A. Doornik)和谢泼德(N. Shephard)创立的 STAMP(Structural Time Series Analyser, Modeller and Predictor)5.0 项目进行估计。

③ 古特曼(Gutmann, 1980)、霍夫曼(1996)讨论了战争对市场整合的影响。见本章价格材料的附录。

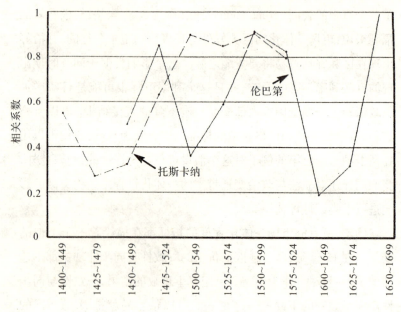

图7.4　伦巴第与托斯卡纳的价格同步性

巴第的收敛更为显著,只是伦巴第的数据材料不够充分。何况,有些收益其实只是在几十年内战之后的1450年代形成的商业稳定带来的回报。但是,与1620年之前的托斯卡纳相比,伦巴第的高整合度与和平时期的价格低波动水平仍应该是贸易政策差异的结果。

　　托斯卡纳的政策是由佛罗伦萨人操控的,后者在大多数情况下都选择了制度的维护而不是结构性改革。直到1450年,佛罗伦萨人的**城郊**政策仍然是14世纪早期制定的独裁专制法规与家长式作风的糅合,其中包括对乡村出口的限制,强制农民按固定价格供应城市的体系,在农民之间进行进口谷物与储备剩余强制性配

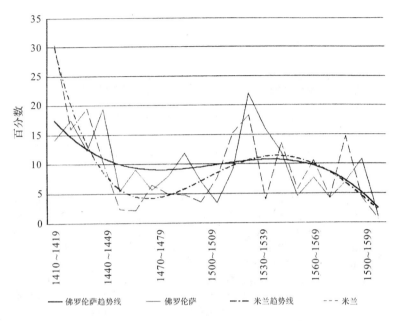

百分数

1410~1419 1440~1449 1470~1479 1500~1509 1530~1539 1560~1569 1590~1599

—— 佛罗伦萨趋势线　　—— 佛罗伦萨　　—·— 米兰趋势线　　--- 米兰

图7.5　1410~1619 年佛罗伦萨与米兰的价格波动性

送的制度以及激励农业恢复的贷款。[①] 在 1384 年吞并了阿雷佐之后,佛罗伦萨就开始禁止其下属的城镇制定保护主义立法,因为这些保护主义立法曾经导致了黑死病之前几次最严重的佛罗伦萨人的生存危机。此外,佛罗伦萨还修改了比萨的关税,以便使向佛

---

① 关于 14 世纪早期,见龙西埃(1976,第 2 卷,第 551~561 页)。关于黑死病前佛罗伦萨人的政策,见平托(1978,前言)。关于强制性供应,见档案材料 PR 40,ff. 73~75,1353;PR 77,ff. 150v~151,1388。关于在农民之间的强制性配送,见档案材料 PR 41,f. 134v 和 PR 42,ff. 51v~52,1355(给佛罗伦萨人的);PR 72,f. 172rv,1383(给乡村社区的)。关于激励农业的贷款,见档案材料 PR 74,ff,100v~101v,1385(3000 弗洛林给阿雷佐);PR 92,ff. 228~229,1403(在 1397 年把 400 弗洛林给西威特拉(Civitella))。

罗伦萨出口的食品比供应比萨本地的食品价格还要便宜。① 尽管对沃尔泰拉、科尔托纳和菲奥伦蒂诺堡这样一些小城镇出现的危机,佛罗伦萨曾经提供了短期的救助,但在全国范围内,佛罗伦萨仍然毫不犹豫地采取了强制性的价格管制与货物扣押措施。② 整个 15 世纪,佛罗伦萨人都像对待自己的臣属**城郊**那样来看待所有

162

① 关于早期贸易禁令对佛罗伦萨供应的影响,见平托(1978,第 84 ~ 85、350 ~ 354 页),档案材料(PR 40,f. 149,18 Sept. 1354)参考了佛罗伦萨要求的经由阿雷佐运往佛罗伦萨的外国谷物的运输。关于后来的发展,见赫利希(1967,第 160 页)、菲乌米(1956,第 49 页和注 104、第 50 页注 160);也见法令(Statuta 1778 ~ 1783,第 279 页)。重要的是,阿雷佐的公共救助与食品救济的主要提供者,世俗兄弟会(the Fraternita dei Laici),在城市投降后不久的 1385 年就开始记录城镇市场的谷物销售,以便给佛罗伦萨提供关于当地食物储备的信息。然而,在 1460 年代之前,像阿雷佐和皮斯托亚这样一些大城市仍不在佛罗伦萨主要的供应圈之内,而由像佩夏和沃尔泰拉这些小城市承担着佛罗伦萨巨大压力的冲击。关于对佩夏的谷物要求,见布朗(1982,第 139 页);关于沃尔泰拉,见菲乌米(1956,第 49 页和注 104)。在 1414 年,佛罗伦萨授予它自己从比萨内地出口食品的特权(档案材料 PR 113,ff. 280v ~ 281);1418 年它取消了从其占领地区(dominium)运往佛罗伦萨食品的通行税(档案材料 PR 108,c. 158rv);在 1456 年它停止对食品课征的通行税一年(档案材料 PR 147,ff. 165v ~ 166v)。多亏了早期与佛罗伦萨签的合同,皮斯托亚很可能拥有臣属城市中最优惠的贸易待遇(赫利希 1967,第 158 ~ 160 页)。与比萨的关系总是模糊不清。见爱泼斯坦(1996b,第 881 页注 45)关于在 1408 年对比萨课征歧视性关税的讨论。这个关税在 1418 年得到部分缓解,但那时比萨的经济实际上已经衰落了(档案材料 PR 108,ff. 156v ~ 158);但只在 1440 年比萨才被允许从它的内地免税进口谷物(档案材料 PR131,ff. 100rv,184)。阿雷佐的证据同样不足。在 1461 年佛罗伦萨规定,授予阿雷佐新市集的通行税特权不能应用于来自乡村的食品交易(档案材料 PR151,ff. 380v ~ 381);并且直到 1465 年它才修改了对谷物的城市流通税(gabelles),其中进口税高达出口税的三倍(档案材料 PR156,ff. 85v ~ 86v)。

② 关于对小城镇的帮助,见档案材料 PR164,ff. 113rv,1473(沃尔泰拉);PR126,ff. 230v ~ 231v,1435(科尔托纳);PR138,c. 25rv,1447 和 PR153,c. 194rv,1462(菲奥伦蒂诺堡)。关于强制性限制,见档案材料 PR126,ff. 424v ~ 425,1436;这些条款是否得到执行并不清楚。关于佛罗伦萨在城郊地区、比萨和比萨的城郊的强制谷物分配体系,也见档案材料 PR144,ff. 58 ~ 59,1454。布莱克(1996)提到 1477 年的命令要求阿雷佐运送谷物去帮助圣塞波尔克罗。关于价格强制体系,见档案材料 PR155,ff. 224v ~ 225v,1465。

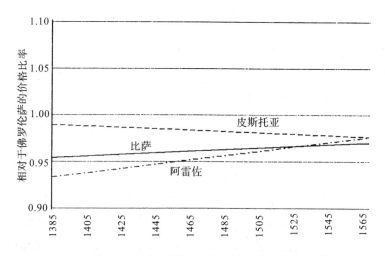

图 7.6 1372～1619 年托斯卡纳价格 (向佛罗伦萨) 的收敛

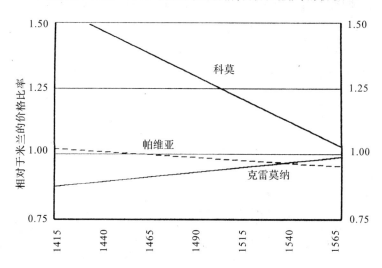

图 7.7 1415～1619 年伦巴第价格 (向米兰) 的收敛

他们拥有**完全所有权**的领土, 并且他们只是想法减缓了最严重的城市保护主义对它自己的城市所造成的不利影响, 而对背后存在的原因却从未深究。因此无论是 1413 年关于从比萨以前的**城郊**

出口产品的权限制度,还是 1448 年创立的监督关税体系的通道海关(*Dogana dei traffichi*),都未能在改进该地区的谷物价格模式方面产生明显的效果。①

164　　相对而言,1461 年批准的被称做通关条例(*Legge dei passeggeri*)的一系列关税法令,却具有更为重要的意义,因为这些法令规定了国内外的商人必须通过的道路与关口。旨在培育佛罗伦萨的地区性商业领导地位并使课税更为容易的法规,还将关注的焦点集中在托斯卡纳主要的商业干线的道路投资上,因为这些交通网络在人口与经济衰退之后的一百多年中已经接近了崩溃的边缘。② 道路系统的重建与改进导致了该地区的价格趋同度在几年的时间里迅速从 50% ~ 70% 的提高到了 85% ~ 95% 的水平(图7.4)。③ 但在另一方面,地区性的谷物政策却并未受到太大的影响,托斯卡纳的社区供应机构一直在独立地行事,并且在 1560 年代早期以前,该机构从不与人合作,因此该地区的价格波动幅度一直未能降下来(图 7.5)。④

---

①　关于出口权限(tratte),见档案材料 PR102, ff. 113v ~ 114v。佛罗伦萨丰裕公署(abbondanza)机构限制比萨出口的权威在 1441 年再次得到确认(档案材料 PR133, cc. 23v ~ 26v)。在 15 世纪,佛罗伦萨的统治者(Signoria)分别在 1422 ~ 1424、1427 ~ 1428、1442、1444、1447、1465、1471、1475 和 1493 年发出了一些出口许可证;更多的来自比萨的谷物出口的记录分别是 1473、1478、1481 ~ 1482、1491 和 1495 年。佛罗伦萨在 1412、1435、1441、1464、1466 和 1468 年禁止出口;在 23 种情况下它曾授权从海外进口食品,并有 31 次选出了官员来执行管制。关于通道上的海关(Dogana dei traffichi),见迪尼(1984,第 23 ~ 26 页)。马基雅维里(Machiavelli)刻板地论述了佛罗伦萨人的态度,他还认为对阿雷佐人 1502 年的叛乱应该用将之夷为平地的方式来惩罚;这些措施将巩固佛罗伦萨人的政治与军事安全,提高他们的声誉,并确保他们的食品供应(马基雅维里 1960:演讲录,第 2 部,第 23 章)。

②　关于这些条例的讨论(见档案材料 DAC 373, ff. 34 ~ 38),见迪尼(1984,第 24 ~ 26 页;1986,第 289 页)。

③　也见爱泼斯坦(2000c,第 115 页图 5.5a ~ b)。

④　关于直到 1560 年代的政策,见夸利亚(1990,第 70 页)。

伦巴第的谷物市场在很多方面都与托斯卡纳的谷物市场相类似;它们也对乡村供应、城市储备与谷物价格进行了广泛的控制,并且城市与国家都对出口贸易保持着高度的警觉。但在谷物供应方面,作为地区领导者,米兰只是一个领跑者(*primus inter pares*),而不是一个霸主。尽管米兰与帕维亚共享着不受限制地从全国任何地方获得谷物供应的权力,但两个城市都不像佛罗伦萨那样享有低关税的利益。或许更为根本的是,伦巴第建立中央机构来监测、并发放国内外谷物贸易许可证的时间要比托斯卡纳早很多。伦巴第在 1450 年代就开始的制度化措施比托斯卡纳的竞争性城市垄断体系拥有两个方面的优势。首先,它把那些想绕过城市贸易管制的谷物商人的利益与国家的财政利益结合在一起。这使得贸易关系与专业化格局的维持即使在公国的政治统一破裂之后也更为容易,从而使早在 1450 年代就出现的地区贸易与分工模式(图 7.8)能一直保持到至少是 17 世纪。① 其次,该制度提供一种比较便宜的收集、整理市场信息的方式,这些有关谷物流动的"薄弱"(thin)市场的信息成本本来是比较高的,因此,这些制度减少了更为支离破碎的市场上信息失灵导致的价格波动的幅度。

在托斯卡纳,佛罗伦萨的精英们与现有的制度有着太多的利益关联,以至于他们未能启动一个更易协调与执行的改革。一个可行的改革方案需要有斩断既得利益的政治勇气,或者说,更为重要的是,改革的权威来自于臣民认为改革者不会从变革中渔利的信念。但佛罗伦萨人遇到了信任危机,因为改革者无法让人相信

---

① 关于 1650 年的地区性农业专业化,见科里托雷(1995),这与图 7.8 总结的模型是一致的。

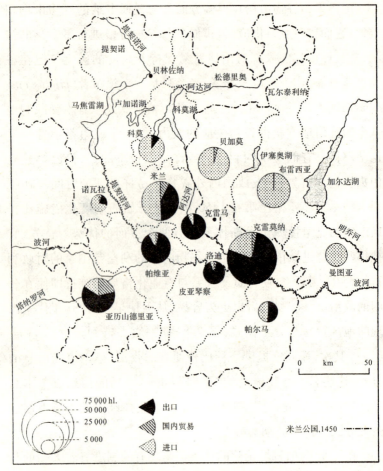

图 7.8 1454～1457 年伦巴第的谷物贸易

改革会在非利己的基础上推行。这使得对各个城市食品保障机构
（*Abbondanze*，即**丰裕公署**）这样的无效制度的改进更为困难，因为
每个机构都表现得好像是在努力保护本地的臣民免受佛罗伦萨的

管制之苦。① 不管是出于什么动机,佛罗伦萨共和国都不大可能改变它的政治僵局状态。这清晰地表明,当制度改革面临合作困境时,无效制度是如何被"锁定"的。因此,改革的机会不是出现在城市共和国的统治时期,而是首先出现在获胜的领土君主统治时期,就并不令人惊奇。在 1560 年代早期,刚喝完战胜佛罗伦萨最大的竞争对手锡耶纳的庆功酒之后,梅第奇的科西莫一世(Cosimo I de' Medici)公爵很快就建立了一个永久性的区域供给保障机构(**丰裕公署**)来协调领土国家内部谷物供应的进口与分配。② 这个举措废除了城市拥有的对当地谷物供应的传统否决权,从而实现了价格波动的迅速下降(图 7.5)。市场自由需要一个有权威的统治者来斩断那些相互竞争的利益集团结成的关系网(Gordian Knot);③而拖延的经济代价就是托斯卡纳的经济停滞。④

166

167

政治整合与市场一体化

我们已经考察的证据表明,是政治整合而不是技术变迁,才是黑死病之后市场一体化的主要推动力。政治整合巩固了作为贸易先决条件的国内局势的稳定;并在以前的"国外"市场之间建立了准关税同盟,从而降低了地方性关税的影响;它使弱势的乡村社区

---

① 臣属城镇都对这个概念作出反应,就像休谟所说,"在这样一个共和国政府中,征服者总是立法者,总是通过设计贸易限制与税收从征服地获得私人的以及公共的利益"(休谟 1993c,第 17 页)。另见第二章第 49 页。

② 夸利亚(1990,第 47～62 页)。

③ 帕尔森(1999)讨论了 18 世纪的情况。

④ 关于托斯卡纳 15 世纪以来人均 GNP 萎缩的估计见第一章,第六章讨论了同一时期该地区糟糕的工业业绩。

能够抵制城市的反对,建立自己的市场与市集;它推动道路系统的合理化改进;它改进了市场体系的协调能力。这些成果的每一步都是政治谈判的结果,因此,政治结构对一体化的速度与特征来说都是决定性。

由于三个方面的原因,市场一体化直接依赖于司法管辖权的整合。首先,司法管辖权整合是经济权力与政治权力分离的必要前提,而这两个权力在封建制度中是有机地结合在一起的。封建经济中市场的支离破碎就是由如下事实造成的:封建领主与城市是依赖政治经济这两个领域中的强制性权力来获取其收入的。①主权的集中剥夺了封建领主与城市的司法管辖权,并将地方、整个领土或全国层面的寻租活动置换出来;从而使寻租变得更加透明、更加昂贵,这迫使封建与城市的领主们用经济而不是政治的方法进行竞争。其次,司法管辖权的整合解决了本书讨论过的工业、农业与商业部门中的市场失灵问题。第三,司法管辖权的整合有助于降低封建主权交叉与竞争带来的巨大的司法成本与信息成本。因此,前现代斯密式增长作为市场一体化的函数,最终依赖于国家主权的改进。

附录:关于小麦价格资料的手稿与出版物

168

关于档案参考材料见缩略语。

阿雷佐:档案材料 AFL 1204、1522、1618～1769、2243～2244、

---

① 其实是私人产品交换与公共产品交换的合二为一,他们的不加区分使人们误将这两个经济活动在封建社会的特殊表现视作是政治经济强制的结果。——译者

2529~2531、3353、3411、3532~3533；ASAr Squarci dei prezzi del grano 4.

贝加莫：档案材料 BCBg，Archivio della Misericordia Maggiore 4、7、76、128、130、132、152、633、725、728、756~757、812、1543、1551、1725、1868、3067、3409、3568。

比别纳：档案材料 ASFi，CRS30，nn. 12、27~28。

圣塞波尔克罗：范范尼（Fanfani）1940，79~112。

布雷西亚：档案材料 ASCBs，Archivio Martinengo dalle Palle 69、70、74、78、84、88、90。

科莫：档案材料 ASCo，Ospedale di S. Anna 1~2；Monastero di S. Carpoforo35~36；Calmieri dei grani 371~373；米拉，1941。

科尔托纳：档案材料 ASFi，CRS 59。

克里莫纳：档案材料 ASCr，Istituto generale elemosiniere，Corpi soppressi 379~381、389；亚科佩蒂（Jacopetti，1965）梅罗尼（Meroni，1957）。

杜埃：梅斯塔耶（Mestayer，1963）。

埃克塞特：贝弗里基（Beveridge，1929）。

佛罗伦萨：龙西埃（Roncière，1976，第 4 部，第 457~458 页）、平托（Pinto，1981）、戈德思韦特（Goldthwaite，1975）、Florence，Bibliotea Riccardiana 23412，fos. 234~235（理查德·戈德思韦特好心提供的数据）；档案材料 ASFi，Compagnia poi Magistrato del Bigallo 651；ASFi，CRS 79n. 20；88nn. 23~24；89n. 10；98n. 25；108nn. 10~11；113n. 86；119nn. 683、687~688、691；140n. 39；Monastero del Paradiso148~149；Ospedale S. Matteo 250~251、326~329；S. Maria Nuova 4403、4411、4413、4415、4419~4420、4422~4423、4429。

米兰：档案材料 ECA，Fondo Divinità，Mastri 1 ~ 2；ECA，Fondo Quat-tro Marie，Libri mastri 1 ~ 14、49 ~ 64、75 ~ 77；ECA Carità in Por-ta，Libri mastri 9 ~ 10；ECA，Misericordia 62；ASMi，Trivulzio，Reg-istri 82 ~ 84；ASMi，Trivulzio，Ospedale della pietà，Libri mastri 85、92；di Raimondo 1975 ~ 1976；Biasibetti 1976 ~ 1977；de Maddale-na 1950：157 ~ 159。

帕尔马：罗马尼（Romani，1975）。

帕维亚：扎内蒂（Zanetti，1964，第 155 ~ 159 页）。

比萨 Pisa：档案材料 ASPi，Opera del Duomo 91、120 ~ 121、442 ~ 448、1084 ~ 1090、1164 ~ 1165；Corporazioni religiose soppres-se1012；1515 年以来的数据由好心的马拉尼玛提供。

皮斯托亚：档案材料 ASFi，CRS184，nn. 5 ~ 6；198，nn. 23 ~ 25；188，nn. 18 ~ 27、33；ASPt，Opera di S. Jacopo 9 ~ 10、407 ~ 408、413 ~ 414、425 ~ 427、430、432、434、435bis、439 ~ 441、443、505、764。

萨拉戈萨：苏莱卡·帕拉西奥斯（Zulaica Palacios，1994）；哈密尔顿（Hamilton，1936）。

乌得勒支 Utrecht：波斯蒂默斯（Posthumus，1964）。

瓦雷泽：詹保罗（Giampaolo，1954）。

沃尔泰拉：档案材料 BCV，Croce nera，Conventi soppressi 72 ~ 73、80、82、92、97、98；BCV，G'146；ASFi，Compagnie religiose soppres-se da Pietro Leopoldo 2949、2962。

第八章 结 论

各自为政寻租带来的囚徒困境与支离破碎的司法管辖权导致的协调失败,给前现代经济的增长设置了最为严重的障碍。囚徒困境的产生是因为没有人愿意事先承诺,在换取和平以及获得比较低的要素与产品价格带来的利益过程中,不使用军事的、政治的与经济的强权;协调失败是因为两个或更多的代理人发现他们很难在追求共同政策目标方面达成默契。这两个条件都限制了市场的扩展,提高了交易的成本。通过执行事先承诺的规则,通过为互不相让的利益代理人的内部协调提供一个法律与政治的框架,前现代国家促进了贸易网络、城乡制造业、食品供应系统等方面的规模经济效益的提高,抬高了共谋勾结的成本,使解决法律与政治争端的规则与程序变得更加清晰明了。因此,欧洲国家对前现代经济增长的最大贡献就是它带来的执行权力的集中,各自为政寻租活动的减少以及可持续的市场体系的构建。但实际上,除了食品市场之外,前现代欧洲的市场体系主要是国家努力扩张主权的副产品,而不是周密的政治体制构建的结果,即这个市场体系是国家扩张无心插柳之荫,而不是政治改革有心栽花之果。

总之,有三个因素决定了收入水平与斯密增长率在不同地区间的差异:第一个因素是获得工业(如原工业)和物流(如市集)方面规模经济效益的机会,这个机会是一个国家在提供交易的"公共"环境("市场")方面克服封建的各自为政寻租活动与行会垄断活动的能力的函数,第二个因素则是宏观经济稳定方面的差异,就像第七章所表明的那样,这个因素是作为阻碍与割裂市场主要原因的战争强度与频率方面的差异;第三个因素是作为市场规模函数的技术进步或创新。

对静态与动态的效率来说,前两个因素特别重要。然而,由于对大多数国家(英格兰是一个明显的例外)来说,即使真的不想进行对外战争,它也不可能逃避战争,因此,政治体制的性质能够影响的只是公共产品的供给。对此,我们需要做的就是:在国家的财政借款工具与协调国内市场的能力之间作出远比现代社会更为明确的区分。一方面,政府长期借款的利率证据表明,英格兰政府在16世纪后期与17世纪采取的主动与大陆政治隔绝的政策同样增加了英国君主财政掠夺的能力,而其他国家的这个能力则因为外部进攻与内部战争的威胁而受到了制约。15世纪的英国民族主义者曾把缺乏正式约束的大陆君主制定义为是专制的政体,但由于发现精明的金融资本家更信任大陆的"专制"政府而不是英国人自由的政府,因此,他们的观点随后发生了变化。很显然,如果我们承认,一个政治体制的典型特征就是它的可信度与可预测性,那么,政府的借款利率已经表明,与理论的定义相反,现实中的极权体制就会像议会体制一样是一个完全的"宪政体制"(absolutist regimes were every bit as "constitutional")——即从制度与政治方面来看,它都要受到相应的约束,尽管约束的具体性质与机制可能会千差万别。

另一方面,同样清晰的是,一个国家的借款利率是一个国家财政与金融体制发达程度的指数,而不是其斯密增长潜力的指数或实际经济增长绩效的指数;换句话说,对影响私人产权的国家权力的宪政约束并不能解释不同地区增长与繁荣方面的差异。这一点可以通过对国家公债利率(图 2.1)与土地投资回报(图 3.1)的比较而得到强有力的证实。这个比较表明,反映了政体财政信用度的不同国债利率最初的差异远比反映了私人投资机会的土地私人投资的回报差异为大。这些基本比率的水平与趋势表明,现代早期的英格兰是一个宪政方面的门外汉,但却并不是一个经济发展上的门外汉;确实,拥有高度集权、高度稳定的政府与相对较少的国内战争的英格兰,与大陆上的邻居相比,在提供公共产品方面拥有明显的优势。相反,托斯卡纳的例子却表明,以城市为基础的共和国,虽然支付了最低的国债利率,但在制造业发展与食品供给方面仍然无法摆脱一系列的市场失败。

对于更为集权的国家的兴起相联系的斯密与技术增长来说,中世纪晚期的危机是一个颇有争议的转折点。1300 至 1500 年间大多数欧洲地区国债利率和基准利率的减半下调为危机引起的结构改进提供了最强有力的证据支持,该证据还得到了不断提高的市场一体化水平,日益提高的城市化水平,日益频繁的技术传播和更高的居民生活水平等方面证据的证实。危机使欧洲的经济更为接近它的技术边界,并达到了一个新的动态均衡,这个新的均衡水平引发了一个世纪之久的追赶进程,使欧洲得以追赶当时最发达 171 的明清时代的中国(一般都认为“中世纪”宋朝的中国远比中世纪的欧洲更为发达)的福利与技术水平。

然而,鉴于每个特定的国家流行的生产与贸易模式会索取互不相同的“公共”租金,因此,中世纪晚期的危机也产生了不同的制度均衡。尽管在那时,我们一定还无法确定,究竟是它们中的哪一个最为有效地推动了经济增长与技术创新,但(现在可以确定的是)有些制度肯定比其他的制度提供了更为有效的生产性激励。不过,有几个原因使我们必须谨慎行事。首先,我们对前现代的经济增长速度与增长水平仍然还知道得太少，因此，我们还无法对这些增长的原因作出非常合理的解释。在工业时代到来之际，我们能观察到的欧洲国家之间的差异，主要是一个非常漫长的历史时期中各种微小的增长率差异综合积累的结果。例如，中世纪晚期的英格兰，人均 GNP 翻了将近一番的佳绩实际上是每年不到 0.4% 的增长率长期累积的结果，即使后来一直到 1700 年，其增长率也不可能有很多提升。[①] 尽管政治制度的主要差异为何只带来了增长率方面如此小的差异的部分原因，已经在此有所阐述，但很明显仍还有许多的工作需要作进一步的努力，比如从比较的角度、从设计与改进测量增长率与变迁水平方法的角度，都还有许多的工作要做。此外，尽管国内冲突的相对缺乏带给英国经济发展上的好处很难计量，但考察国内战争对宏观经济的影响同样是必要的，因为在非常重要的历史时期中，似乎正是它们导致了实际的市场衰落与主要的经济衰退。

关于政体效率某种程度上的不可知性的第二个方面的原因，是不同的制度组合在不同的经济条件下都有可能达到最优。有些制度在促进当前福利最大化方面，比在促进未来福利增加所需要的技术改进方面更为有效。例如，在一个司法管辖权高度分散的社会里，意大利的城市国家就是一个非常有效的经济组织模式，但在一个范围更大、政治更为复杂的领土上，它的城市国家在协调市场方面就不如君主制有效；较小的规模使得既得经济利益集团更容易操纵政治。此外，我们还需要考虑是否不同的政治体制对不同的政治与福利问题来说，或者对不同的选民来说都有可能是有效的解决办法；关于后者，一个可能的例子就是，正是由于效果不

---

① 　见克雷格和费希尔（2000，表6.2）。

同,不同的地方才采取了不同的食品供应体制。这两种可能性总是被有关政体讨论的一刀切(one-size-fits-all)方法给忽略了,该方法总是一劳永逸地(once-and-for-all)从结果的排序来评价政体的优劣。① 172

最后,对仍需进一步讨论的制度的与经济的路径依赖来说,规模经济与技术外部性的出现有着重要的含义。而下面两个观点也还需要更广泛的、其他地区的实证材料的对比检验来证实:第一种观点认为,原工业与贸易网络的外部性可以解释前现代经济之间的某些不收敛现象;第二观点认为,在 1500 年之后,意大利经济增长的明显缺乏在很大程度上是城市权力过强和原工业基础薄弱的结果。②

因此,本书总结的结论之一,就是我们严重忽略了前现代社会中包含的政治经济关系的内涵。当然,我们不会简单地用现有的条件来类比。因为假定前现代的个人是理性的,假定他们的经济行为可以用现代经济学理论进行分析,并不意味着前现代的市场结构仅仅是一个更为"受限的"当代体制的翻版。就像现代的资本主义市场一样,前现代的市场是政治与法律体系的产物(artefect),后者又依次是政治斗争与政治妥协的结果。就像我们理所当然地认为,虽然社会民主主义的"社会市场"、英美的自由主义市场、东南亚的国家资本主义是不同制度组合的产物,但它们的基本结构与本质却都是资本主义的一样,我们也可以合理地假定,封建社会中的政治经济关系同样是多种多样的,尽管我们还远没有精确地理解这些差异如何对过去的经济发展产生了影响。

---

① 见爱泼斯坦(2000a,前言)。
② 见爱泼斯坦(1998b,第 101~108 页)。

不过,我已经阐述的观点却允许我们对从封建主义经济转型到资本主义经济的某些制度前提与条件进行推测。首先,有两个基本的观点是合理的。第一,前现代的强劲增长并不仅限于西欧和日本。包括中国南方在内的东南亚的某些地区,其前现代的生活水平与经济增长率很可能和欧洲发达地区一样好,或者甚至已经超过它们。① 其次,斯密增长对和现代的工业化相联系的技术与组织的变迁来说是一个必要的条件,但却并不是充分条件。尽管前现代的增长是工业化的先决条件,在很一般的意义上讲是对的,但用非欧洲国家的工业化失败来倒推出它们没有经历任何强劲的经济增长的传统编年史方法,现在已经日益受到质疑。

173　　为何斯密增长与工业增长没有必然的因果关系的原因在于工业革命首先是并且主要是一场技术革命,并且市场增长与技术变迁方向的关系并不是事先注定的。就我们现有的知识来说,例如,如果前现代的欧洲和亚洲在开始时就拥有完全不同的技术基础,那么,它们在随后发明现代工业机制方面拥有完全不同的可能性就似乎是完全有道理的。因此,是什么带来了工业革命的问题,似乎就与是什么带来了前现代的、斯密的增长的问题从概念到实证都是完全不同的。更进一步地说,如果我们把资本主义定义为是一个私人拥有生产资料产权、大多数生产者与他的生产资料相分离、且资源在市场上进行竞争性分配的经济体系,那么很清楚,这样的资本主义就是与斯密增长完全相容的,但无论是从概念上,还是实证上,这样一个资本主义都无法与现代的工业化过程相提并论。尽管有很好的理由表明商业的增长为何也会激励技术的进

---

① 见弗兰克(1998)、彭慕兰(Pomeranz,2000)的讨论。关于中国经济绩效更为传统的观点,见麦迪逊(Maddison,1998)。

步,但严格地说,在资本主义兴起的背后,主要的推动力是政治与市场的结构,而在现代工业兴起的背后,主要的推动力就是技术的变迁。

相反,封建主义却是这样一套体系,其中,政治权力大体上决定了经济的权力,并规定了个人获得财富的可能性。资源分配是通过系统的、分散的政治寻租体系来进行的,而封建的市场是以地位为基础来遴选参与者的;即使是在共和国中,也不是所有的臣民都拥有相同的从事生产与贸易的权力的。在使用权、司法权与处置权之间作出区分的产权是法律模糊与相互冲突的根源。① 与资本主义不同,寻租与产权的模糊是封建社会的基本特征,这构成了斯密增长与技术进步的系统性障碍。

因为这个原因,从封建制度向资本主义政治经济体系的转型,既要求建立绝对的产权,同时也要求建立绝对的主权,即把权力落实到每个具体的臣民身上与将权力落实到独立的主权实体身上相结合。资本主义市场的建立与单个个人产权的建立都要求政治主权的集中,并要求以社会阶级与特权为基础的分权寻租活动的废除:换句话说,就是要清晰地确立国家的产权。与自然权利与自然市场理论的主张相反,以自我独立与自我产权为基础的现代个人主义和市场与法律面前人人平等原则的关键前提,都是现代国家的产生:即一个在立法、行政与司法权力之间作出明确区分的国家的产生,其中不同制度的权力核心的管辖权边界得到严格的界定,

174

---

① 现代资本主义社会简单地叫做产权的东西,即完全的不可分割的所有权,在封建社会中是被分成两个截然不同的方面:受益权,即销售、出租、分割与通过遗产转让的权力,以及征用权,即以远古的拥有为基础的世袭的权力,其中包括司法管辖权与收取租金的权力,并从14世纪以来日益商业化了的权力。征用权是司法管辖权分散和在封建制度下将产权分割的主要原因。

并且完全的、合法的主权使它拥有在相互竞争的不同司法管辖权之间进行调解的能力以及执行集体合同的权力。英格兰从 17 世纪后期开始,欧洲其他地方则是在 18 世纪和 19 世纪早期先后完成了这些关键性的制度变迁的。①

① 关于现代的独立的国家是现代个人主义主要的先决条件的观点,见施努尔(Schnur,1963)、里歇(1973)、塔雷洛(Tarello,1976,第 15 ~ 42、156 ~ 189 页)、布鲁尔和斯塔夫斯(1995);也见本书第二章第 21 页注③。有些马克思主义者也提出了类似的观点(伍德(Meiksins Wood),1981)。

参 考 书 目

公开出版的原始材料

Agnoletti, A. M. E. (ed.) (1940) *Statuto dell'Arte della lana di Firenze* (*1317 ~ 1319*), Florence.

Berti, F. and M. Guerrini (eds) (1980) *Empoli: statuti e riforme: Statuto e riforme del popolo di Santo Andrea* (*1416 ~ 1441*). *Statuto del comune di Empoli* (*1428*), Empoli.

Berti, F. and M. Mantovani (eds) (1985) *Statuti di Figline: Statuti del comune di Figline Valdarno* (*1408*). *Patti fra il comune di Figline e il popolo di S. Maria al Tartigliese* (*1392*), Figline.

Bonaini, F. (1857) 'Breve dell'Arte della Lana corretto nel MCCCV', in F. Bonaini (ed.) *Statuti della città di Pisa*, 3 vols, Florence, vol. 3: 645 ~ 760.

Bonora, G. (ed.) (1860) 'Statuta antiqua comunis Placentie', in G. Bonora (ed.) *Statuta varia civitatis Placentiae*, Parma.

Bruni, L. (1978) 'Panegyric to the city of Florence', in B. G. Kohl and R. G. Witt (eds) *The Earthly Republic. Italian Humanists on Government and Society*, Manchester, pp. 135 ~ 175.

Calamari, G. (ed.) (1927) *Lo statuto di Pescia del MCCCXXXIX*, Pescia.

Camerani Marri, G. (1963) 'Statuto di Castelfranco di Sopra (1394)', in G. Camerani Marri (ed.) *Statuti dei comuni di Castelfranco di Sopra* (*1394*) *e di Castiglione degli Ubertini* (*1397*), Florence.

Casini, B. (1968) *Statuto del comune di Montopoli* (*1360*), Florence.

Castellani, A. (1956) 'Ordinamenti dell'arte della lana di S. Gimignano (1334)', in A. Castellani (ed.) *Testi sangimignanesi del secolo XIII e della prima metà del secolo XIV*, Florence, pp. 93 ~ 137.

Castignoli, P. and P. Racine (eds) (1967) 'Statuta antiqua mercatorum Placentiae', in P. Castignoli and P. Racine(eds) *Corpus statutorum mercatorum Placentiae(secoli* XIV ~ XVIII), Milan.

Codex(1547) *Codex statutorum magnifice communitatis atque die-caesis* [*sic*] *Alexandrinae ad Reipublicae utilitatem noviter excusi*, Alessandria.

Colombo, A. (1933) 'Gli "antichi statuti" di Vigevano(Liber statutorum veterum terrae Vigevani) con appendice ', in R. Soriga (ed.) *Carte e statuti dell'agro ticinese*, Turin, pp. 292 ~ 508.

Conti, E. (ed.) (1981) *Le ' Consulte' e ' Pratiche' della Repubblica fiorentina nel Quattrocento*, *I.* (*1401*) (*Cancellierato di Coluccio Salutati*), Pisa.

Contractus(1575) *Contractus datiorum Bergomi*, Brescia.

Day, J. (ed.) (1963) *Les douanes de Gênes*, *1376 ~ 1377*, 2 vols, Paris.

Finazzi, G. (1876) 'Statutum vetus', in G. Finazzi (ed.) *Antiquae collationes statuti civitatis Pergami*, Turin, coll. 1921 ~ 2046.

Gherardi, A. (ed.) (1893) *I capitoli del comune di Firenze. Inventario e regesto*, 2, Florence.

Guasti, C. (ed.) (1866) *I capitoli del comune di Firenze. Inventario e regesto*, 1, Florence.

Guicciardini, F. (1951) *Ricordi*, ed. R. Spongano, Florence.

Machiavelli, N. (1960) *Il Principe e Discorsi sopra la prima deca di Tito Livio*, ed. S. Bertelli, introd. G. Procacci, Milan.

Magnani, G. (1963) 'Documenti inediti di vita economica medioevale. Lo statuto dei merciai di Pavia', *Bollettino storico pavese di storia patria*, new ser. 15: 79 ~ 88.

Masi, G. (ed.) (1934) *Statutum bladi Reipublicae Florentinae* (*1348*), Milan.

Mor, C. G. (ed.) (1932) 'Statuta Burgi Sexii MCCCLXXXXVII', in C. G. Mor (ed.) *Statuti della Valsesia del sec. XIV. Valsesia*, *Borgosesia*, *Crevola*, *Quarona*, Milan.

Morandi, U. (ed.) (1966) *Statuto del comune di Montepulciano* (*1337*), Florence.

Motta, E. (1892) 'Le lettere ducali dell'epoca viscontea nell'Archivio civico di Como. Regesti e documenti', *Periodico della società storica per la provincia e antica diocesi di Como* 9: 7 ~ 83.

Natale, A. R. (ed.) (1987) *Acta libertatis Mediolani. I Registri n. 5 e n. 6 dell'Archivio dell'Ufficio degli Statuti di Milano* (*Repubblica Ambrosiana 1447 ~ 1450*), Milan.

Noto, A. (ed.) (1950) *Il Liber datii mercantie Communis Mediolani. Registro del secolo XV*, Milan.

Nuti, R. (1928) '*Un frammento di antico statuto dell'Arte della lana di Prato*', *Archivio storico pratese* 8:11~28.

Odorici, F. (ed.) (1876) '*Statuta civitatis Brixiae*', in *Monumenta historiae patriae,XVI Leges municipales*, 2 vols, Turin, vol. 2.

Pacta (1722) 'Pacta, sive statuta datii mercantiae',in *Statuta civilia,et criminalia communitatis Leonati*, Brescia.

Pallastrelli,B. (ed.) (1869) *Statuta Artis lanificii civitatis et episcopatus Placentiae ab anno MCCCCXXXVI ad annum MCCCLXXXVI*, Parma.

Pancotti, V. (1925~1930) *I paratici piacentini e i loro statuti*, 3 vols, Piacenza.

Patti (1782) *Patti di dedizione alla Serenissima Repubblica di Venezia. Privilegi, decreti, giudizi, terminazioni, ed altro raccolti a favore della spettabile Valle Seriana inferiore, territorio di Bergamo*, Bergamo.

Pezzati, G. (1842) 'Diario della ribellione della città d'Arezzo dell'anno 1502', *Archivio storico italiano*, 1st ser. 1:213~226.

Piattoli, R. and R. Nuti (eds) (1947) *Statuti dell'Arte della lana di Prato(secoli XIV~XVIII)*, Florence.

Provigioni (1590) *Provigioni de' dacii di Cremona*, Cremona.

Roscoe, W. (1862) *The Life of Lorenzo de' Medici called the Magnificent*, 2 vols, London.

Sabbioneta Almansi, C. (ed.) (1970) *Statuti dell'Università e paratico dell'Arte del pignolato bombace e panno di lino [of Cremona]*, Cremona.

Santoro, C. (ed.) (1940) *La matricola dei mercanti di lana sottile di Milano*, Milan.

Sartini, F. (ed.) (1940) *Statuti dell'Arte dei rigattieri e linaioli di Firenze (1296~1340)*, Florence.

Statuta (1480) *Statuta Mediolani*, Milan, A. Suardi.

Statuta (1489) *Statuta communitatis Riperiae Benacensis*,Portese,B. Zanni.

Statuta (1508) *Statuta Brixiae*, Brescia, A. Britannicus.

Statuta (1557) *Statuta civitatis Brixiae cum reformationibus*, Brescia.

Statuta (1592) *Statuta civilia communitatis Leuci*, Milan.

Statuta(1625) *Statuta collegii mercatorum Papiae*,Pavia.

Statuta(1778~1783)*Statuta populi et Communis Florentie publica auctoritate collecta et praeposita,anno salutis MCCCCXV*,Fribourg[Florence].

Statuti(1580?)*Statuti dei mercanti della città di Cremona*,Cremona.

Statuti(1891) *Statuti della società dei mercanti di Monza*, Monza.

Storti Storchi, C. (ed.) (1986) *Lo statuto di Bergamo del 1331*, Milan.

Vianello, C. A. (1951 ~ 1952) 'Un incunabolo dell' emancipazione del proletaria-to: Lo Statuto dei battilana di Soncino del 1511', *Archivio storico lombardo*, 8th ser. 3:202 ~ 208.

Volumen(1686) *Volumen statutorum et privilegiorum paratici et fori universitatis mercatorum civitatis et districtus Bergomi*, Bergamo.

von Liebenau, T. (1885 ~ 1886) 'Le ordinazioni daziarie di Como nel XIV secolo (Da un codice lucernese)', *Periodico della sociatà storica comense* 5:205 ~ 294.

第二手材料

Abel, W. (1980) *Agricultural Fluctuations in Europe. From the Thirteenth to the Twentieth Centuries*, Eng. trans. O. Ordish, London.

Abrams, P. and E. A. Wrigley(eds) (1978) *Towns in Societies. Essays in Economic History and Historical Sociology*, Cambridge.

Accemoglu, D and F. Zilibotti (1996) 'Was Prometheus unbound by chance? Risk, diversification, and growth', *Journal of Political Economy* 105, 4: 709 – 51.

Ades, A. F. and E. L. Glaeser. (1995) 'Trade and circuses: explaining urban giants', *Quarterly Journal of Economics* 110, 1:195 ~ 227.

Albini, G. (1993) 'Contadini-artigiani in una comunità bergamasca: gandino sulla base di un estimo della seconda metà del '400', *Studi di storia medioevale e di diplomatica* 14:111 ~ 192.

Alchian, A, and H. Demsetz(1973) 'The property right paradigm', *Journal of Economic History* 33, 1:16 ~ 28.

Allegra, L. (1987) *La città verticale. Usurai, mercanti e tessitori nella Chieri del Cinquecento*, Milan.

Allen, R. C. (1995) *Enclosure and the Yeoman. The Agricultural Development of the South Midlands 1450 ~ 1850*, Oxford.

——(1999) 'Tracking the agricultural revolution in England', *Economic History Review*, 2nd ser. 52, 2:209 ~ 235.

Allix, A. (1922) 'The geography of fairs: illustrated by old-world examples', *Geographical Review* 12:532 ~ 569.

Allmand, C. (1988) *The Hundred Years War. England and France at War c. 1300 ~ c. 1450*, Cambridge.

Ammann, H. (1950 ~ 1951) 'Die Friedberger Messen', *Rheinische*

Vierteljahrsblätter 15 ~ 16:192 ~ 255.

——(1953)'Die deutschen und schweizerischen Messen', in *La foire*, Brussels, pp. 149 ~ 173.

——(1955)'Die Nördlingen Messe im Mittelalter', in *Aus Verfassungs-und Landesgeschichte. Festschrift zum 70. Geburtstag von Th. Mayer*, 2 vols, Lindau- Konstanz, vol. 2, pp. 283 ~ 315.

——(1970) *Die wirtschaftliche Stellung der Reichsstadt Nürnberg im Spätmittelalter*, Nürnberg.

Anderson, P. (1974) *Lineages of the Absolutist State*, London.

Annoni, A. (1970)'I rapporti tra lo Stato di Milano ei popoli della Confederazione Elvetica nei secoli XV e XVI', *Archivio storico lombardo* 97:287 ~ 312.

Antoni, T. (1982)'Note sull'arte vetraria a Pisa fra il Tre e il Quattrocento', *Bollettino storico pisano* 51:295 ~ 305.

Appleby, A. B. (1978) *Famine in Tudor and Stuart England*, Stanford.

Arneson, R. J. (1993)'Socialism as the extension of democracy', in E. F. Paul, F. D. Miller Jr. and J. Paul (eds) *Liberalism and the Economic Order*, Cambridge/New York, pp. 145 ~ 171.

Ashton, R. (1960) *The Crown and the Money Market, 1603 ~ 1640*, Oxford.

Astill, G. and A. Grant (1988)'The medieval countryside: efficiency, progress and change', in G. Astill and A. Grant (eds) *The Countryside of Medieval England*, Oxford, pp. 213 ~ 234.

Astill, G. and J. Langdon (eds) (1997) *Medieval Farming and Technology. The Impact of Agricultural Change in Northwest Europe*, Leiden/New York/Cologne.

Aston, T. H. and C. H. E. Philpin (eds) (1985) *The Brenner Debate. Agrarian Class Structure and Economic Development in Pre-Industrail Europe*, Cambridge.

Astorri, A. (1993)'La Mercanzia fiorentina nella prima metà del XIV secolo: funzione economica e ruolo istituzionale', unpublished Ph. D. thesis, University of Florence.

Aubin, H. and W. Zorn (eds) (1971) *Handbuch der deutschen Wirtschafts-und Sozialgeschichte*, vol. 1, Stuttgart.

Aylmer, G. A. (1957a)'Attempts at administrative reform, 1625 ~ 1640', *English Historical Review* 72:229 ~ 259.

——(1957b)'The last years of purveyance, 1610 ~ 1660', *Economic History Review*, 2nd ser. 8, 2:310 ~ 322.

Aymard, M. (1978)'La transizione dal feudalesimo al capitalismo', in R. Romano and C. Vivanti (eds) *Storia d'Italia 2, Dalla caduta dell'Impero romano al secolo*

XVIII,2 vols,Turin:vol. 2,pp. 1131 ~ 1192.

Baehrel,R. (1961) *Une croissance. La Basse-Provence rurale de la fin du XVIe siècle à 1789*,Paris.

Bailey,M. (1988) 'The rabbit and the medieval East Anglian economy' ,*Agricultural History Review* 36:1 ~ 20.

——(1989)*A Marginal Economy? East Anglian Breckland in the Later Middle Ages*,Cambridge.

——(1996) 'Demographic decline in late medieval England:some thoughts on recent research' ,*Economic History Review*,2nd ser. 49,1:1 ~ 19.

——(1998a) 'Peasant welfare in England,1290 ~ 1348 ' ,*Economic History Review*,2nd ser. 51,2:223 ~ 251.

——(1998b) 'Historiographical essay:the commercialisation of the English economy,1086 ~ 1500 ' ,*Journal of Medieval History* 24,3:297 ~ 311.

Ball,J. N. (1977)*Merchants and Merchandise. The Expansion of Trade in Europe 1500 ~ 1630*,London.

Banti,O. (1971)*Iacopo d'Appiano. Economia,società e politica del comune di Pisa al suo tramonto(1392 ~ 1399)* ,Pisa.

Baratier,E. (1961)*La démographie provençale du XIIIe au XVIe siècle*,Paris.

Barbieri,G. (1938)*Economia e politica nel ducato di Milano(1386 ~ 1535)* ,Milan.

Barzel,Y. (1989)*Economic Analysis of Property Rights*,Cambridge.

Bautier,R-H. (1953) 'Les foires de Champagne' ,in *La foire*,Brussels,pp. 97 ~ 145.

——(1967) 'Les mutations agricoles des XIVe et XVe siècles et les progrès de l'élevage' ,*Bulletin philologique et historique* 1:1 ~ 27.

Bean,R. (1971) 'War and the birth of the nation state' ,*Journal of Economic History* 33:203 ~ 221.

Becker,G. S. (1983) 'A theory of competition among pressure groups for political influence' ,*Quarterly Journal of Economics* 98:371 ~ 400.

Becker,G. and K. M. Murphy(1992) 'The division of labour,coordination costs and knowledge' ,*Quarterly Journal of Economics* 107,4:1137 ~ 1160.

Beik,W. (1985) *Absolutism and Society in Seventeenth-Century France*, Cambridge.

Belfanti,C. M. (1986) 'Una geografia impositiva. Dazi,gabelle e contrabbandi fra Cinque e Settecento' ,in G. Taborelli(ed.)*Commercio in Lombardia*,2 vols,Milan, vol. 2,pp. 121 ~ 133.

Beloch,K. J. (1937 ~ 61)*Bevölkerungsgeschichte Italiens*,3vols,Berlin/Leipzig.

Beltrami, D. (1961) *Forze di lavoro e proprietà fondiaria nelle campagne venete dei secoli XVII e XVIII*, Venice/Rome.

Benadusi, G. (1996) *A Provincial Elite in Early Modern Tuscany. Family and Power in the Creation of the State*, Baltimore/London.

Bentzien, U. (1990) *Bavernarbeit im Feudalismus. Landwirtschaftliche Arbeitsgeräte undverfahren in Deutschland von der Mitte des ersten Jahrtausends u. Z. bis um 1800*, Vaduz.

Beonio Brocchieri, V. H. (1987) ' La manifattura rurale nella pars alpestris dello Stato di Milano tra XVI e XVII secolo ', *Archivio storico lombardo*, 11th ser. 4 : 9 ~ 46.

——(1993) ' Artigiani, manifatture e protoindustrie fra città e campagna : la Lombardia del XVI secolo ', *Studi di storia medioevale e di diplomatica* 14 : 193 ~ 209.

——(1995) ' " Piazza universale di tutte le professioni del mondo" : Structures économiques et familiales dans les campagnes de la Lombardie entre 16ᵉ et 17ᵉ siècle ', unpublished Ph. D. thesis, Paris, École des Hautes Études en Sciences Sociales : 2 vols.

Berengo, M. (1974) ' La città di antico regime ', *Quaderni storici* 9 : 661 ~ 692.

Berg, M., P. Hudson and M. Sonenscher (eds) (1983a) *Manufacture in Town and Country Before the Factory*, Cambridge.

——(1983b) ' Manufacture in town and country before the factory ', in M. Berg, P. Hudson and M. Sonenscher (eds) *Manufacture in Town and Country Before the Factory*, Cambridge : 1 ~ 32.

Bergier, J. F. (1962) ' Taux de l'intérêt et crédit à court terme à Genève dans la seconde moitié du XVIᵉ siècle ', in *Studi in onore di Amintore Fanfani*, 5 vols, Milan, vol. 4, pp. 89 ~ 119.

——(1963a) *Genève et l'économie européenne de la Renaissance*, Pairs.

——(1963b) ' Port de Nice, sel de Savoie et foires de Genève. Un ambitieux projet de la seconde moitié du XVᵉ siècle ', *Moyen Âge* 65 : 857 ~ 865.

——(1975) ' Le trafic à travers les Alpes et les liaisons transalpines du haut Moyen Age au XVII siècle ', in *Le Alpi e l'Europa*, Bari, vol. 3, pp. 1 ~ 72.

——(1980) ' " De nundinis rehabendis frivola prosecutio". La politique commerciale de Genève devant la crise des fories de Lyon (1484 ~ 1494) ', in *Lyon et l'Europe, hommes et sociétés, Mélanges d'histoire offerts à Richard Gascon*, 2 vols, Lyon, vol. 1, pp. 33 ~ 46.

——(1985) ' Le trafic à travers les Alpes et les liaisons alpines du haut moyen âge au XVIIᵉ siècle ' in J. F. Bergier et al. *Le Alpi e l'Europa, 3. Economia e* transiti, Bari, pp. 1 ~ 72.

Berman, H. J. (1983) *Law and Revolution, The formation of the Western Legal Tradition*, Cambridge, Mass. / London.

Bersani, P. (1992) 'L'arte della lana a Piacenza nel XV secolo', *Studi di storia medievale e diplomatica* 12 ~ 13: 121 ~ 134.

Berthe, M. (1984) *Famines et épidémies dans les campagnes navarraises à la fin du Moyen Age*, Paris.

Berti, M. (1980) *Commercio all'ingrosso e al minuto dei panni di lana a Pisa nei primi decenni della dominazione fiorentina*, Pisa.

Beveridge, W. H. (1929) 'A statistical crime of the seventeenth century', *Journal of Economic and Business History* 1, 4: 503 ~ 533.

Biadi, L. (1859) *Storia della città di Colle in Val d'Elsa*, Florence.

Biasibetti, E. (1976 ~ 1977) 'Ricerche sui prezzi del cereali a Milano (1475 ~ 1599)', Unpublished M. A. thesis, University of Milan.

Biller, P. P. A. (1980) 'Birth-control in the West in the thirteenth and early four teenth centuries', *Past and Present* 94: 3 ~ 26.

Birell, J. (1969) 'Peasant craftsmen in the national forest', *Agricultural History Review* 17: 91 ~ 107.

Bisson, T N. (1986) *The Medieval Crown of Aragon. A Short History*, Oxford.

Black, A. (1984) *Guilds and Civil Society in European Political Thought from the Twelfth Century to the Present*, London.

Black, J. W. (1988) 'The limits of ducal authority: a fifteenth-century treatise on the Visconti and their subject cities', in P. Denley and C. Elam (eds) *Florence and Italy. Renaissance Studies in Honour of Nicolai Rubinstein*, London, pp. 149 ~ 160.

Black, R. (1993) 'Piero de' Medici and Arezzo', in A. Beyer and B. Boucher (eds) *Piero de'Medici 'il Gottoso' (1416 ~ 1489). Art in the Service of the Medici*, Stuttgart, pp. 21 ~ 38.

—— (1996) 'Lorenzo and Arezzo', in M. Mallett and N. Mann(eds) *Lorenzo the Magnificent. Culture and Politics*, London, pp. 217 ~ 234.

Blanchard, I. S. W. (1986) 'The Continental European cattle trades, 1400 ~ 1600', *Economic History Review*, 2nd ser. 39: 427 ~ 460.

——(1992) 'Introduction', in Blanchard, A. Goodman and J. Newman (eds) *Industry and Finance in Early Modern History. Essays Presented to George Hammersley to the Occasion of His 74th Birthday*, Stuttgart, pp. 13 ~ 26.

Blasquez, A. (1996) 'Foires et marchés ruraux en Castille à l'époque moderne, approche et problématique: le cas de la province de Guadalajara', in C. Desplat (ed.) *Foires et marchés dans les campagnes de l'Europe médiévale et moderne*, Toulouse, pp. 105 ~ 128.

Bloch, M. (1970) [1931] *French Rural History*, Eng. trans. J. Sondheimer, London.

Blockmans, W. (1987) 'Stadt, Region und Staat: ein Dreiecksverhältnis. Der Kasus der Niederlande im 15. Jahrhundert', in F. Seibt and W. Eberhard (eds) *Europa 1500. Integrationsprozesse im Widerstreit: Staaten, Regionen, Personenverbände, Christenheit*, Stuttgart, pp. 211 ~ 226.

——(1988) 'Princes conquérants et bourgeois calculateurs. Le poids des réseaux urbains dans la formation des états', in N. Bulst and J-P. Genet (eds) *La ville, la bourgeoisie et la genèse de l'état moderne (XIIe - XVIIIe siècles)*, Paris, pp. 167 ~ 181.

——(1989) 'Voracious states and obstructing cities: an aspect of state formation in pre-industrial Europe', *Theory and Society* 18: 733 ~ 755.

—— (1993) 'The economic expansion of Holland and Zeeland in the four teenth-sixteenth centuries', in E. Aerts, B. Henau, P. Janssens and R. van Uytven (eds) *Studia Historica Oeconomica. Liber Amicorum Herman van der Wee*, Leuven, pp. 41 ~ 58.

——(1997) 'The impact of cities on state formation: three contrasting territories in the Low Countries, 1300 ~ 1500', in P. Blickle (ed.) *Resistance, Representation, and Community*, Oxford, pp. 256 ~ 271.

Bognetti, G. P. (1927) 'Per la storia dello stato visconteo (Un registro di decreti della cancelleria di Filippo Maria Visconti e un trattato segreto con Alfonso d'Aragona)', *Archivio storico lombardo* 54: 237 ~ 357.

Bois, G. (1984) *The Crisis of Feudalism: Economy and Society in Eastern Normandy*, Eng. trans. J. Birell, Cambridge.

Bolton, J. L. (1980) *The Medieval English Economy 1150 ~ 1500*, London.

Bonney, R. (1981) *The King's Debts: Finance and Politics in France, 1589 ~ 1661*, Oxford.

——(ed.) (1995a) *Economic Systems and State Finance*, Oxford.

——(1995b) 'Revenues', in R. Bonney (ed.) *Economic Systems and State Finance*, Oxford: 423 ~ 506.

——(ed.) (1999) *The Rise of the Fiscal State in Europe c. 1200 ~ 1815*, Oxford.

Boone, M. (1995) 'Les toiles de lin des Pays-bas bourguignons sur le marché anglais（fin X Ⅳᵉ – X Ⅵᵉ siècles）’，*Publication du Centre Européen d'études bourguignonnes*（*XIVᵉ – XVIᵉ s.*）35：61～81.

——（1997）'Destroying and reconstructing the city：the inculcation and arroga-tion of princely power in the Burgundian-Habsburg Netherlands（14th – 16th centuries）'，in M. Gosman, A. van der Jagt, and J, Veenstra（eds）*The Propa-gation of Power in the Medieval West*, Groningen, pp. 1～33.

Boone, M. and W. Prevenier（eds）（1993）*Drapery Production in the Late Medi-eval Low Countries：Markets and Strategies for Survival*（*14th – 16th Centu-ries*）, Leuven-Apeldoorn.

Boorsch, S. and N. M. Orenstein（1997）'Introduction', in S. Boorsch and N. M. Orenstein（eds）*The Print in the North. The Age of Albrecht Dürer and Lu-cas van Leyden*, New York, pp. 3～12.

Borlandi, F.（1949）'Note per la storia della produzione e del commercio di una materia prima. Il guado nel Medio Evo', in *Studi in onore di Gino Luzzatto*, 2 vols Milan, vol. 1, pp. 297～324.

——（1953）'"Futainiers" et futaines dans l'Italie du Moyen Age', in *Hommage à Lucien Febvre. Éventail de l'histoire vivante*, 2 vols, Paris, 2：133～140.

Boserup, E.（1965）*The Conditions of Agricultural Growth*, London.

Bossenga, G.（1991）*The Politics of Privilege. Old Regime and Revolution in Lille*, Cambridge.

——（1997）'Rights and citizens in the Old Regime', *French Historical Studies* 20, 2：217～243.

Botticini, M.（1998）'The choice of agrarian contracts in 1427 Tuscany：risk sharing, moral hazard, or capital market imperfections?', mimeo, Department of Economics, Boston University.

Bowsky, W. M,（1970）*The Finance of the Commune of Siena, 1287～1355*, Ox-ford.

—— （1981）*A Medieval Italian Commune. Siena Under the Nine, 1287～1355*, Berkeley/London/Los Angeles.

Braddick, M. J.（1993）'An English military revolution?', *Historical Journal* 36：765～775.

——（1994）*Parliamentary Taxation in Seventeenth-Century England. Local Ad-ministration and Response*, Woodbridge.

——（1996）*The Nerves of the State. Taxation and the Financing of the English State, 1558～1714*. Manchester/New York.

Bratchel, M. E.（1995）*Lucca 1430～1494. The Reconstruction of an Italian Cit-*

y-Republic, Oxford.

Braudel, F. (1982) *Civilization and Capitalism*, 2. *The Wheels of Commerce*, London/New York.

Braunstein,P. (1979) 'Les foires de Chalon: un entre-deux dans l'histoire du commerce européen (Note critique)', *Annales E. S. C.* 34,1: 172 ~ 179.

Brennan,G. and J. M. Buchanan (1980) *The Power to Tax. Analytical Foundations of a Fiscal Constitution*, Cambridge.

Brenner,R. (1976) 'Agrarian class structure and economic development in preindustrial Europe', *Past and Present* 70: 30 ~ 75.

——(1982) 'The agrarian roots of European capitalism', *Past and Present* 97: 16 ~ 113; repr. in T. H. Aston and C. H. E. Philpin (eds) *The Brenner Debate. Agrarian Class Structure and Economic Development in Pre-Industrial Europe*, Cambridge, pp. 213 ~ 327.

——(1997) 'Property relations and the growth of agricultural productivity in late medieval and early modern Europe', in A. Bhaduri and R. Skarstein (eds) *Economic Development and Agricultural Productivity*, Cheltenham/Lyme, pp. 9 ~ 41.

Bresard,M. (1914) *Les foires de Lyon aux XVe et XVIe siècles*, Paris.

Bresc,H. (1983) 'La draperie catalane au miroir sicilien, 1300 ~ 1460', *Acta mediae valia historica et archaeologica* 4: 107 ~ 127.

Brewer,J. (1990) *The Sinews of Power. War, Money and the English State, 1688 ~ 1783*, Cambridge, Mass./London.

Brewer,J. and S. Staves (eds) (1995) *Early Modern Conceptions of Property*, London/New York.

Bridbury,A. R. (1955) *England and the Salt Trade in the Later Middle Ages*, Oxford.

—— (1962) *Economic Growth. England in the Later Middle Ages*, London.

——(1982) *Medieval English Clothmaking. An Economic Survey*, London.

——(1986) 'Dr Rigby's reply: a comment', *Economic History Review*, 2nd ser. 39,3:417 ~ 422.

Britnell,R. H. (1978) 'English markets and royal administration before 1200', *Economic History Review*, 2nd ser. 31,2: 183 ~ 196.

——(1979) 'King John's early grants of markets and fairs', *English Historical Review* 94: 90 ~ 96.

——(1981) 'The proliferation of markets in England 1200 ~ 1349', *Economic History Review*, 2nd ser. 34,2: 209 ~ 221.

——(1986) *Growth and decline in Colchester,1300 ~ 1525*,Cambridge.

——(1989) 'England and northern Italy in the early fourteenth century: the economic contrasts' , *Transactions of the Royal Historical Society*,5th ser. 39: 167 ~ 183.

——(1993) *The Commercialisation of English Society 1000 ~ 1350*,Cambridge.

Brown,A. (1991) 'City and citizen: changing perceptions in the fifteenth and sixteenth centuries' , in A. Molho, K. Raaflaub, and J. Emlen (eds) *City States in Classical Antiquity and Medieval Italy*,Stuttgart.

——(1992) *The Medici in Florence: The Exercise and Language of Power*,Florence/Perth.

Brown,J. C. (1982) *In the Shadow of Florence. Provincial Society in Renaissance Pescia*,Oxford.

Brucker,G. (1977) *The Civic World of Early Renaissance Florence*,Princeton.

Brugaro,A. (1912) 'L'artigianato pisano nel medio evo (1000 ~ 1406)' , *Studi storici* 20: 377 ~453.

Brunt,L. and E. Cannon (1999) 'A grain of truth in medieval interest rates? Re-examining the McCloskey-Nash hypothesis' , *Bristol Economics Discussion Papers* 98 (462).

Bruwier,M. (1983) 'La foire de Mons aux XIVe et XVe siècles (1355 ~ 1465)' , *Publications du Centre européen d'Études bourguignonnes* 23: 83 ~93.

Buchinsky,M. and B. Polak (1993) 'The emergence of a national capital market in England,1710 ~ 1880' , *Journal of Economic History*,53,1: 1 ~24.

Bückling,G. (1907) *Die Bozener Märkte bis zum Dreissigjahrigenkriege*,Leipzig.

Bueno de Mesquita,D. M. (1941) *Giangaleazzo Visconti Duke of Milan (1351 ~ 1402). A Study in the Political Career of an Italian Despot*,Cambridge.

——(1960) 'Ludovico Sforza and his vassals' , in E. F. Jacob (ed.) *Italian Renaissance Studies*,London,pp. 184 ~216.

——(1988) 'The Sforza prince and his state' , in P. Denley and C. Elam (eds) *Florence and Italy. Renaissance Studies in Honour of Nicolai Rubinstein*,London,pp. 161 ~ 172.

Bulst,N. (1988) 'Zmn Problem,städtischer und territorialer Kleider-, Aufwands- und Luxusgesetzgebung in Deutschland (13. -Mitte 16. Jahrhundert)' , in A. Gonron and A. Rigaudière (eds) *Renaissance du pouvoir législatif et genèse de l'État*, Montpellier,pp. 29 ~57.

Bur,M. (1978) 'Note sur quelques petites foires de Champagne' , in *Studi in memoria di Federigo Melis*,5 vols,Naples,vol. 1,pp. 254 ~267.

Caenegem, R. C. van (1995) *An Historical Introduction to Western Constitutional Law*, Cambridge.

Calabria, A. (1991) *The Cost of Empire. The Finances of the Kingdom of Naples in the Time of Spanish Rule*, Cambridge.

Cameron, R. (1989) *A Concise Economic History of the World*, Oxford.

Cammarosano, P. (1988) ' Il sistema fiscale delle città toscane ', in S. Gensini (ed.) *La Toscana nel secolo XIV. Caratteri di una civiltà regionale*, Pisa, pp. 201 ~ 213.

Campbell, B. M. S. (ed.) (1991) *Before the Black Death. Studies in the ' Crisis' of the Early Fourteenth Century*, Manchester.

——(1995) ' Progressiveness and backwardness in thirteenth-and early fourteenth-century English agriculture: the verdict of recent research ', in J. -M. Duvosquel and E. Thoen (eds) *Peasants and Townsmen in Medieval Europe. Studia in Honorem Adriaan Verhulst*, Ghent, pp. 541 ~ 559.

——(1997a) ' Matching supply to demand: crop production and disposal by English demesnes in the century of the Black Death ', *Journal of Economic History* 57, 4: 827 ~ 858.

——(1997b) ' Economic rent and the intensification of English agriculture, 1086 ~ 1350', in G. Astill and J. Langdon (eds) *Medieval Farming and Technology. The Impact of Agricultural Change in Northwest Europe*, Leiden/New York/Cologne, pp. 225 ~ 249.

——(1998) ' Constraint or constrained? Changing perspectives on medieval English agriculture ', *NEHA-Jaarboek* 61: 15 ~ 35.

——(2000) ' The sources of tradable surpluses: English agricultural exports 1250 ~ 1350 ', in N. Hybel and A. Landen (eds) *The Emergence of Large-Scale Trade in Northern Europe 1150 ~ 1400*, Toronto.

Campbell, B. M. S. and M. Overton (eds) (1991) *Land, Labour and Livestock. Historical Studies in European Agricultural Productivity*, Manchester/New York.

——(1993) ' A new perspective on medieval and early modern agriculture: six centuries of Norfolk farming c. 1250 ~ c. 1850 ', *Past and Present* 141: 38 ~ 105.

Carboni, M. (1995) *Il debito della città. Mercato del credito fisco e società a Bologna fra Cinque e Seicento*, Bologna.

Carlotto, N. (1993) *La città custodita. Politica e finanza a Vicenza dalla caduta di Ezzelino al vicariato imperiale (1259 ~ 1312)*, Milan.

Carrère, C. (1976) ' La draperie en Catalogne et en Aragon au XVe siècle ', in M. Spallanzani (ed.) *Produzione commercio e consumo dei panni di lana (nei secoli XII ~ XVIII*) ,Florence: 475 ~ 510.

Carus-Wilson,E. M. (1950 ~ 1951) 'Trends in the export of English woollens in the fourteenth century' ,*Economic History Review* ,2nd ser. 3 ,1 ~ 3: 162 ~ 179.

Caso, A. (1981) 'Per la storia della società milanese: i corredi nuziali nell'ultima età viscontea e nel periodo della Repubblica Ambrosiana (1433 ~ 1450) dagli atti del notaio Protaso Sansari' ,*Nuova rivista storica* 65: 521 ~ 551.

Cassandro,M. (1978) 'Note per una storia delle fiere' , in *Studi Melis* 1978: vol. 1 ,pp. 239 ~ 254.

——(1991) 'Commercio ,manifatture e industria' , in G. Cherubini (ed.) *Prato storia di una città* ,*I. Ascesa e declino del centro medievale* (*dal Mille al 1494*) , 2 vols, Florence ,vol. 1 ,pp. 395 ~ 477.

Castagneto,P. (1996) *L'Arte della Lana a Pisa nel Duecento e nei primi decenni del Trecento. Commercio* ,*industria e istituzioni* ,Naples.

Cate,J. L. (1938) 'The Church and market reform in England during the reign of Henry III' , in J. L. Cate and E. N. Anderson (eds) *Medieval and Historiographical Essays in Hononr of James Westfall Thompson* ,Chicago ,pp. 27 ~ 65.

Cauchies,J. M. and G. Chittolini (eds) (1990) *Milano e Borgogna. Due stati principeschi tra medioevo e Rinascimento* ,Rome.

Cavalcabò,A. (1952 ~ 1953) 'Le vicende storiche di Viadana (secoli XII ~ XV)' ,*Bollettino storico cremonese* 18 :159 ~ 216.

Cenedella,C. (1990) 'Proprietà terriera ed imprenditorialità a Milano nel secondo Quattrocento: La famiglia del patrizio Ambrogio Alciati' ,*Studi di storia medio evale e di diplomatica* 11: 199 ~ 256.

Chanaud,R. (1980) 'La foire aux ovins de Brianfon: denx siècles d'échanges avec le Piémont(XIVe -XVe siècle)' ,*Cahiers d'histoire* (*Lyon*)25 :227 ~ 255.

——(1983) 'Le mouvement du trafic transalpin d'après un journal du péage de Brianfon (1368 ~ 1369)' ,*Bulletin philologique et historique du Comité des travaux historiques et scientifiques* (*108e Congrès des sociétés savantes*) ,Grenoble, pp. 105 ~ 120.

——(1984) 'Les acheteurs de la foire aux ovins de Briançon (1385 ~ 1406)' , *Bollettino storico-bibliografico subalpino* 82 :192 ~ 217.

Chartres,J. A. (1985) 'The marketing of agricultural produce' , in J. Thirsk (ed.) *The Agrarian History of England and Wales* ,Vol. 2. 1640 ~ 1750 ,Cambridge ,pp. 406 ~ 501.

——(1995) 'Market integration and agricultural output in seventeenth, eighteenth ,and early nineteenth-century England' ,*Agricultural History Review* 43 :

117 ~ 138.

——(1996) ' Foires et marchés en Angleterre de 1500 à 1850 ', in C. Desplat *Foires et marchés dans les campagnes de l'Europe médiévale et moderne*, Toulouse: 153 ~ 175.

Cherubini, G. (1981) ' Le campagne italiane dall ' XI al XV secolo ', in O. Capitani, R. Manselli, G. Cherubini, A. I. Pini and G. Chittolini, *Comuni e signorie: istituzioni, società e lotte per l'egemonia*, Storia d'Italia ed. G. Galasso, vol. 4, Turin, pp. 265 ~ 448.

Chevalier, B. (1982) *Les bonnes villes de France du XIVe au XVIe siècle*, Paris.

Chevet, J-M. (1996) ' National and regional corn markets in France from the sixteenth to the nineteenth century ', *Journal of European Economic History* 25, 3: 681 ~ 703.

Chiappa Mauri, L. (1985) ' Riflessioni sulle campagne lombarde del Quattro-Cinquecento ', *Nuova rivista storica* 69:123 ~ 130.

——(1986) ' Le merci di Lombardia. Le produzioni agricole e agroalimentari ', in G. Taborelli (ed.) *Commercio in Lombardia*, 2 vols, Milan: vol. 1, pp. 119 ~ 144.

——(1990a) *Paesaggi rurali di Lombardia*, Bari.

——(1990b) ' Le trasformazioni nell'area lombarda ', in S. Gensini(ed.) *Le Italie del tardo Medioevo*, Pisa: 409 ~ 432.

——(1997) *Terra e uomini nella Lombardia medievale*, Bari.

Chittolini, G. (1978) ' I capitoli di dedizione delle comunità lombarde a Francesco Sforza: motivi di contrasto fia città e contado ', in *Felix olim Lombardia. Studi di storia padana in onore di G. Martini*, Milan, pp. 673 ~ 693.

——(1979)*La formazione dello Stato regionale e le istituzioni del contado. Secoli XIV e XV*, Turin.

——(1982) ' Governo ducale e poteri locali ', in *Gli Sforza* 1982: 27 ~ 42.

——(1983) ' Le terre sepa-rate nel ducato di Milano in età sforzesca ', in *Milano nell'età di Ludovico il Moro*, 2 vols, Milan, vol. 1, pp. 115 ~ 128.

—— (1987) ' La città europea tra Medioevo e Rinascimento ', in P. Rossi(ed.) *Modelli di città. Strutture e funzioni politiche*, Turin, pp. 371 ~ 392.

——(1988) ' La pianura irrigua lombarda fra Quattrocento e Cinquecento ', *Annali dell'Istituto ' Alcide Cervi '* 10: 207 ~ 221.

——(1989) ' Cities, " city-states ", and regional states in north-central Italy ', *Theory and Society* 18: 689 ~ 706.

——(1990) ' Di alcuni aspetti della crisi dello stato sforzesco ', in J. M. Cauchies and G. Chittolini (eds) *Milano e Borgogna. Due stati principeschi tra medioevo e Rinascimento*, Rome: 21 ~ 34.

——(ed.) (1992) *Metamorfosi di un borgo. Vigevano in età visconteo-sforzesce*, Milan.

——(1994) 'Organizzazione territoriale e distretti urbani nell'Italia del tardo medioevo', in G. Chittolini, and D. Willoweit (eds) *L'organizzazione del territorio in Italia e Germania: secoli XIII - XIV*, Bologna. : 7 ~ 26.

——(1995) 'Centri minori e città fra Medioevo e Rinascimento', in P. Nencini (ed.) *Colle di Val d'Elsa: diocesi e città fra '500 e '600*, Castelfiorentino, pp. 11 ~ 37.

——(1996) *Città comunità e feudi negli stati dell'Italia centro-settentrionale (XIV - XVI secolo)*, Milan.

Chittolini, G. , A. Molho and P. Schiera (eds) (1994) *Origini dello Stato. Processi di formazione statale in Italia fra medioevo ed età moderna*, Bologna.

Chittolini, G. and D. Willoweit (eds) (1991) *Statuti città territori in Italia e Germania tra medioevo ed età moderna*, Bologna.

——(eds) (1994) *L'organizzazione del territorio in Italia e Germania: secoli XIII - XIV*, Bologna.

Chorley, P. (1997) 'The evolution of the woollen', in N. B. Harte (ed.) *The New Draperies in the Low Countries and England, 1300 ~ 1800*, Oxford, pp. 7 ~ 34.

Ciccone, A. and K. Matsuyama (1996) 'Start-up costs and pecuniary externalities as barriers to economic development', *Journal of Development Economics* 49: 33 ~ 59.

Cipolla, C. M. (1963a) 'The economic policies of governments: the Italian and Iberian peninsulas', in M. M. Postan, E. E. Rich and E. Miller (eds) *Cambridge Economic History of Europe*, III. *Economic Organization and Policies in the Middle Ages*, Cambridge, pp. 397 ~ 429.

——(1963b) 'Currency depreciation in medieval Europe', *Economic History Review* 2nd ser. 15, 4: 413 ~ 422.

——(1975) *Storia economica dell' Europa pre-industriale*, 2nd ed. , Bologna.

Cipolla C. M. , R. S. Lopez and H. A. Miskimin. (1964) 'Economic depression of the Renaissance? ', *Economic History Review*, 2nd ser. 16: 519 ~ 529.

Clark, G. (1987) 'Productivity growth without technical change in European agriculture before 1850', *Journal of Economic History* 47, 2: 419 ~ 432.

—— (1998) 'The cost of capital and medieval agricultural technique', *Explora-*

tions in Economic History 25: 265 ~ 294.

—— (1996) 'The political foundations of modern economic growth: England, 1540 ~ 1800', *Journal of Interdisciplinary History* 26: 4, 563 ~ 588.

Clark, P. (1981) 'English country towns 1500 ~ 1800', in P. Clark (ed.) *Country Towns in Pre-Industrial England*, Leicester, pp. 1 ~ 43.

Clerici, T. (1982 ~ 1983) 'Il mercato comasco nel 1429 e 1434 dagli atti di Francesco de Cermenate', *Archivio storico lombardo* 108 ~ 109: 85 ~ 171.

Coates, B. E. (1965) 'The origin and distribution of markets and fairs in medieval Derbyshire', *Derbyshire Archaeological Journal* 85: 92 ~ 111.

Cohen, G. A (1978) *Karl Marx's Theory of History. A Defence*, Oxford.

Cohn, H. (1965) *The Government of the Rhine Palatinate in the Fifteenth Century*, Oxford.

Collins, J. B. (1988) *Fiscal Limits of Absolutism. Direct Taxation in Early Seventeenth-Century France*, Berkeley/Los Angeles.

Colombo, D. (1988) 'La società vigevanese', *Annali di storia pavese* 16 ~ 17: 197 ~ 204.

Comba, R. (1988a) *Contadini, signori e mercanti nel Piemonte medievale*, Bari.

—— (1988b) 'Industria rurale e strutture agrarie: il paesaggio del Pinerolese nella prima metà del XV secolo,' *Annali dell'Istituto 'Alcide Cervi'* 10: 187 ~ 205.

—— (1988c) 'Vasellame in legno e ceramica di uso domestico nel basso Medioevo', in Comba, *Contadini, signori e mercanti nel Piemonte medievale*, Bari: 111 ~ 124.

Comba, R., and G. Sergi (1977) 'Piemonte meridionale e viabilità alpina: note sugli scambi commerciali con la Provenza dal XIII al XV secolo', *Provence historique* 27: 123 ~ 135.

Combes, J. (1958) 'Les foires en Languedoc au moyen âge', *Annales E. S. C.* 13, 2: 231 ~ 259.

Coniglio, G. (1958) *Mantova. La storia*, 2 vols, Mantua.

Conklin, J. (1998) 'The theory of sovereign debt and Spain under Philip II', *Journal of Political Economy* 106, 3: 483 ~ 513.

Connell, W. J. (1991) 'Clientelismo e Stato territoriale. Il potere fiorentino a Pistoia nel XV secolo', *Società e storia* 14: 504 ~ 531.

Contamine, P. (1980) *La guerre au Moyen Âge*, Paris.

Coornaert. E. (1957) 'Charactères et mouvement des foires internationales au Moyen Age et au XVIe siècle', in *Studi in onore di Armando Sapori*, 2 vols, Milan, vol. 1, pp. 355 ~ 371.

Coornaert, E. (1961) *Les Français et le commerce international à Anvers, fin du XVe ~ XVIe siècles*, 2 vols, Paris.

Corrao, P. (1980) 'L'apprendista nella bottega artigiana palermitana (secc. XIV – XVII)', in *I mestieri. Atti del II Congresso internazionale di studi antropologici siciliani (26 ~ 29 marzo 1980)*, Palermo, pp. 137 ~ 144.

Corritore, R. P. (1993) 'Il processo di "ruralizzazione" in Italia nei secoli XVII – XVIII. Verso una regionalizzazione', *Rivista di storia economica*, new ser. 10, 3: 353 ~ 386.

—— (1995) 'Una fondamentale discontinuità padana: la linea dell'Oglio (secoli XVI – XVIII)', in *La Lombardia spagnola. Nuovi indirizzi di ricerca*, Milan.

Cortesi, M. (ed.) (1984) *Statuti rurali e statuti di valle. La provincia di Bergamo nei secoli XIII – XVIII*, Bergamo.

Cortonesi, A. (1995) 'Note sull'agricoltura italiana fra XIII e XIV secolo', in *Europa 1995*: 87 ~ 128.

Cotts Watkins, S. and J. Menken (1985) 'Famines in historical perspective', *Population and Development Review* 11: 647 ~ 675.

Cova, A. (1991) 'Banchi e monti pubblici a Milano nei secoli XVI e XVII', in D. Puncuh(ed.) *Banchi pubblici, banchi privati e monti di pietà nell'Europa preindustriale. Amministrazione, tecniche operative e ruoli economici*, Genoa, pp. 327 ~ 339.

Craig, L. A. and D. Fisher (2000) *The European Macroeconomy: Growth and Integration*, Cheltenham.

Cristini, L. (1987) 'Aspetti dell'economia e della società a Torno nel XV secolo dagli atti del notaio Maxolo de Margaritis', unpublished M. A. thesis, University of Milan.

Crotti Pasi, R. (1984) 'Note sul mondo artigianale pavese alla fine del medioevo: il paratico dei tessitori di tela di Pavia e del suo principato', *Bollettino storico pavese di storia patria*, new ser: 36: 22 ~ 72.

Davis, R. W. (ed.) (1995) *The Origins of Modern Freedom in the West*, Stanford Calif. /Cambridge.

Daviso di Charvensod, M. C. (1961) *I pedaggi delle Alpi occidentali nel medio evo*, Turin.

Day. J. (1999) *Money and Finance in the Age of Merchant Capitalism*, Oxford.

Day, W. R. (1999) 'The early development of the Florentine economy: local and regional market networks, c. 1100 ~ 1275', unpublished Ph. D. thesis, London School of Economics.

De Long, D. J. and A. Shleifer (1992) 'Princes and merchants: city growth before the Industrial Revolution', mimeo, Department of Economics, Harvard University.

de Maddalena, A. (1950) *Prezzi e aspetti di mercato in Milano durante il seçolo XVII*, Milan.

De Roover, R. (1953) *L'évolution de la lettre de change XIVe ~ XVIIIe siècles*, Paris.

—— (1956) 'The development of accounting prior to Luca Pacioli according to the account books of medieval merchants', in A. C. Littleton and B. S. Yamey (eds) *Studies in the History of Accounting*, London, pp. 114 ~ 174.

—— (1963) *The Rise and Decline of the Medici Bank 1397 ~ 1494*, Cambridge, Mass.

Del Panta, L. (1980) *Le epidemie nella storia demografica italiana (secoli XIV ~ XIX)*, Turin.

Del Panta, L. , M. Livi Bacci, G. Pinto, and G. Sonnino (1996) *La popolazione italiana dal Medioevo a oggi*, Rome/Bari.

Della Bordella, P. L. (1984) *L'arte della lana in Casentino: storia dei lanifici*, Cortona.

Denley, P. and C. Elam (eds) (1988) *Florence and Italy. Renaissance Studies in Honour of Nicolai Rubinstein*, London.

Dent, J. (1973) *Crisis in Finance. Crown, Financiers and Society in Seventeenth Century France*, Newton Abbot.

Derville, A. (1987) 'Dîmes, rendements du blé et "révolution agricole" dans le Nord de la France au moyen âge', *Annales E. S. C.* 42, 6: 1411 ~ 1432.

Desai, M. (1991) 'The agrarian crisis in medieval England: a Malthusian tragedy or a failure of entitlements?', *Bulletin of Economic Research* 43, 3: 223 ~ 258.

DeSoignie, R. R. (1976) 'The fairs of Nîmes: evidence on their function, importance, and demise', in W. C. Jordan, B. McNab and T. F. Ruiz (eds) *Order and Innovation in the Middle Ages. Essays in Honor of J. R. Strayer*, Princeton, pp. 195 ~ 205.

Desplat, C. (ed.) (1996) *Foires et marchés dans les campagnes de l'Europe médiévale et moderne*, Toulouse.

Desportes. P. (1979) *Reims et les Rémois aux XIIe et XIVe siècles*, Paris.

de Vries, J. (1974) *The Dutch Rural Economy in the Golden Age 1500 ~ 1700*, New Haven/London.

—— (1984) *European Urbanization 1500 ~ 1800*, London.

—— (1992) 'The labour market', *Economic and Social History in the Netherlands* 4: 55 ~78.

—— (1994) 'The industrial revolution and the industrious revolution', *Journal of Economic History* 54, 2: 249 ~270.

—— (1996) 'The transition to capitalism in a land without feudalism', mimeo, Department of History, Berkeley.

de Vries, J. and A. W. van der Woude (1997) *The First Modern Economy. Success, Failure, and Perseverance of the Dutch Economy, 1500 ~ 1815*, Cambridge.

de Waal, A. (1990) 'A re-assessment of entitlement theory in the light of the recent famines in Africa', *Development and Change* 21: 469 ~490.

Deyon, P. and Ph. Guignet (1980) 'The royal manufactures and economic and technological progress in France before the industrial revolution', *Journal of European Economic History*, 9: 611 ~632.

Diaz, F. (1989) 'L'articolazione del Principato mediceo e la prospettiva di un raffronto', in C. H. Smyth and G. C. Garfagnini (eds) *Florence and Milan. Comparisons and Relations*, 2 vols, Florence, vol. 2. pp. 157 ~168.

Dickson, P. G. M. (1967) *The Financial Revolution in England. A Study in the Development of Public Credit, 1688 ~ 1756*, London.

Dini, B. (1984) *Arezzo intorno al 1400. Produzioni e mercato*, Arezzo.

——(1986) 'Le vie di comunicazione del territorio fiorentino alla metà del Quattrocento', in *Mercati e consumi: organizzazione e qualificazione del commercio in Italia dal XII al XX secolo*, Bologna, pp. 285 ~296.

—— (1990a) 'L'industria tessile italiana nel tardo Medioevo,' in S. Gensini (ed.) *Le Italie del tardo Medioevo*, Pisa, pp. 321 ~359.

—— (1990b) 'Il viaggio di un mercante fiorentino in Umbria alla fine del Trecento', *Miscellanea storica della Valdelsa* 96: 81 ~104.

—— (1993) 'L'industria serica in Italia. Secc. XIII ~ XV', in S. Cavaciocchi (ed.) *La seta in Europa, sec. XII ~ XX*, Florence, pp. 91 ~123.

di Raimondo, G. (1975 ~ 1976) 'Ricerche sulla storia dei prezzi fra '400 e '500: I mastri delle "Quattro Marie"', unpublished M. A. thesis, University of Milan.

Dobb, M. (1946) *Studies in the Development of Capitalism*, London.

Dollinger, P. (1964) *La Hanse (XIIe – XVIIe siècles)*, Paris.

Dowd. D. F. (1961) 'The economic expansion of Lombardy, 1300 ~ 1500: a study in political stimuli to economic change', *Journal of Economic History* 21,

2: 143 ~ 160.

Drobak, J. N. and J. V. C. Nye (eds) (1997) *The Frontiers of the New Institutional Economics*, San Diego/London.

Dubois, H. (1976) *Les foires de Chalon et le commerce dans la vallée de la Sâone à la fin du Moyen Âge (vers 1280-vers 1430)*, Paris.

Dubois, H. (1982) 'Le commerce et les foires au temps de Philippe Auguste', in R. H. Bautier (ed.) *La France de Philippe Auguste. Le temps des mutations*, Paris, pp. 687 ~ 709.

—— (1988) 'L'essor médiévale' in J. Dupâquier(ed.) *Histoire de la population française, 1. Des origines à la Renaissance*, Paris, pp. 207 ~ 266.

Dufourcq, C. -E. and J. Gautier Dalché (1976) *Histoire économique et sociale de l'Espagne chrétienne au Moyen Age*, Paris.

Duval, M. (1981) 'Foires et marchés en Bretagne sous le règne de Jean V (1399 ~ 1442)', *Annales de Normandie* 31: 336.

Dyer, A. (1990) *Decline and Growth in English Towns 1400 ~ 1640*, London/Basingstoke.

Dyer, C. (1989a) *Standards of Living in the Later Middle Ages. Social Change in England, c. 1200 ~ 1520*, Cambridge.

—— (1989b) 'The consumer and the market in the later Middle Ages', *Economic History Review* 2nd ser. 42: 305 ~ 327.

——(1998) 'Did the peasants really starve in medieval England?', in M. Carlin and J. T. Rosenthal (eds) *Food and Eating in Medieval Europe*, London/Rio Grande, pp. 53 ~ 71.

Eggertsson, T. (1990) *Economic Behavior and Institutions*, Cambridge.

Elliott, J. H. (1992) 'A Europe of composite monarchies', *Past and Present* 137: 48 ~ 71.

Elster, J. , and R. Slagstad (eds) (1988) *Constitutionalism and Democracy*, Cambridge.

Emigh, R. J. (1997) 'The spread of sharecropping in Tuscany: the political economy of transaction costs', *American Sociological Review* 62, 2: 423 ~ 442.

Endemann, T. (1964) *Markturkunde und Markt in Frankreich und Burgund vom 9. bis 11. Jahrhundert*, Konstanz.

Endrei, W. and W. von Stromer. (1974) 'Textiltechnische und hydraulische Erfindung und ihre Innovatoren im Mitteleuropa im 14. ~ 15. Jahrhundert (die Seidenzwirnmühle)', *Technikgeschichte* 41.

Epstein, S. R. (1989) 'The textile industry and the foreign cloth trade in late medieval Sicily (1300 ~ 1500): a "colonial relationship"?', *Journal of Medieval History* 15: 141 ~ 183.

—— (1991) 'Cities, regions and the late medieval crisis: Sicily and Tuscany compared', *Past and Present* 130:3 ~ 50.

—— (1992) *An Island For Itself. Economic Development and Social Change in Late Medieval Sicily*, Cambridge.

—— (1993) 'Manifatture tessili e strutture politico-istituzionali nella Lombardia tardo-medievale. Ipotesi di ricerca', *Studi di storia medioevale e diplomatica* 14: 55 ~ 89.

—— (1994) 'Storia economica e storia istituzionale dello stato', in G. Chittolini, A. Molho and P. Schiera (eds) *Origini dello Stato. Processi di formazione statale in Italia fra medioevo ed età moderna*, Bologna: 97 ~ 111.

—— (1995a) 'Dualismo economico, pluralismo istituzionale in Italia nel Rinascimento', *Revista d'història medieval* 5: 63 ~ 77.

—— (1995b) 'Freedom and growth: the European miracle?', in E. V. Barker (ed.) *LSE on Freedom*, London, pp. 165 ~ 181.

—— (1996a) 'Taxation and social representation in Italian territorial states', in M. Boone and W. Prevenier (eds) *Finances publiques et finances privées au bas moyen âge*, Leuven-Apeldoorn, pp. 101 ~ 115.

—— (1996b) 'Stato territoriale ed economia regionale nella Toscana del Quattrocento', in R. Fubini (ed.) *La Toscana al tempo di Lorenzo il Magnifico. Politica Economia Cultura Arte*, 3 vols, Pisa, vol. 3, pp. 869 ~ 890.

—— (1998a) 'Craft guilds, apprenticeship, and technological change in pre-industrial Europe', *Journal of Economic History* 53, 3: 684 ~ 713.

—— (1998b) 'Italy', in T. Scott (ed.) *The Peasantries of Europe from the Fourteenth to the Eighteenth Century*, London, pp. 75 ~ 110.

—— (1998c) 'Nuevas aproximaciones a la historia urbana de Italia: el Renacimiento temprano', *Història* 58, 2: 417 ~ 438.

—— (ed.) (2000a) *Town and Country in Europe, 1300 ~ 1750*, Cambridge.

—— (2000b) 'The rise and fall of Italian city-states', in M. H. Hansen (ed.) *City State Cultures in World History*, Copenhagen.

—— (2000c) 'Market structures', in W. Connell and A. Zorzi (eds) *Florentine Tuscany: Structures and Practices of Power*, Cambridge, pp. 90 ~ 121.

Ertman, T. (1997) *Birth of the Leviathan. Building States and Regimes in Medieval and Early Modern Europe*, Cambridge.

Espejo, C. and J. Paz. (1908) *Las antiguas ferias de Medina del Campo*, Valladolid.

Europa (1995) *Europa en los umbrales de la crisis*: *1250 ~ 1350*. *XXI Semana de Estudios Medievales*, *Estella*, *18 ~ 22 julio 1994*, Pamplona.

Everitt, A. (1967) 'The marketing of agricultural produce', in J. Thirsk (ed.) *The Agrarian History of England and Wales*, *IV. 1500 ~ 1640*, Cambridge, pp. 466 ~ 592.

Fanfani, A. (1933) 'Le arti di Sansepolcro dal XIV al XVI secolo', *Rivista internazionale di scienze sociali* 41: 140 ~ 157.

—— (1935) *Un mercante del Trecento*, Milan.

—— (1940) *Indagini sulla 'rivoluzione dei prezzi'*, Milan.

Farmer, D. L. (1991) 'Marketing the produce of the countryside, 1200 ~ 1500', in E. Miller (ed.) *The Agrarian History of England and Wales*, *III. 1350 ~ 1500*, Cambridge, pp. 324 ~ 430.

Fasano Guarini, E. (1976) 'Città soggette e contadi nel dominio fiorentino tra Quattro e Cinquecento: il caso pisano', in M. Mirri (ed.) *Ricerche di storia moderna I*, Pisa, pp. 1 ~ 94.

—— (1991) 'Gli statuti delle città soggette a Firenze tra '400 e '500: riforme locali e interventi centrali', in G. Chittolini and D. Willoweit (eds) *Statuti città territori in Italia e Germania tra Medioevo ed Età moderna*, Bologna, pp. 69 ~ 124.

—— (1994) 'Centro e periferia, accentramento e particolarismi: dicotomia o sostanza degli Stati in età moderna', in G. Chittolini, A. Molho and P. Schiera(eds) *Origini dello Stato. Processi di formazione statale in Italia fra medioevo ed età moderna*, Bologna, pp. 147 ~ 176.

Fazio, I. (1990) 'I mercati regolati e la crisi settecentesca dei sistemi annonari', *Studi storici* 31, 3: 655 ~ 692.

—— (1993) *La politica del grano. Annona e controllo del territorio in Sicilia nel Settecento*, Milan.

Feder, G., R. E. Just, and D. Zilberman (1985) 'Adoption of agricultural innovation in developing countries: a survey', *Economic Development and Cultural Change* 34: 255 ~ 298.

Federico, G. (1999) 'On the economic causes and effects of the Italian Risorgimento: market integration in the 19th century', paper presented at the conference on *Historical Market Integration: Performance and Efficiency of Markets in the Past*, Venice, 17 ~ 20 December 1999.

Feenstra, R. (1953) 'Les foires aux Pays Bas septentrionaux', in *La foire*,

Brussels, pp. 209 ~ 239.

Felloni, G. (1977) 'Italy', in C. Wilson and G. Parker (eds) *An Introduction to the Sources of European Economic History* 1500 ~ 1800, 1. *Western Europe*, London, pp. 1 ~ 36.

Fennell Mazzaoui, M. (1967 ~ 1968) 'The emigration of Veronese textile artisans to Bologna in the thirteenth century', *Atti e memorie dell'Accademia di agricoltura, scienze e lettere di Verona*, 6th ser. 18 ~ 19: 275 ~ 322.

—— (1972) 'The cotton industry of northern Italy in the late Middle Ages: 1150 ~ 1450', *Journal of Economic History* 32, 1:262 ~ 286.

—— (1981) *The Italian Cotton Industry in the Later Middle Ages 1100 ~ 1600*, Cambridge.

—— (1984) 'Artisan migration and technology in the Italian textile industry in the late Middle Ages (1100 ~ 1500)', in R. Comba, G. Piccinni and G. Pinto (eds) *Strutture familiari epidemie migrazioni nell'Italia medievale*, Naples, pp. 519 ~ 534.

—— (1987) 'La diffusione delle tecniche tessili del cotone nell' Italia dei secoli XII – XVI', in *Tecnica e società nell'Italia dei secoli XII ~ XVI*, Pistoia, pp. 157 ~ 171.

Fiumi, E. (1943) *L'utilizzazione dei lagoni boraciferi della Toscana nell'industria medievale*, Florence.

—— (1948) *L'impresa di Lorenzo de' Medici contro Volterra (1472)*, Florence.

—— (1956) 'Sui rapporti economici tra città e contado nell'età comunale', *Archivio storico italiano* 114: 16 ~ 68.

—— (1961) *Storia economica e sociale di San Gimignano*, Florence.

—— (1977) *Fioriture e decadenza dell'economia fiorentina*, Florence.

Fogel, R. (1992) 'Second thoughts on the European escape from hunger: famines, chronic malnutrition, and mortality', in S. R. Osmani (ed.) *Nutrition and Poverty*, Oxford, pp. 243 ~ 286.

—— (1994) 'The relevance of Malthus for the study of mortality today: long-run influences on health, mortality, labour force participation, and population growth', in K. Lindahl-Kiessling and H. Landberg (eds) *Population, Economic Development, and the Environment*, Oxford, pp. 231 ~ 284.

Fontaine, L. (1996) *History of Pedlars in Europe*, Eng. trans. V. Whittaker, Cambridge.

Fossati, F (1914a) 'Rapporti fra una "terra" e i suoi signori (Vigevano e i duchi di Milano nel secolo XV)', *Archivio storico lombardo* 41: 109 ~ 186.

—— (1914b) 'Un problema di storia vigevanese', *Archivio storico lombardo* 41 : 757 ~ 778.

Foster, A. D. and M. R. Rosenzweig (1995) 'Learning by doing and learning from others : human capital and technical change in agriculture', *Journal of Political Economy* 103, 6 : 1176 ~ 1209.

Fournial, E. (1967) *Les villes et l'économie d'échange en Forez aux XIIIe et XIVe siècles*, Paris.

—— (1982) 'Lettres comtales instituant les foires de Montbrison (1308, 1399, 1400, 1410, 1438)', *Bulletin de la Diana* 47 : 279 ~ 295.

Fourquin, G. (1964) *Les campagnes de la région parisienne à la fin du Moyen Âge du milieu du XIIIe siècle au début du XVIe siècle*, Paris.

—— (1972) *Les soulèvements populaires au Moyen Age*, Paris.

—— (1979) *Histoire économique de l'Occident médiéval*, 3rd ed. , Paris.

Franceschi, F. (1988) 'Criminalità e mondo del lavoro : il tribunale dell'Arte della lana a Firenze nei secoli XIV e XV', *Ricerche storiche* 18 : 551 ~ 590.

—— (1989) 'I tedeschi e l'Arte della Lana a Firenze fra Tre e Quattrocento' in M. Del Treppo (ed.) *Dentro la città. Stranieri e realtà urbane nell'Europa dei secoli XII-XVI*, Naples, pp. 257 ~ 278.

—— (1993) *Oltre il 'Tumulto'. I lavoratori fiorentini dell'Arte della Lana fra il Tre e il Quattrocento*, Florence.

—— (1994) 'Istituzioni e attività economica a Firenze : considerazioni sul governodel settore industriale (1350 ~ 1450)', in *Istituzioni e società in Toscana nell'età moderna. Atti delle giornate di studio dedicate a Giuseppe Pansini*, Rome, pp. 76 ~ 117.

Franceschini, G. (1948 ~ 9) 'Invito ai senesi nuovi sudditi del duca di Milano dipartecipare alla fiera di Sant' Abbondio a Como', *Archivio storico lombardo*, 5th ser. 1 : 223 ~ 224.

Frangioni, L. (1983) *Milano e le sue strade. Costi di trasporto e vie di commercio de iprodotti milanesi alla fine del Trecento*, Bologna.

——(1986a) 'Le merci di Lombardia. Produzioni artigianali di grande serie e produzioni pregiate', in G. Taborelli (ed.) *Commercio in Lombardia*, 2 vols, Milan : vol. 1, pp. 56 ~ 118.

——(1986b) 'Storia del commercio e storia dei trasporti. Strade, mezzi, uomini e itinerari', in G. Taborelli (ed.) *Commercio in Lombardia*, 2 vols, Milan : vol. 2, pp. 25 ~ 71.

——(1992) *Milano e le sue misure. Appunti di metrologia lombarda fra Tre e*

Quattrocento, Naples.

Friedman, D. (1977) 'A theory of the size and shape of nations', *Journal of Political Economy* 85:59 ~ 77.

Friel, I. (1995) *The Good Ship. Ships, Shipbuliding and Technology in England 1200 ~ 1520*, Baltimore.

Fryde, E. B. and M. M. Fryde (1963) 'Public credit, with special reference to northwestern Europe', in M. M. Postan, E. E. Rich and E. Miller (eds) *Cambridge Economic History of Europe*, *III. Economic Organization and Policies in the Middle Ages*, Cambridge, pp. 430 ~ 553.

Fubini, R. (ed.) (1977) *Lorenzo de'Medici. Lettere*, *I (1460 ~ 1474)*, Florence.

Galloway, J. (2000) 'Town and country in England, 1300 ~ 1570', in S. R. Epstein (ed.) *Town and Country in Europe*, *1350 ~ 1750*, Cambridge.

Galloway, P. R. (1986) 'Differentials in demographic responses to annual price variations in pre-revolutionary France: a comparison of rich and poor areas in Rouen, 1681 to 1797', *European Journal of Population* 2:269 ~ 305.

——(1988) 'Basic patterns in annual variations in fertility, nuptiality, mortality and prices in pre-industrial Europe', *Population Studies* 42:275 ~ 302.

——(1993) 'Short-run population dynamics among the rich and poor in European countries, rural Jutland, and urban Rouen', in D. S. Reher and R. S. Schofield (eds) *Old and New Methods in Historical Demography*, Oxford, pp. 84 ~ 108.

——(1994) 'Secular changes in the short-term preventive, positive, and temperature checks to population growth in Europe, 1460 to 1909', *Climatic Change* 26:3 ~ 63.

Gambetta, D. (ed.) (1988) *Trust. Making and Breaking Cooperative Relations*, Oxford.

Gandilhon, R. (1940) *Politique économique de Louis XI*, Rennes.

Gardner, B. D. and R. D. Pope(1978) 'How is scale and structure determined in agriculture?', *American Journal of Agricultural Economics* 60, May:295 ~ 302.

Gascon, R. (1971) *Grand commerce et vie urbaine au XVIe siècle. Lyon et ses marchands, environs de 1520-environs de 1580*, 2 vols, Paris.

Gasson, R. and B. Hill(1984) *Farm Tenure and Performance*, Wye.

Gellner, E. (1988) 'Introduction', in J. Baechler, J. A. Hall and M. A. Mann (eds) *Europe and the Rise of Capitalism*, Oxford, pp. 1 ~ 6.

Genet, J. P. (1995) 'Le développement des monarchies d'Occident est-il une conséquence de la crise?', in *Europa* 1995:63 ~ 86.

Genet, J. -P. and M. Le Mené(eds) (1987) *Genèse de l'Etat moderne. Prélèvement et redistribution*, Paris.

Génicot, L. (1973) ' Les grands villes d'Occident en 1300 ', in *Économies et sociétés au moyen âge. Mélanges offerts à Edouard Perroy*, Paris, pp. 199 ~ 219.

Gensini, S. (ed.) (1990) *Le Italie del tardo Medioevo*, Pisa.

Giampaolo, L. (1954) *La cronaca varesina di Giulio Tatto (1540 ~ 1620) e i prezzi deigrani e del vino sul mercato di Varese dal 1525 al 1620*, Varese.

Gilissen, J. (1953) ' La notion de la foire à la lumière comparative ', in *La foire*, Brussels, pp. 323 ~ 333.

Gilpin, R. (1981) *War and Change in International Politics*, Cambridge.

Ginatempo, M. (1993) ' Dietro un'eclissi: considerazioni sulle città minori dell'Italia centrale ', in S. Gensini (ed.) *Italia 1350 ~ 1450: Tra crisi e trasformazione*, Pistoia, pp. 35 ~ 76.

——(1996) ' Gerarchie demiche e sistemi urbani nell'Italia bassomedievale: unadiscussione ', *Società e storia* 72: 347 ~ 383.

——(1997) ' Le città italiane, XIV – XV secolo ', in *Poderes públicos en la Europa medieval: principados, reinos y coronas, 23 Semana de estudios medievales. Estella, 22 ~ 26 julio 1996*, Estella, pp. 149 ~ 209.

Ginatempo, M. and L. Sandri (1990) *L'Italia delle città. Il popolamento urbano tra Medioevo e Rinascimento (secoli XIII – XVI)*, Florence.

Glaeser, E. L. , H. D. Kallal, J. A. Scheinkman and A. Shleifer (1992) ' Growth in cities ', *Journal of Political Economy* 100, 6: 1126 ~ 1152.

Glasscock, R. E. (1976) ' England *circa* 1334 ', in H. C. Darby (ed.) *A New Historical Geography of England Before 1600*, Cambridge, pp. 136 ~ 185.

Gli Sforza (1982) *Gli Sforza a Milano e in Lombardia e i loro rapporti con gli Stati italiani ed europei (1450 ~ 1535)*, Milan.

Glick, T. F. (1970) *Irrigation and Society in Medieval Valencia*, Cambridge, Mass.

Goldberg, P. J. P. (1992) *Women, Work, and Life Cycle in a Medieval Economy. Women in York and Yorkshire c. 1300 ~ 1520*, Oxford.

Goldthwaite, R. (1976) ' I prezzi del grano a Firenze dal XIV al XVI secolo ', *Quaderni storici* 28: 5 ~ 36

——(1993) *Wealth and the Demand for Art in Italy, 1300 ~ 1600*, Baltimore.

Goodfellow, P. (1987) ' Medieval markets in Northamptonshire, ' *Northamptonshire Past and Present* 7: 305 ~ 324.

Goubert, P. (1970) *Louis XIV and Twenty Million Frenchmen*, trans. A. Carter, London.

Grafton, A. (1997) *Commerce with the Classics: Ancient Books and Renaissance*

Readers, Ann Arbor.

Grantham, G. W. (1993) ' Divisions of labour: agricultural productivity and occupational specialization in pre-industrial France ', *Economic History Review*, 2nd ser. 46. 3 :478 ~ 502.

——(1997a) ' Espaces privilégiés: productivité agraire et zones d'approvisionnement des villes dans l'Europe préindustrielle ', *Annales HSS* 52, 3 :695 ~ 725.

——(1997b) ' The French cliometric revolution: a survey of cliometric contributions to French economic history ', *European Review of Economic History*, 1, 3 : 353 ~ 405.

Greci, R. (1983) ' Luoghi di fiera c di mercato nelle città medievali dell'Italia padana ', in *Studi in onore di Gino Barbieri. Problemi e metodi di storia ed economia*, 2 vols, Salerno, vol. 2, pp. 943 ~ 966.

Greengrass, M. (1991) (ed.) *Conquest and Coalescence. The Shaping of the State in Early Modern Europe*, London.

Grillo, P. (1993) ' "Vicus Lanificius Insignis". Industria laniera e strutture sociali del borgo lariano di Torno nel XV secolo ', *Studi di storia medioevale e di diplomatica* 14 :91 ~ 110.

——(1994) ' Le origini della manifattura serica in Milano (1400 ~ 1450) ', *Studi storici* 35 :897 ~ 916.

——(1995) *Le strutture di un borgo medievale. Torno, centro manifatturiero nella Lombardia viscontea*, Florence.

Grohmann, A. (1969) *Le fiere del Regno di Napoli in età aragonese*, Naples.

——(1981) *Città e territorio tra Medioevo ed Età moderna (Perugia, secc. XIII – XVI)*, 2 vols, Perugia.

Gual Camarena, M. (1976) ' Orígenes y expansión de la industria textil lanera catalana en la edad media ', in M. Spallanzani (ed.) *Produzione commercio e consumo dei panni di lana (nei secoli XII – XVIII)*, Florence :511 ~ 524.

Gual, J. M. (1982) ' Bases para el estudio de las ferias murcianas en la Edad Media ', *Miscellanea medieval murciana* 9 :9 ~ 55.

Gualazzini, U. (1950 ~ 1951) ' Preliminari osservazioni sugli Statuti cremonesi del 1339 ', *Bollettino storico cremonese*, 2nd ser. 17 :3 ~ 167.

Guarducci, A. (ed.) (1988) *Prodotto lordo e finanza pubblica. Secoli XIII – XIX*, Florence.

Guérin, I. (1960) *La vie rurale en Sologne aux XIVᵉ et XVᵉ siècles*, Paris.

Guidi, G. (1981) *Il governo della città-repubblica di Firenze del primo Quattrocen-*

to, 4 vols, Florence.

Gunder Frank, A. (1998) *ReOrient: Global Economy in the Asian Age*, London.

Gutmann, M. P. (1980) *War and Rural Life in the Early Modern Low Countries*, Princeton.

Hadenius, A. (1992) *Democracy and Development*, Cambridge.

Haldon, J. (1993) *The State and the Tributary Mode of Production*, London.

Hall, J. A. (1985) *Powers and Liberties. The Causes and Consequences of the Rise of the West*, Oxford.

Hamilton, E. (1936) *Money, Prices and Wages in Valencia, Aragon, and Navarre, 1351 ~ 1500*, Cambridge, Mass.

Hare, J. N. (1999) ' Growth and recession in the fifteenth-century economy: the Wiltshire textile industry and the countryside ', *Economic History Review* 2nd ser. 52, 1: 1 ~ 26.

Harriss, G. L. (1963) ' Aids, loans and benevolences ', *Historical Journal* 6: 1 ~ 19.

——(1975) *King, Parliament, and Public Finance in Medieval England to 1369*, Oxford.

Harte, N. B. (ed.)(1997) *The New Draperies in the Low Countries and England, 1300 ~ 1800*, Oxford.

Harte, N. B. and K. G. Ponting(eds)(1983) *Cloth and Clothing in Medieval Europe. Essays in Memory of Professor E. M. Carus-Wilson*, London.

Harvey, B. F. (1991) ' Introduction: the "crisis" of the early fourteenth century ', in B. M. S. Campbell (ed.) *Before the Black Death. Studies in the ' Crisis ' of the Early Fourteenth Century*, Manchester, pp. 1 ~ 24.

Harvey, P. D. A. (1991) *Medieval Maps*, Toronto/Buffalo.

Hasse, E. (1885) ' Geschichte der Leipziger Messen ', *Preisschriften Fürstliche Jablonowski'schen Gesellschaft zu Leipzig* 25: 1 ~ 516.

Hatcher, J. (1970) *Economy and Society in the Duchy of Cornwall 1300 ~ 1500*, Cambridge.

Hatcher, J. (1973) *English Tin Production and Trade before 1550*, Oxford.

——(1994) ' England in the aftermath of the Black Death ', *Past and Present* 144: 3 ~ 35.

——(1996) ' The great slump of the mid-fifteenth century ', in R. Britnell and J. Hatcher (eds) *Progress and Problems in Medieval England. Essays in Honor of Edward Miller*, Cambridge, pp. 237 ~ 272.

Hayek, F. A. (1973) *Law, Legislation and Liberty, 1. Rules and Order*, Chicago.

Heers, J. (1961) *Gênes au XVe siècle: Activité économique et problèmes sociaux*,

Paris.

——(1976) 'La mode et les marchés des draps de laine:Gênes et la montagne à la fin du Moyen Age', in M. Spallanzani, (ed.) *Produzione commercio e consumo dei panni di lana(nei secoli XII – XVIII)*, Florence, pp. 199 ~ 220.

Henderson, J. (1994) *Piety and Charity in Late Medieval Florence*, Oxford.

Henning, F. -W. (1991) *Deutsche Wirtschafts-und Sozialgeschichte im Mittelalter und in der frühen Neuzeit*, Paderborn.

Henshall, N. (1992) *The Myth of Absolutism. Change and Continuity in Early Modern European Monarchy*, New York/London.

Herlihy, D. (1964) 'Direct and indirect taxation in Tuscan urban finance, c. 1200 ~ 1400', in *Finances et comptabilités urbaines du XIIIᵉ au XVIᵉ siècles*, Brussels, pp. 385 ~ 405.

——(1965) 'Population, plague, and social change, in rural Pistoia, 1201 ~ 1430', *Economic History Review*, 2nd ser. 18, 2:225 ~ 244.

——(1967) *Medieval and Renaissance Pistoia. The Social History of an Italian Town, 1200 ~ 1430*, New Haven, Conn. /London.

——(1968) 'Santa Maria Impruneta:a rural commune in the late Middle Ages', in N. Rubinstein (ed.) *Florentine Studies. Politics and Society in Renaissance Florence*, London, pp. 242 ~ 276.

——(1978) 'The distribution of wealth in a Renaissance community: Florence 1427', in P. Abrams and E. A. Wrigley(eds) *Towns in Societies. Essays in Economic History and Historical Sociology*, Cambridge, pp. 131 ~ 158.

——(1982) 'Demography,' in J. R. Strayer(ed.) *Dictionary of the Middle Ages*, New York, vol. 4, pp. 136 ~ 148.

——(1987) 'Outline of population developments in the Middle Ages,' in B. Herrmann and R. Sprandel (eds) *Determinanten der Bevölkerungsentwicklung im Mittelalter*, Weinheim, pp. 1 ~ 23.

——(1997) *The Black Death and the Transformation of the West*, Cambridge, Mass. /London.

Herlihy, D. and C. klapisch Zuber(1985) *Tuscans and Their Families. A Study of the Florentine Catasto of 1427*, New Haven/London.

Hibbert, A. B. (1963) 'The economic policy of towns', in M. M. Postan, E. E. Rich and E. Miller (eds) *Cambridge Economic History of Europe, III. Economic Organization and Policies in the Middle Ages*, Cambridge, pp. 155 ~ 229.

Hicks, D. L. (1986) 'Sources of wealth in Renaissance Siena:businessmen and landowners', *Bullettino senese di storia patria* 103:9 ~ 42.

Hicks, J. R. (1969) *A Theory of Economic History*, Oxford.

Hildebrandt, R. (1992) 'The effects of empire: changes in the European economy after Charles V', in I. Blanchard, A. Goodman and J. Newman (eds) *Industry and Finance in Early Modern History. Essays Presented to George Hammersley to the Occasion of his 74th Birthday*, Stuttgart, pp. 58 ~ 76.

Hilton, R. H. (1965) 'Rent and capital formation in feudal society', in *2nd International Conference of Economic History* (*Aix-en-Provence, 1962*), 5 vols, Paris, vol. 2, pp. 33 ~ 68.

——(1975) *The English Peasantry in the Late Middle Ages. The Ford Lectures for 1973 and Related Studies*, Oxford.

——(1985) 'Medieval market towns and simple commodity production', *Past and Present* 109 : 3 ~ 23.

——(1992) *English and French Towns in Feudal Society. A Comparative Study*. Cambridge.

Hilton, R. H. and T. H. Aston (eds) (1984) *The English Rising of 1381*, Cambridge.

Hirschmann, A. O. (1970) *Exit, Voice and Loyalty*, Cambridge, Mass.

——(1977) *The Passions and the Interests. Political Arguments for Capitalism Before its Triumph*, Princeton.

Hoffman, P. (1996) *Growth in a Traditional Society. The French Countryside, 1450 ~ 1815*, Princeton.

Hoffman, P. T. and K. Norberg (eds) (1994) *Fiscal Crises, Liberty, and Representative Government, 1450 ~ 1789*, Stanford.

Hohenberg, P. M. and L. H. Less. (1985) *The Making of Urban Europe, 1000 ~ 1950*, Cambridge, Mass, / London.

——(1989) 'Urban decline and regional economies: Brabant, Castile, and Lombardy, 1550 ~ 1750', *Comparative Studies in Society and History* 31 : 439 ~ 461.

Holbach, R. (1993) 'Some remarks on the role of "putting-out" in Flemish and northwest European cloth production', in M. Boone and W. Prevenier (eds) *Drapery Production in the Late Medieval Low Countries. Markets and Strategies for Survival* (*14th ~ 16th Centuries*), Leuven/Apeldoorn.

——(1994) *Frühformen von Verlag und Grossbetrieb in der gewerblichen Production* (*13. ~ 16. Jahrhundert*), Stuttgart.

Holmes, C. (1992) 'Parliament, liberty, taxation and property', in J. H. Hexter (ed.) *Parliament and Liberty from the Reign of Elizabeth to the English Civil War*, Stanford, pp. 122 ~ 154.

Holton, R. H. (1953) ' Marketing structure and economic development ' , *Quarterly Journal of Economics* 67 : 344 ~ 361.

Homer, S. and R. Sylla. (1991) *A History of Interest Rates*, 3rd ed. , New Brunswick/London.

Hoppenbrouwers, P. (1997) ' Agricultural production and technology in the Netherlands, *c.* 1000 ~ 1500 ' , in G. Astill and J. Langdon (eds) *Medieval Farming and Techhology. The Impact of Agricultural Change in Northwest Europe*, Leiden/New York/Cologen, pp. 89 ~ 114.

Hoppenbrouwers, P. (2000) ' Town and country in Holland, 1300 ~ 1550 ' , in S. R. Epstein (ed.) *Town and Country in Europe, 1350 ~ 1750*, Cambridge.

Hoshino, H. (1980) *L'Arte della Lana in Firenze nel basso medioevo. Il commercio della lana e il mercato dei panni fiorentini nei secoli XIII ~ XV*, Florence.

——(1983) ' The rise of the Florentine woollen industry in the fourteenth century ' , in N. B. Harte and K. G. Ponting(eds) *Cloth and Clothing in Medieval Europe. Essays in Memory of Professor E. M. Carus-Wilson*, London, pp. 183 ~ 200.

Howell, M. C. (1986) *Women, Production, and Patriarchy in Late Medieval Cities*, Chicago/London.

Hoyle, R. W. (1998) ' Taxation and the mid-Tudor crisis ' , *Economic History Review*, 2nd ser. 51 , 4 : 649 ~ 675.

Hume, D. (1993a) [1777] *Selected Essays*, ed. S. Copley and A. Edgar, Oxford.

——(1993b) ' Of civil liberty ' , in Hume, *Selected Essays*, ed. S. Copley and A. Edgar, Oxford : 49 ~ 56.

——(1993c) ' That politics may be reduced to a science ' , in Hume, *Selected Essays*, ed. S. Copley and A. Edgar, Oxford : 13 ~ 23.

Hurstfield, J. (1955) ' The profits of fiscal feudalism ' , *Economic History Review* 2nd ser. 8 , 1 : 53 ~ 61.

Huvelin, P. (1897) *Essai historique sur le droit des marchés et des foires*, Paris.

Hymer, S. and S. Resnick(1969) ' A model of an agrarian economy with nonagricultural activities ' , *American Economic Review*, 59 : 493 ~ 506.

Iradiel Murugarren, P. (1974) *Evolución de la industria textil castellana en los siglos XIII – XVI. Factores de desarrollo, organización y costes de la producción en Cuenca*, Salamanca.

Irsigler, F. (1971) ' Köln, die Frankfurter Messen und die Handelsbeziehungen mit Oberdeutschland im 15. Jahrhundert ' , *Mitteilungen aus dem Stadtarchiv von Köln* 60 : 341 ~ 429.

Jacoby, D. (1993) ' Raw materials for the glass industries of Venice and the Terraferma, about 1370—about 1460 ', *Journal of Glass Studies* 35 :65 ~ 90.

Jacopetii, N. I. (1965) *Monete e prezzi a Cremona dal XVI al XVIII secolo*, Cremona.

Jansen, H. P. H. (1978) ' Holland's advance ', *Acta Historiae Neerlandicae* 10 :1 ~ 19.

Jardine, L. (1996) *Worldly Goods. A New History of the Renaissance*, London.

Jeannin, J. (1987) ' Il concetto di protoindustrializzazione e la sua utilizzazione per la storia dell'industria in Europa alla fine del Medioevo ', *Quaderni storici* 22 : 275 ~ 285.

Jesse, W. (1928) *Der Wendische Münzverein*, Lübeck.

Jones, D. W. (1978) ' Production, consumption, and the allocation of labor by a peasant in a periodic marketing system ', *Geographical Analysis*, 10 :13 ~ 30.

Jones, E. L. (1981) *The European Miracle*, Cambridge.

——(1988) *Growth Recurring. Economic Change in World History*, Oxford.

Jones, P. (1978) ' Economia e società nell'Italia medievale : la leggenda della borghesia ', in R. Romano and C. Vivanti (eds) *Storia d'Italia. Annali*, 2 vols, Turin, pp. 185 ~ 372.

Jordan, W. C. (1996) *The Great Famine. Northern Europe in the Early Fourteenth Century*, Princeton.

Kaeuper, R. W. (1973) *Bankers to the Crown. The Riccardi of Lucca and Edward I*, Princeton.

——(1988) *War, Justice and Public Order. England and France in the Later Middle Ages*, Oxford.

Käsler, D. (1988) *Max Weber. An Introduction to His Life and Work*, Oxford.

Kedar, B. Z. (1976) *Merchants in Crisis. Genoese and Venetian Men of Affairs and the Fourteenth Century Depression*, New Haven/London.

Keene, D. and V. Harding (1987) *Historical Gazetteer of London before the Great Fire*, 1. *Cheapside*, Cambridge, microfiche.

Kellenbenz, H. (1963) ' Industries rurales en Occident de la fin du Moyen Age au XVIIIᵉ siècle ', *Annales E. S. C.* 18 :833 ~ 882.

——(1982) ' Oberdeutschland und Mailand zur Zeit der Sforza ', in *Gli Sforza a Milano e in Lombardia e i loro rapporti con gli Stati italiani ed europei(1450 ~ 1535)*, Milan, pp. 193 ~ 225.

——(1983) ' The fustian industry of the Ulm region in the fifteenth and early sixteenth centuries ', in N. B. Harte and K. G. Ponting (eds) (1983) *Cloth and Clothing in Medieval Europe. Essays in Memory of Professor E. M. Carus-Wilson*, London, pp. 259 ~ 277.

——(1986) ' Wirtschaft und Gesellschaft Europas 1350 ~ 1650 ' , in W. Fischer, J. A. van Houtte, H. Kellenbenz, I. Mieck and F. Vittinghoff (eds) *Handbuch der Europäischen Wirtschafts-und Sozialgeschichte* , 3 , Stuttgart, pp. 1 ~ 386.

Kelley, D. R. (1981) *The Beginning of Ideology. Consciousness and Society in the French Reformation* , Cambridge.

Kiessling, R. (1996) ' Markets and marketing, town and country ' , in B. Scribner (ed.) *Germany. A New Social and Economic History* , I. *1450 ~ 1630* , London/ New York, pp. 145 ~ 180.

Kindleberger, C. P. (1991) ' The economic crisis of 1619 to 1623 ' , *Journal of Economic History* 51 , 1 : 149 ~ 175.

Kitsikopoulos, H. (2000) ' Standards of living and capital formation in pre-plague England : a peasant budget model ' , *Economic History Review* 2nd ser. , 53 (2) : 237 ~ 261.

Kleineke, H. (1997) *Towns and Trade in Southern England c. (1400). A Database* , mimeo, Centre for Metropolitan History, Institute of Historical Research, London.

Knotter, A. (1994) ' Problems of the family economy : peasant economy, domestic production and labour markets in pre-industrial Europe ' , *Economic and Social History in the Netherlands* , 6.

Koenigsberger, H. G. (1978) ' Monarchies and parliaments in early modern Europe. ' Dominium regale or dominium politicum et regale ' , *Theory and Society* 5 : 191 ~ 217.

——(1995a) ' Parliaments and estates ' , in R. W. Davis (ed.) *The Origins of Modern Freedom in the West* , Stanford Calif. / Cambridge, pp. 135 ~ 177.

——(1995b) ' Parliaments in the sixteenth century and beyond ' , in R. W. Davis (ed.) *The Origins of Modern Freedom in the West* , Stanford Calif. / Cambridge, pp. 269 ~ 312.

Koppe, W. (1952) ' Die Hansen und Frankfurt am Main im 14. Jahrhundert ' , *Hansische Geschichtsblätter* 71 : 30 ~ 49.

Körner, M. (1993 ~ 1994) ' Das System der Jahrmärkte und Messen in der Schweiz im periodischen und permanenten Markt 1500 ~ 1800 ' , *Jahrbuch für Regionalgeschichte und Landeskunde* 19 : 13 ~ 34.

——(1995) ' Public credit ' , in R. Bonney (ed.) *Economic Systems and State Finance* , Oxford, pp. 507 ~ 538.

Kowaleski, M. (1995) *Local Markets and Regional Trade in Medieval Exeter* , Cambridge.

——(2000) 'The expansion of the south-western fisheries in late medieval England', *Economic History Review*, 2nd ser. 53.

Kreutz, B. M. (1973) 'Mediterranean contributions to the medieval mariner's compass', *Technology and Culture* 14:367 ~ 383.

Krugman, P. (1991) *Geography and Trade*, Leuven/Cambridge, Mass.

Krugman, P. and A. J. Venables (1996) 'Integration, specialization, and adjustment', *European Economic Review* 40:959 ~ 967.

Kussmaul, A. (1990) *A General View of the Rural Economy of England, 1538 ~ 1840*, Cambridge.

Labrousse, E. (1933) *Esquisse du mouvement des prix et des revenus en France au XVIIIe siècle*, 2 vols, Paris.

Ladero Quesada, M. A. and M. Gonzalez Jimenez (1979) *Diezmo ecclesiastico y producción de cereales en el reino de Sevilla* (1408 ~ 1503), Seville.

Ladero Quesada, M. L. (1982) 'Las ferias de Castilla. Siglos XII a XV', *Cuadernos de historia de España* 67 ~ 68:269 ~ 347.

Landes, D. (1997) *The Wealth and Poverty of Nations. Why Some are So Rich and Some So Poor*, New York.

Lane, F. C. (1958) 'Economic consequences of organized violence', *Journal of Economic History* 18, 4.

Langdon, J. (1986) *Horses, Oxen and Technological Innovation. The Use of Draught Animals in English Farming from 1066 ~ 1500*, Cambridge.

Langton, J. and G. Hoppe (1983) *Town and Country in the Development of Early Modern Western Europe*, Norwich.

Larsimont Pergameni, E. (1948 ~ 1949) 'Censimenti milanesi dell'età di Carlo V. Il censimento del 1545 ~ 1546', *Archivio storico lombardo*, 8th ser. 1:168 ~ 209.

Le Mené, M. (1982) *Les campagnes angevines à la fin du Moyen Age (vers 1350 - vers 1530). Étude économique*, Nantes.

Le Roy Ladurie, E. (1966) *Les paysans de Languedoc*, 2 vols, Paris.

Leone, A. (1956) 'Lineamenti di una storia delle corporazioni in Sicilia nei secoli XIV - XVII', *Archivio storico siciliano*, 3rd ser. 2:82 ~ 100.

——(1983) *Profili economici della Campania aragonese*, Naples.

Lerner, F. (1971) 'Die Reichsstadt Frankfurt und ihre Messen im Verhältnis zu Ostund Südosteuropa im Zeitraum von 1480 bis 1630', in I. Bog (ed.) *Aussenhandel Ostmitteleuropas 1450 ~ 1650*, Cologne/Vienna, pp. 147 ~ 184.

Lesger, C. M. (1994) 'Urban systems and economic development in Holland during the later Middle Ages and the early modern period', in *Proceedings, XI In-*

ternational Economic History Congress, Milan. *Recent doctoral research in economic history*, Milan, pp. 69 ~ 79.

Leverotti, F. (1989) 'Dalla famiglia stretta alla famiglia larga. Linee di evoluzione e tendenze della famiglia rurale lucchese(secoli XIV ~ XV) ', *Studi storici* 30: 171 ~ 202.

Levi, M. (1988) *Of Rule and Revenue*, Berkeley/Los Angeles.

Livi Bacci, M. (1990) *Population and Nutrition. An Essay on European Demographic History*, Cambridge.

Lloyd, T. H. (1991) *England and the German Hanse 1157 ~ 1611. A Study of Their Trade and Commercial Diplomacy*, Cambridge.

Lombard-Jourdan, A. (1970) 'Y a-t-il une protohistoire urbaine en France?', *Annales E. S. C.* 25,5:1121 ~ 1142.

——(1982) 'Les foires aux origines des villes', *Francia* 10:429 ~ 448.

——(1984) 'Fairs', in J. R. Strayer (ed.) *Dictionary of the Middle Ages*, New York, vol. 4, pp. 582 ~ 590.

Lombardo, G. (2000) 'Guilds in Early Modern Sicily', unpublished Ph. D. Thesis, London School of Economics and Political Science.

Long, P. O. (1991) 'Invention, authorship, "intellectual property," and the origin of patents: notes toward a conceptual history', *Technology and Culture* 32,4: 846 ~ 884.

Lopez, R. S. (1953) 'The Origin of the Merino Sheep', *The Joshua Starr Memorial Volume: Studies in History and Philology*, New York, pp. 161 ~ 168.

——(1971) *The Commercial Revolution of the Middle Ages, 950 ~ 1350*, New Haven.

Lot, F. ans R. Fawtier (1958) *Histoire des institutions francaises au Moyen Âge*, 2 vols, Paris.

Luzzati, M. (1962 ~ 1963) 'Note di metrologia pisana', *Bollettino storico pisano*: 191 ~ 220.

——(1973) *Una guerra di popolo. Lettere private del tempo dell'assedio di Pisa (1494 ~ 1509)*, Pisa.

Luzzatto, G. (1955) 'Vi furono fiere a Venezia?', in Luzzatto, *Studi di storia economica veneziana*, Venice, pp. 201 ~ 209.

——(1958) *Breve storia economica dell'Italia medievale*, Turin.

——(1963) *Il debito pubblico della Repubblica di Venezia dagli ultimi decenni del XII secolo alla fine del XV*, Milan/Varese.

——(1965) *Breve storia economica dell'Italia medievale*, Turin.

Macfarlane, A. (1987) *The Culture of Capitalism*, Oxford.

Mackay, A. (1977) *Spain in the Middle Ages. From Frontier to Empire, 1000 ~ 1500*, Basingstoke/London.

——(1987) ' Existieron aduanas castellanas en la frontera con Portugal en el siglo XV?', in *Actas de II jornades luso-espanholes da história medieval*, Porto, pp. 3 ~ 21.

Maddicott, J. R. (1975) *The English Peasantry and the Demands of the Crown, 1294 ~ 1341*, Oxford.

Maddison, A. (1998) *Chinese Economic Performance in the Long Run*, Paris.

Mainoni, P. (1982) *Mercanti lombardi tra Barcellona e Valenza nel basso medioevo*, Bologna.

——(1983) 'L' attività mercantile e le casate milanesi nel secondo Quattrocento', in G. Bologna (ed.) *Milano nell'età di Ludovico il Moro*, 2 vols, Milan, vol. 2, pp. 575 ~ 584.

——(1984) ' Il mercato della lana a Milano dal XIV al XV secolo. Prime indagini', *Archivio storico lombardo*, 11th ser. 1:20 ~ 43.

——(1992) ' "Viglaebium opibus primum". Uno sviluppo economico nel Quattrocento lombardo ', in G. Chittolini (ed.) *Metamorfosi di un borgo. Vigevano in età visconteo-sforzesce*, Milan:193 ~ 266.

——(1993) ' Politiche fiscali, produzione rurale e controllo del territorio nella signoria viscontea (secoli XIV ~ XV) ', *Studi di storia medioevale e di diplomatica* 13:25 ~ 54.

——(1994a) *Economia e politica nella Lombardia medievale. Da Bergamo a Milano fra XIII e XV secolo*, Cavallermaggiore.

——(1994b) ' La seta a Milano nel XV secolo: aspetti economici e istituzionali ', *Studi storici* 35:871 ~ 896.

Malanima, P. (1982) *La decadenza di un'economia cittadina. L'industria di Firenze nei secoli XVI ~ XVIII*, Bologna.

——(1983) ' La formazione di una regione economica: la Toscana nei secoli XIII ~ XV ', *Società e storia* 6:229 ~ 269.

——(1990) *Il lusso dei contadini. Consumi e industrie nelle campagne toscane del Sei e Settecento*, Bologna.

——(1996) ' Teoria economica regionale e storia: il caso della Toscana (XIII ~ XVI secolo) ', in Lo *sviluppo economico regionale in prospettiva storica. Atti dell'incontro interdsiciplinare*, *Milano 18 ~ 19 maggio 1995*, Milan, pp. 133 ~ 148.

——(1998) ' Italian cities 1300 ~ 1800: a quantitative approach ', *Rivista di storia economica*,14,2:91 ~ 126.

Mann,M. (1986) *The Sources of Social Power*,*1. A History of Power From the Beginning to A. D. 1760*,Cambridge.

——(1989) 'European development:approaching a historical explanation',in J. Baechler,J. A. Hall and M. A. Mann(eds) *Europe and the Rise of Capitalism*, Oxford,pp. 6 ~ 19.

Małowist,M. (1972) 'Les changements dans la structure de la production et du commerce du drap au cours du XIVe et XVe siècle',in Małowist,*Croissance et régression en Europe XIVe - XVIIe siècles*,Paris,pp. 53 ~ 62.

Marciani,C. (1965) 'Le relazioni tra l'Adriatico orientale e l'Abruzzo nei secoli XV,XVI e XVII',*Archivio storico italiano* 123:14 ~ 47.

Marcucci,R. (1906) 'Sull'origine della fiera di Senigallia',*Archivio storico italiano*,5th ser. 28:31 ~ 49.

Margairaz,D. M. (1988)*Foires et marchés dans la France pré-industrielle*,Paris.

Martines,L. (1968)*Lawyers and Statecraft in Renaissance Florence*,Princeton.

Martinez Sopena,P. (1996) 'Foires et marchés ruraux dans les pays de la couronne de Castille et de Léon du Xe au XIIIe siècle',in C. Desplat(ed.) *Foires et marchés dans les campagnes de l'Europe médiévale et moderne*,Toulouse,pp. 47 ~ 70.

Martini,G. (1980) 'L'*Universitas Mercatorum* di Milano e i suoi rapporti col potere politico(secoli XIII - XV) ',in *Studi di storia medievale e moderna per Ernesto Sestan*,*I. Medioevo*,2 vols,Florence,vol. 1,pp. 219 ~ 258.

Mas-Latrie,R. de(1866) 'Le droit de marque ou de représailles au moyen age', *Bibliothèque de l'École des Chartes*,27:529 ~ 577.

Masschaele,J. (1997)*Peasants*,*Merchants and Markets. Inland Trade in Medieval England*,*1150 ~ 1350*,London/New York.

Massetto,G. (1990) 'Le fonti del diritto nella Lombardia del Quattrocento',in J. M. Cauchies and G. Chittolini(eds) *Milano e Borgogna. Due stati principeschi tramedioevo e Rinascimento*,Rome,pp. 49 ~ 65.

Mate,M. (1982) 'The impact of war on the economy of Canterbury Cathedral priory,1294 ~ 1340',*Speculum*,57,4:761 ~ 778.

——(1991) 'The agrarian economy of south-east England before the Black Death:depressed or buoyant?',in B. M. S. Campbell (ed.) *Before the Black Death. Studies in the 'Crisis' of the Early Fourteenth Century*,Manchester,pp. 79 ~ 109.

Mathias,P. and P. K. O'Brien(1976) 'Taxation in Britain and France,1715 ~

1810: a comparison of the social and economic incidence of taxes collected for the central government', *Journal of European Economic History* 5: 601 ~ 650.

Mauro, F. and G. Parker (1977) 'Spain', in C. Wilson and G. Parker (eds) *An Introduction to the Sources of European Economic History 1500 ~ 1800, 1. Western Europe*, London, pp. 37 ~ 62.

Mayhew, N. J. (1995) 'Population, money supply, and the velocity of circulation in England, 1300 ~ 1700', *Economic History Review*, 2nd ser. 48, 3: 238 ~ 257.

Mazzi, M. S. and S. Raveggi (1983) *Gli uomini e le cose nelle campagne fiorentine del Quattrocento*, Florence.

McCutcheon, K. L. (1939) 'Yorkshire fairs and markets to the end of the eighteenth century', *Thoresby Society* 39: 1 ~ 177.

McIntosh, A., M. L. Samuels and M. Beskin (1986) *Linguistic Atlas of Late Medieval Englsih*, 4 vols, Aberdeen.

McNeill, W. H. (1954) *Past and Future*, Chicago.

Meiksins Wood, E. (1981) 'The separation of the economic and the political in capitalism', *New Left Review* 127: 66 ~ 95.

Melis, F. (1964) 'Werner Sombart e i problemi della navigazione nel Medio Evo', in G. Barbieri *et al. L'opera di Werner Sombart nel centenario della nascita*, Milan, pp. 85 ~ 149.

—— (1984) *I vini italiani nel Medioevo*, ed. A. Affortunati Parrini, Florence.

—— (1989) *Industria e commercio nella Toscana medievale*, ed. B. Dini, introd. M. Tangheroni, Florence.

—— (1991) *L'azienda nel medioevo*, ed. M. Spallanzani, introd. M. del Treppo, Florence.

Mendels, F. (1972) 'Proto-industrialisation: the first phase of the industrialisation process?' *Journal of Economic History* 32: 241 ~ 261.

Meroni, U. (1957) ' "Cremona fedelissima". Studi di storia economica e amministrativa di Cremona durante la dominazione spagnola, II', *Annali della Biblioteca governativa e della Libreria civica di Cremona* 10: 1 ~ 157.

Mestayer, M. (1963) 'Les prix du blé et de l'avoine à Douai de 1329 à 1793', *Revue du Nord* 45: 157 ~ 176.

Miani G. (1964) 'L'économie lombarde aux XIVe et XVe siècle: Une exception à la règle?', *Annales E. S. C.* 19, 3: 569 ~ 579.

Michaud-Fréjaville, F. (1996) 'Belles foires et marchés du Berry (XIVe – XVIe s.)', in C. Desplat (ed.) *Foires et marchés dans les campagnes de l'Europe médiévale et moderne*, Toulouse, pp. 85 ~ 104.

Miller, J. A. (1999) *Mastering the Market. The State and Grain Trade in Northern France, 1700 ~ 1860*, Cambridge.

Miller, E. (1963) 'The economic policies of governments. France and England', in M. M. Postan E. E. Rich and E. Miller (eds) *Cambridge Economic History of Europe, III. Economic Organization and Policies in the Middle Ages*, Cambridge, pp. 290 ~ 339.

——(1975) 'War, taxation and the English economy in the late thirteenth and early fourteenth centuries', in J. M. Winter (ed.) *War and Economic Development. Essays in Memory of David Joslin*, Cambridge, pp. 11 ~ 31.

——(1991) 'Introduction: land and people', in E. Miller (ed.) *The Agrarian History of England and Wales, III: 1350 ~ 1500*, Cambridge, pp. 1 ~ 33.

Miller, E. and J. Hatcher (1995) *Medieval England. Towns, Commerce and Crafts 1086 ~ 1348*, London/New York.

Miller, J. (ed.) (1990) *Absolutism in Seventeenth Century Europe*, Basingstoke.

Millward, C. (1989) *A Biography of the English Language*, Fort Worth.

Mineo, E. I. (1997) 'Città e società urbana nell'età di Federico III: le élites e la sperimentazione istituzionale', *Archivio storico siciliano*, 4th ser. 23: 109 ~ 149.

Mira, G. (1937) 'Provvedimenti viscontei e sforzeschi sull'arte della lana in Como (1335 ~ 1535)', *Archivio storico lombardo*, new ser. 2: 345 ~ 402.

——(1939) *Aspetti dell'economia comasca all'inizio dell'età moderna*, Como.

——(1941) 'I prezzi dei cereali a Como dal 1512 al 1658', *Rivista internazionale di scienze sociali*, 3rd ser. 12: 195 ~ 211.

——(1955) *Le fiere lombarde nei secoli XIV – XVI. Prime indagini*, Como.

——(1957) 'Il fabbisogno di cereali in Perugia e nel suo contado nei secoli XIII – XIV', in *Studi Sapori, Studi in onore di Armando Sapori*, 2 vols, Milan: vol. 1, pp. 507 ~ 517.

——(1958) 'L'organizzazione fieristica nel quadro dell'economia della "Bassa" lombarda alla fine del Medioevo e nell'età moderna', *Archivio storico lombardo*, 8th ser. 8: 289 ~ 300.

——(1961) 'Prime indagini sulle fiere umbre nel Medioevo', in *Studi in onore di Epicarmo Corbino*, Milan, pp. 539 ~ 562.

Mitterauer, M. (1967) 'Jahrmärkte im Nachfolge antiker Zentralorte', *Mitteilungen des Instituts für Oesterreichische Geschichtsforschung* 75: 237 ~ 321.

——(1971) 'La continuité des foires et la naissance des villes', *Annales E. S. C.* 28, 4: 711 ~ 734.

Moioli, A. (1986) 'La deindustrializzazione della Lombardia nel secolo XVII', *Archivio storico lombardo*, 11th ser. 3 : 167 ~ 203.

Mokyr, J. (1990) *The Lever of Riches. Technological Creativity and Economic Progress*, Oxford/New York.

Molho, A. (1979) ' Cosimo de' Medici : *Pater Patriae* or padrino?', *Stanford Italian Review* (Spring) : 5 ~ 33.

——(1987) 'L'amministrazione del debito pubblico a Firenze nel quindicesimo secolo', in *I ceti dirigenti nella Toscana del Quattrocento*, Monte Oriolo, pp. 191 ~ 208.

——(1993) 'Tre città-stato e i loro debiti pubblici. Quesiti e ipotesi sulla storia di Firenze, Genova e Venezia', in S. Gensini(ed.) *Italia 1350 ~ 1450 : tra crisi, trasformazione, sviluppo*, Pistoia, pp. 185 ~ 215.

——(1994a) *Marriage Alliance in Late Medieval Florence*, Cambridge, Mass. / London.

——(1994b) ' Lo Stato e la finanza pubblica. Un'ipotesi basata sulla storia tardomedievale di Firenze', in G. Chittolini, A. Molho and P. Schiera(eds) *Origini dello Stato. Processi di formazione statale in Italia fra medioevo ed età moderna*, Bologna, pp. 225 ~ 280.

Mollat, M. and P. Wolff (1970) *Ongles bleus Jacques et Ciompi. Les revolutions populaires en Europe au XIVe et XVe siecles*, Paris.

Moore, B. Jr. (1966) *The Social Origins of Dictatorship and Democracy*, Boston.

Moore, E. W. (1985) *The Fairs of Medieval England. An Introductory Study*, Toronto.

Mosley, W. H. (ed.) (1978) *Nutrition and Human Reproduction*, Baltimore.

Muendel, J. (1981) ' The distribution of mills in the Florentine countryside during the late Middle Ages', in J. A. Raftis(ed.) *Pathways to Medieval Peasants*, Toronto, pp. 83 ~ 115.

Munro, J. H. (1984) ' Mint outputs, money, and prices in late-medieval England and the Low Countries', in E. van Cauwenberghe and F. Irsigler (eds) *Münzprägung, Geldumlauf und Wechselkurse/Minting, Monetary Circulation and Exchange Rates*, Trier, pp. 31 ~ 122.

——(1991) ' Industrial transformations in the north-west European textile trades, c. 1290 ~ c. 1340 : economic progress or economic crisis?', in B. M. S. Campbell (ed.) *Before the Black Death. Studies in the ' Crisis' of the Early Fourteenth Century*, Manchester, pp. 110 ~ 148.

——(1997) ' The origin of the English "new draperies" : the resurrection of an old

Flemish industry, 1270 ~ 1570', in N. B. Harte(ed.) *The New Draperies in the Low Countries and England, 1300 ~ 1800*, Oxford, pp. 35 ~ 128.

Musset, L. (1976) ' Foires et marchés en Normandie à l'époque ducale', *Annales de Normandie* 26:2 ~ 23.

Muzzi, O. (1995) ' Attività artigianali e cambiamenti politici a Colle val d'Elsa prima e dopo la conquista fiorentina', in R. Ninci (ed.) *La società fiorentina nel Basso Medioevo. Per Elio Conti*, Rome, pp. 21 ~ 54.

Nader, H. (1990) *Liberty in Absolutist Spain. The Habsburg Sale of Towns, 1516 ~ 1700*, Baltimore/London.

Nairn, T. (1997) ' Sovereignty after the election', *New Left Review* 224:3 ~ 18.

Najemy, J. M. (1982) *Corporatism and Consensus in Florentine Electoral Politics, 1280 ~ 1400*, Chapel Hill, N. C.

Nerlove, M. (1958) *The Dynamics of Supply: Estimation of Farmers' Response to Prices*, Baltimore.

Neumann, M. (1865) *Geschichte des Wuchers in Deutschland*, Halle.

Nicholas, D. (1971) *Town and Countryside: Social, Economic, and Political Tensions in Fourteenth-Century Flanders*, Bruges.

Noordegraaf, L. (1992) ' Internal trade and internal trade conflicts in the Northern Netherlands: autonomy, centralism and state formation in the pre-industrial era', in S. Groenveld and M. Wintle(eds) *State and Trade. Government and the Economy in Britain and the Netherlands since the Middle Ages*, Walburg Pers/Zutphen, pp. 12 ~ 23.

North, D. C. (1981) *Structure and Change in Economic History*, New York.

——(1990) ' A transaction cost theory of politics', *Journal of Theoretical Politics* 2, 4: 355 ~ 367.

——(1991) ' Institutions, transactions costs, and the rise of merchant empires', in J. D. Tracy(ed.) *The Political Economy of Merchant Empires*, Cambridge, pp. 22 ~ 40.

——(1995) ' The paradox of the West', in R. W. Davis (ed.) *The Origins of Modern Freedom in the West*, Stanford Calif. /Cambridge, pp. 7 ~ 34.

North, D. C. and R. P Thomas(1973) *The Rise of the Western World*, Cambridge.

North, D. C. and B. Weingast (1989) ' Constitutions and commitment: evolution of institutions governing public choice in seventeenth-century England', *Journal of Economic History*, 49, 4: 803 ~ 832.

O'Brien, P. K. (1982) ' European economic development: the contribution of the periphery', *Economic History Review*, 2nd ser 35, 1: 1 ~ 18.

——(1988) 'The political economy of British taxation, 1660 ~ 1815', *Economic History Review*, 2nd ser. 41, 1: 1 ~ 32.

O'Brien, P. K. and P. A. Hunt (1999) 'England, 1485 ~ 1815', in R. Bonney (ed.) *The Rise of the Fiscal State in Europe c. 1200 ~ 1815*, Oxford, pp. 53 ~ 100.

Occhipinti, E. (1992) 'Le relazioni tra Vigevano e Milano nel corso del Trecento', in G. Chittolini (ed.) *Metamorfosi di un borgo. Vigevano in età visconteosforzesce*, Milan, pp. 31 ~ 42.

Ogilvie, S. C. (1997) *State Corporatism and Proto-Industry. The Württemberg Black Forest, 1580 ~ 1797*, Cambridge.

Ogilvie, S. C. and M. Cerman (eds) (1996) *European Proto-Industrialization*, Cambridge.

Olson, M. (1965) *The Logic of Collective Action. Public Goods and the Theory of Groups*, Cambridge, Mass.

——(1982) *The Rise and Decline of Nations. Economic Growth, Stagflation, and Social Rigidities*, New Haven/London.

——(1991) 'Autocracy, democracy and prosperity', in R. J. Zeckhauser (ed.) *Strategy and Choice*, Cambridge, Mass., pp. 131 ~ 157.

Oman, C. (1906) *The Great Revolt of 1381*, Oxford (repr. 1968).

Ormrod, W. M. (1990) *The Reign of Edward III. Crown and Political Society in England, 1327 ~ 1377*, London.

——(1995) 'The West European monarchies in the later Middle Ages', in R. Bonney (ed.) *Economic Systems and State Finance*, Oxford, pp. 123 ~ 162.

Otsuka, K., H. Chuma and Y. Hayami (1992) 'Land and labour contracts in agrarian economies: theories and facts', *Journal of Economic Literature* 30: 1965 ~ 2018.

Outhwaite, R. B. (1966) 'The trials of foreign borrowing: the English crown and the Antwerp money market in the mid-sixteenth century'. *Economic History Review*, 2nd ser. 19, 2: 289 ~ 305.

——(1971) 'Royal borrowing in the reign of Elizabeth I: the aftermath of Antwerp', *English Historical Review* 339: 251 ~ 263.

——(1981) 'Dearth and government intervention in English grain markets, 1590 ~ 1700', *Economic History Review*, 2nd ser. 34, 4: 389 ~ 406.

Overton, M. (1996) *Agricultural Revolution in England. The Transformation of the Agrarian Economy 1500 ~ 1850*. Cambridge.

Owen Hughes, D. (1983) 'Sumptuary law and social relations in Renaissance Italy', in J. Bossy(ed.) *Disputes and Settlements. Law and Human Relations in the West*, Cambridge, pp. 69 ~ 100.

Paganini, C. (1971 ~ 1973) 'Premesse a una rilettura degli statuti dei mercanti di Pavia', *Archivio storico lombardo*, 9th ser. 10: 478 ~ 513.

Pagliazzi, P. (1939) 'Caratteristiche di gestione di una azienda del medioevo', *Rassegna volterrana* 10 ~ 11: 1 ~ 45.

Palermo, L. (1990) *Mercati del grano a Roma tra Medioevo e Rinascimento*, *I. Il mercato distrettuale del grano in età comunale*, Rome.

Palliser. D. M. (1988) 'Urban decay revisited', in J. A. F. Thomson(ed.) *Towns and Townspeople in the Fifteenth Century*, Gloucester, pp. 1 ~ 21.

——(2000) 'Towns and the English state, 1066 ~ 1500', in D. M. Palliser and J. R. Maddicott(eds) *The Medieval State: Essays Presented to James Campbell*, London/Rio Grande, pp. 127 ~ 145.

Palliser, D. M. and A. C. Pinnock. (1971) 'The markets of medieval Staffordshire', *North Staffordshire Journal of Field Studies* 11: 49 ~ 63.

Pelham, R. A. (1938) 'The trade relations of Birmingham during the Middle Ages', *Transactions and Proceedings of the Birmingham Archaeological Society* 62: 32 ~ 40.

——(1945 ~ 1946) 'The cloth markets of Warwickshire during the later Middle Ages', *Transactions and Proceedings of the Birmingham Archaeological Society* 66: 131 ~ 141.

Penn, S. A. C. and C. Dyer(1990) 'Wages and earnings in late medieval England: evidence from the enforcement of the labour laws', *Economic History Review*, 2nd ser. 43, 3: 356 ~ 376.

Pérez Pérez, C. (1982) 'La feria de San Miguel de Lérida. Privilegio dado par Jaime I para su fundación', in *Jaime I y la su época. X Congreso de Historia de la Corona de Aragón*, 5 vols, Zaragoza, vols 3 ~ 5, pp. 247 ~ 251.

Perol, C. (1994) 'Cortona. Une cité-état aux marches de la Toscane XVe – XVIe siècles', unpublished Ph. D. thesis, University of Paris, Paris X-Nanterre.

Persson, K. G. (1984) 'Consumption, labour and leisure in the late Middle Ages', in D. Menjot(ed.) *Manger et boire au Moyen Age*, Nice, vol. 1, pp. 211 ~ 223.

——(1988) *Pre-Industrial Economic Growth. Social Organization and Technological Progress in Europe*, Oxford.

——(1991) 'Labour productivity in medieval agriculture: Tuscany and the "Low Countries"', in B. M. S. Campbell and M. Overton(eds) *Land, Labour and Live-*

stock. Historical Studies in European Agricultural Productivity, Manchester/New York, pp. 124 ~ 143.

——(1993) 'Was there a productivity gap between fourteenth-century Italy and England?', *Economic History Review*, 2nd ser. 46, 1: 105 ~ 114.

——(1996) 'The seven lean years, elasticity traps, and intervention in grain markets in pre-industrial Europe', *Economic History Review*, 2nd ser. 49, 4: 692 ~ 714.

——(1999) *Grain Markets in Europe, 1500 ~ 1900. Integration and Deregulation*, Cambridge.

Petralia, G. (1987) ' "Crisi" ed emigrazione dei ceti eminenti a Pisa durante il primo dominio fiorentino. L' orizzonte cittadino e la ricerca di spazi esterni', in *I ceti dirigenti nella Toscana del Quattrocento*, Monte Oriolo, pp. 291 ~ 352.

Pezzolo, L. (1990) *L'oro dello Stato. Società ,finanza e fisco nella Repubblica veneta del secondo* '500, Treviso.

——(1994) 'La finanza pubblica', in A. Tenenti and U. Tucci (eds) *Storia di Venezia, VI. Dal Rinascimento al Barocco*, Rome, pp. 713 ~ 773.

——(1995) 'Elogio della rendita. Sul debito pubblico degli Stati italiani nel Cinque e Seicento', *Rivista di storia economica*, new ser. 12: 3, 283 ~ 330.

——(2001) 'Economic policy, finance and war', in S. R. Epstein (ed.) *State and Society in Italy, 1350 ~ 1550*, Oxford/Rhode Island.

Piccinni, G. (1982) ' *Seminare ,fruttare raccogliere*'. *Mezzadri e salariati sulle terre di Monte Oliveto Maggiore (1374 ~ 1430)*, Milan.

——(1985) 'Le donne della mezzadria toscana delle origini', *Ricerche storiche* 15: 130 ~ 155.

Pini, A. I. (1984) 'La fiera d'agosto a Cesena dalla sua istituzione alla definitiva regolamentazione (1380 ~ 1509)', *Nuova rivista storica* 68: 175 ~ 189.

Pinto, G. (1978) *Il Libro del Biadaiolo. Carestie e annona a Firenze dalla metà del* '200 al 1348, Florence.

——(1981) 'I Iivelli di vita dei salariati cittadini nel periodo successivo al tumulto dei Ciompi (1380 ~ 1430)' in *Il tumulto dei Ciompi. Un momento di storia fiorentinaed europea*, Florence, pp. 161 ~ 198.

——(1982) *La Toscana nel tardo medio evo. Ambiente, economia rurale, società*, Florence.

——(1985) 'Appunti sulla politica annonaria in Italia fra XIII e XV secolo', in *Aspetti della vita economica medievale. Atti del convegno nel X anniversario della morte di Federigo Melis*, Florence, pp. 624 ~ 643.

——(1987) ' Commercio del grano e politica annonaria nella Toscana del Quattro-cento : la corrispondenza dell'Ufficio fiorentino dell'Abbondanza negli anni 1411 ~ 1412 ' , in *Studi di storia economica toscana nel Medioevo e nel Rinascimento in memoria di Federigo Melis* , Pisa , pp. 257 ~ 283.

——(1994) ' Borgo Sansepolcro : profilo di un centro minore della Toscana tra Me-dioevo e prima età moderna ' , in L. Borgia *et al.* (eds) *Studi in onore di Arnaldo d'Addario* , Lecce.

——(1995a) ' Lineamenti d'economia volterrana fra XIII e XVI secolo ' , in *Volter-ra dagli albori comunali alla rivolta antifrancese* , Volterra.

——(1995b) ' Popolazione e comportamenti demografici in Italia (1250 ~ 1348) ' , in *Europa* 1995 : 37 ~ 62.

Piola Caselli , F. (1991) ' Banchi privati e debito pubblico pontificio a Roma tra Cinquecento e Seicento ' , in D. Puncuh (ed.) *Banchi pubblici , banchi privati e monti di pietà nell'Europa preindustriale. Amministrazione , tecniche operative e ruoli economici* , Genoa , pp. 461 ~ 495.

Pirenne , H. (1963) *Histoire économique et sociale du Moyen Age* , ed. H. Werveke , Paris.

Pistarino , G. (1986) ' I porti di Milano. Venezia , Genova , Pisa ' , in G. Taborelli (ed.) *Commercio in Lombardia* , 2 vols , Milan : vol. 2 , pp. 86 ~ 92.

Ploss , E. E. (1973) *Ein Buch von alten Farben. Technologie der Textilfarben im Mittelaletr mit einem Ausblick auf die festen Farben* , 3rd ed. , Munich.

Poehlmann , E. (1993) ' Economic growth in late medieval England : a challenge to the orthodoxy of decline ' , M. Sc. dissertation , London School of Economics.

Poignant , S. (1932) *La foire de Lille. Contribution à l'étude des foires flamandes au Moyen Age* , Lille.

Polanyi , K. (1944) *The Great Transformation* , New York/Toronto.

Pollard , S. (1997) *Marginal Europe. The Contribution of the Marginal Lands Since the Middle Ages* , Oxford.

Pomerantz , K. (2000) *The Great Divergence : China , Europe , and the Making of the Modern World Economy* , Princeton.

Poni , C. (1990) ' Per la storia del distretto industriale serico di Bologna (secoli XVI - XIX) ' , *Quaderni storici* 25 , 1 : 93 ~ 167.

Poos , L. (1991) *A Rural Society after the Black Death. Essex 1350 ~ 1525* , Cam-bridge.

Postan , M. M. (1952) ' The trade of medieval Europe : the North ' , in M. Postan and E. E. Rich (eds) *The Cambridge Economic History of Europe*, Cambridge, vol. 2, pp. 119 ~ 255.

——(1967) ' Investment in medieval agriculture ', *Journal of Economic History* 27, 4: 576 ~ 587.

——(1973) *Essays on Medieval Agriculture and General Problems of the Medieval Economy*, Cambridge.

Postan, M. M. , E. E. Rich and E. Miller(eds) (1963) *Cambridge Economic History of Europe*, *III*. *Economic Organization and Policies in the Middle Ages*, Cambridge.

Postan, M. M. and J. Z. Titow(with statistical notes by J. Longden) (1958 ~ 1959) ' Heriots and prices on Winchester manors ', *Economic History Review*, 2nd ser. 11, 4: 392 ~ 417.

Posthumus, N. W. (1964) *Inquiry into the History of Prices in Holland*, II, Leiden.

Postles, D. (1987) ' Markets for rural produce in Oxfordshire, 1086 ~ 1350 ', *Midland History* 12: 14 ~ 26.

——(1989) ' Cleaning the medieval arable ', *Agricultural History Review* 37: 130 ~ 143.

Pounds, N. J. G. (1973) *An Historical Geography of Europe 450 BC ~ AD1330*, Cambridge.

——(1974) *An Economic History of Medieval Europe*, London.

Pouzol, M. (1968) ' Les foires de Champagne à Lagny au Moyen Age ', *Cèrcle d'Etudes Archéologiques et Historiques du Pays de Lagny* 7: 1 ~ 18.

Prak, M. (1995) ' Le regioni nella prima età moderna ', *Proposte e ricerche*: *Economia e società nella storia dell'Italia centrale* 35: 7 ~ 40.

Prestwich, M. (1972) *War*, *Politics and Finance under Edward I*, London.

Prou, M. (1926) ' Une ville-marché au XIIe siècle. Étampes (Seine-et-Oise) ', in *Mélanges d'histoire offerts à Henri Pirenne*, Brussels, pp. 379 ~ 389.

Pult Quaglia, A. M. (1990) ' *Per provvedere ai popoli* '. *Il sistema annonario nella Toscana dei Medici*, Florence.

Puncuh, D. (ed.) (1991) *Banchi pubblici*, *banchi privati e monti di pietà nell'Europa preindustriale. Amministrazione*, *tecniche operative e ruoli economici*, Genoa.

Putnam, R. (1993) *Making Democracy Work. Civic Traditions in Modern Italy*, Princeton.

Quian, Y. and B. R. Weingast(1997) ' Federalism as a commitment to preserving market incentives', *Journal of Economic Perspectives* 11,4: 83 ~ 92.

Racine, P. (1977) 'Ville et contado dans l'Italie communale: l'exemple de Plaisance', *Nuova rivista storica* 61: 273 ~ 290.

Radeff, A. (1991) 'Grandes et petites foires du Moyen Âge au XXᵉ siècle. Conjoncture générale et cas vaudois', *Nuova rivista storica* 75: 329 ~ 348.

Rausch, W. (1969) *Handel an der Donau, I: Geschichte der Linzer Märkte im Mittelalter*, Linz.

Ravallion, M. (1987) *Markets and Famines*, Oxford.

——(1997) 'Famines and economics', *Journal of Economic Literature* 35,3: 1205 ~ 1242.

Razi, Z. (1980) *Life, Marriage and Death in a Medieval Parish: Economy, Society and Demography in Halesowen, 1270 ~ 1400*, Cambridge.

——(1993) 'The myth of the immutable English family', *Past and Present* 140: 3 ~ 44.

Reed, C. G. (1973) 'Transactions costs and differential growth in seventeenth century western Europe', *Journal of Economic History* 33,2: 177 ~ 190.

Reinicke, C. (1989) *Agrarkonjunktur und technisch-organisatorische Innovationen auf dem Agrarsektor im Spiegel niederrheinischer Pachtverträge 1200 ~ 1600*, Cologne/Vienna.

Reininghaus, W. (1981) *Die Entstehung der Gesellengilden im Spätmittelalter*, Wiesbaden.

Reynolds, S. (1977) *Introduction to the History of English Medieval Towns*, Oxford.

Richard, J. (1983) 'La "reconstruction" et les créations de foires et de marchés dans le Duché de Bourgogne, au temps des Ducs Valois', *Publications du Centre européenne d'études bourguignonnes* 23: 35 ~ 42.

Richet, D. (1973) *La France moderne: l'esprit des institutions*, Paris.

Riddle, J. M. (1991) 'Oral contraceptives and early-term abortifacients during Classical Antiquity and the Middle Ages', *Past and Present* 132: 3 ~ 32.

Rigby, S. H. (1986) 'Late medieval urban prosperity: the evidence of the lay subsidies', *Economic History Review* 2nd ser. 39,3: 411 ~ 416.

Riu, M. (1983) 'The woollen industry in Catalonia in the later Middle Ages', in N. B. Harte and K. G. Ponting(eds) *Cloth and Clothing in Medieval Europe. Essays in Memory of Professor E. M. Carus-Wilson*, London, pp. 205 ~ 229.

Rogowski, R. (1987) 'Structure, growth, and power: three rationalist accounts', in Romani, M. A. (1975) *Nella spirale di una crisi. Popolazione, mercato e prezzi a*

Parma tra Cinque e Seicento, Milan.

——(1986) 'L'annona e il mercato dei grani. Un commercio a libertà vigilata', in G. Taborelli(ed.) *Commercio in Lombardia*, 2 vols, Milan: vol. 2, pp. 103 ~ 117.

Romano R. (1974) 'La storia economica. Dal secolo XIV al Settecento', in R. Romano and C. Vivanti(eds) *Storia d'Italia 2*, *Dalla caduta dell'Impero romano al secolo XVIII*, 2 vols, Turin: vol. 2, pp. 1811 ~ 1913.

Romano, R. and C. Vivanti(eds) (1974) *Storia d'Italia 2*, *Dalla caduta dell'Impero romano al secolo XVIII*, Turin.

——(eds) (1978) *Storia d'Italia. Annali 1*, Turin.

Romer, P. M. (1990) 'Endogenous technological change', *Journal of Political Economy* 98, 5, Part II: S71 ~ 102.

——(1994) 'The origins of endogenous growth', *Journal of Economic Perspectives* 8, 1:3 ~ 22.

Roncière, C. M. de la(1968) 'Indirect taxes or "gabelles" at Florence in the fourteenth century. The evolution of tariffs and problems of collection', in N. Rubinstein(ed.) *Florentine Studies. Politics and Society in Renaissance Florence*, London, pp. 140 ~ 191.

——(1976) *Florence centre économique régional au XIVe siècle*, 5 vols, Aix-en-Provence.

Rondoni, G. (1877) *Memorie storiche di Samminiato al Tedesco con documenti inediti e le notizie degli illustri samminiatesi*, San Miniato.

Root, H. L. (1989) 'Tying the king's hand: credible commitment and royal fiscal policy during the ancien regime', *Rationality and Society*, 1, 2:240 ~ 258.

Rosenberg, J. (1994) *International Relations*, London.

Rosenthal, J-L. (1992) *The Fruits of Revolution*, Cambridge.

——(1993) 'Credit markets and economic change in southeastern France 1630 ~ 1788', *Explorations in Economic History* 30: 129 ~ 157.

——(1998) 'The political economy of absolutism reconsidered', in R. Bates et al. *Analytic Narratives*, Princeton, pp. 64 ~ 108.

Roseveare, H. G. (1988) 'Government financial policy and the money market in late seventeenth century England', in A. Guarducci (ed.) *Prodotto lordo e finanza pubblica. Secoli XIII – XIX*, Florence: 703 ~ 735.

——(1991) *The Financial Revolution 1660 ~ 1760*, Harlow.

Rossini, E. and G. Zalin. (1985) *Uomini, grani e contrabbandi sul Garda tra Quattrocento e Seicento*, Verona.

Roveda, E. (1988) ' Allevamento e transumanza nella pianura lombarda: i bergamaschi nel Pavese tra ' 400 e ' 500 ' , *Bollettino della società pavese di storia patria*, new ser. 40 : 13 ~ 34.

——(1989) ' I boschi nella pianura lombarda del Quattrocento ' , *Studi storici* 30 : 1013 ~ 1030.

Roveda, L. (1948) ' Note economico-sociali su costituzioni di dote della fine del Medio Evo ' , *Bollettino della Società pavese di storia patria*, new ser. 2: 97 ~ 109.

Rubinstein, N. (1966) *The Government of Florence under the Medici (1434 to 1494)* , Oxford.

——(ed.) (1968) *Florentine Studies. Politics and Society in Renaissance Florence*, London.

Rucquoi, A. (1987) *Valladolid en la Edad Media* , 2 vols, Valladolid.

Ruiz Martin, F. (1975) ' Crédito y banca, comercio y transportes en la época del capitalismo mercantil ' , in *Actas de las I jornadas de metodologia aplicada a las ciencias históricas*, *III. Historia moderna*, Santiago de Compostela, pp. 723 ~ 749.

Russell, J. C. (1972) *Medieval Regions and their Cities*, Newton Abbott.

Rutenburg, V. (1988) ' A proposito del prodotto lordo fiorentino, un progetto d'imposta del primo Quattrocento ' , in A. Guarducci (ed.) *Prodotto lordo e finanza pubblica. Secoli XIII – XIX*, Florence, pp. 864 ~ 870.

Saba, F. (1986) ' Le forme dello scambio. I mercati rurali ' , in G. Taborelli (ed.) *Commercio in Lombardia* , 2 vols, Milan : vol. 1 , pp. 176 ~ 185.

Sahlins, P. (1989) *Boundaries : The Making of France and Spain in the Pyrenees*, Berkeley/Los Angeles/Oxford.

Sakellariou, E. (1996) ' The kingdom of Naples under Aragonese and Spanish rule. Population growth, and economic and social evolution in the late fifteenth and early sixteenth centuries ' , unpublished Ph. D. thesis, University of Cambridge.

Samsonowicz, H. (1971) ' Les foires en Pologne au XVe et XVIe siècle sur la toile de fond de la situation économique en Europe ' , in I. Bog (ed.) *Aussenhandel Ostmitteleuropas 1450 ~ 1650*, Cologne/Vienna, pp. 246 ~ 259.

Sanchez León, P. (2000) ' Town and couutry in Castile, 1400 ~ 1650 ' , in S. R. Epstein (ed.) *Town and Country in Europe* , *1350 ~ 1750* , Cambridge.

Sapori, A. (1955) ' Una fiera in Italia alla fine del Quattrocento. La fiera di Salerno del 1478 ' , in Sapori, *Studi di storia economica. Secoli XIII – XIV – XV*, 3rd ed. , 2 vols, Florence, vol. 1 , pp. 443 ~ 474.

Savagnone, G. (1892) *Le maestranze siciliane e le origini delle corporazioni arti-giane nel Medio Evo*, Palermo.

Sawyer, P. H. (1981) ' Fairs and markets in early medieval England ' , in N. Skyum-Nielsen and N. Lund (eds) *Danish Medieval History*: *New Currents*, Co-penhagen, pp. 153 ~ 168.

——(1986) ' Early fairs and markets in England and Scandinavia ' , in B. L. Anderson and A. J. H. Latham (eds) *The Market in History*, Beckenham, pp. 59 ~ 76.

Scarfe, N. (1965) ' Markets and fairs in medieval Suffolk : a provisional list ' , *Suffolk Review* 3, 1 : 4 ~ 11.

Scarlata, M. (1986) ' Mercati e fiere nella Sicilia aragonese ' , in *Mercati e consumi. Organizzazione e qualificazione del commercio in Italia dal XII al XX secolo*, Bologna, pp. 477 ~ 494.

Scharf, G. P. (1996) ' Borgo San Sepolcro a metà del Quattrocento : istituzioni e società (1440 ~ 1460) ' , unpublished M. A. thesis, Università degli Studi di Milano.

Schiff, M. and C. E. Montenegro (1997) ' Aggregate agricultural supply response in developing countries : a survey of selected issues ' , *Economic Development and Cultural Change* 45, 2 : 393 ~ 410.

Schnur, R. (1963) *Individualismus und Absolutismus*, Berlin.

Schofield, P. R. (1997) ' Dearth, debt and the local land market in a late thir-teenth-century village community ' , *Agricultural History Review* 45, 1 : 1 ~ 17.

Schofield, R. S. (1965) ' Geographical distribution of wealth in England 1334 ~ 1649 ' , *Economic History Review*, 2nd ser. 18 : 483 ~ 510.

——(1988) ' Taxation and the political limits of the Tudor state ' , in C. Cross, D. Loades and J. J. Scarisbrick (eds) *Law and Government under the Tudors. Essays presented to Sir Geoffrey Elton*, Cambridge, pp. 227 ~ 255.

Schremmer, E. (1972) ' Standortausweitung der Warenproduktion im langfristi-gen Wirtschaftswachtum. Zur Stadt-Land-Arbeitsteilung im Gewerbe des 18. Jahrhunderts ' , *Vierteljahrschrift für Sozial- und Wirtschaftsgeschichte* 59 : 1 ~ 40.

Schulze, W. (1995) ' The emergence and consolidation of the " tax state ". I. The sixteenth century ' , in R. Bonney (ed.) *Economic Systems and State Finance*, Oxford : 261 ~ 280.

Sclafert, T. (1926) *Le Haut-Dauphiné au Moyen Age*, Paris.

——(1959) *Cultures en Haute-Provence. Réboisements et pâturages au Moyen*

Age, Paris.

Scott, T. (1996) 'Economic landscapes', in R. S. Scribner (ed.) *Germany. A New Social and Economic History*, *I. 1450 ~ 1630*, London/New York: 1 ~ 32.

Scott, T. (1997) *Regional Identity and Economic Change. The Upper Rhine*, *1450 ~ 1600*, Oxford.

Scott, T. and B. Scribner (1996) 'Urban networks', in R. S. Scribner (ed.) *Germany. A New Social and Economic History*, *I. 1450 ~ 1630*, London/New York: 113 ~ 143.

Scribner, R. S. (ed.) (1996) *Germany. A New Social and Economic History*, *I. 1450 ~ 1630*, London/New York.

Sella, D. (1978) 'Per la storia della coltura e della lavorazione del lino nello Stato di Milano durante il secolo XVII', in *Felix olim Lombardia. Studi di storia padana dedicati dagli allievi a Giuseppe Martini*, Milan, pp. 791 ~ 803.

Sen, A. (1981) *Poverty and Famines. An Essay on Entitlement and Deprivation*, Oxford.

Seneca, F. (1967) 'Sulle fiere udinesi di S. Caterina e S. Canaiano alla fine del Quattrocento', *Archivio veneto* 82 : 15 ~ 28.

Sereni, E (1959 ~ 1960) 'Mercato nazionale e accumulazione capitalistica nell'-Unità italiana, *Studi storici* 1 : 513 ~ 568.

——(1981) 'Note di storia dell'alimentazione nel Mezzogiorno: I Napoletani da "mangiafoglia" a "mangiamaccheroni"', 'in Sereni, *Terra nuova e buoi rossi e altri saggi per una storia dell' agricoltura europea*, Turin, pp. 292 ~ 371.

Sesma Muñoz, J. A. (1995) 'Produción para el mercado, commercio y desarrollo mercantil en espacios interiores (1250 ~ 1350): el modelo del sur de Aragon', in *Europa* 1995 : 205 ~ 246.

Siermann, C. L. J. (1998) *Politics, Institutions and the Economic Performance of Nations*, Cheltenham.

Silini, G. (1992) *E viva a Sancto Marcho! Lovere al tempo delle guerre d'Italia*, Bergamo.

Silva, P. (1910) 'Intorno all'industria e al commercio della lana in Pisa', *Studi storici* 19 : 329 ~ 400.

Silver, M. (1983) 'A non-neo Malthusian model of English land value, wages, and grain yield before the Black Death', *Journal of European Economic History* 12, 3 : 631 ~ 650.

Sivéry, G. (1973) *Structures agraires et vie rurale dans le Hainaut à la fin du*

Moyen Age, Lille.

——(1976)'Les profits de l'éleveur et du cultivateur dans le Hainaut à la fin du Moyen Âge', *Annales E. S. C.* 31, 3: 604 ~ 630.

Smith, A. (1976)[1776]. *An Inquiry into the Nature and Causes of the Wealth of Nations*, ed. E. Cannan, Chicago.

Smith, R. H. T. (1979)'Periodic market-places and periodic marketing:review and prospect', *Progress in Human Geography* 3: 471 ~ 505.

Smith, R. M. (1984)'Some issues concerning families and their property in rural England 1250 ~ 1800', in R. M. Smith(ed). *Land, Kinship and Life-Cycle*, Cambridge, pp. 1 ~ 86.

—— (1991)'Demographic developments in rural England,1300 ~ 1348: a survey', in B. M. S. Campbell (ed.) *Before the Black Death. Studies in the 'Crisis' of the Early Fourteenth Century*, Manchester, pp. 25 ~ 78.

Sneller, Z. W. (1936) *Deventer, die Stadt derJahrmärkte*, Weimar.

Sokoloff, K. (1988) 'Inventive activity in early industrial America: evidence from patent records, 1790 ~ 1846', *Journal of Economic History* 48, 4: 813 ~ 850.

Solazzi, G. (1952 ~ 1953) 'Gli statuti di Viadana del secolo XIV', *Bollettino storico cremonese* 18: 3 ~ 156.

Solomou, S. and W. Wu (1999) 'Weather effects on European agricultural output 1850 ~ 1913', *European Review of Economic History* 3, 3: 351 ~ 374.

Sortor, M. (1993) 'Saint-Omer and its textile trades in the later Middle Ages:a contribution to the proto-industrialization debate', *American Historical Review* 98:1475 ~ 1499.

Spallanzani, M. (ed.) (1976) *Produzione commercio e consumo dei panni di lana(nei secoli XII - XVIII)*, Florence.

Sprandel, R. (1964) 'Die Ausbreitung des deutschen Handwerks im mittelalter-lichen Frankreich', *Vierteljahrschrift für Sozial-und Wirtschaftsgeschichte* 51: 66 ~ 100.

——(1969) 'La production du fer au Moyen Age', *Annales E. S. C.* 24, 2: 305 ~ 321.

——(1971)'Gewerbe und Handel', in H. Aubin and W. Zorn (eds) *Handbuch der deutschen Wirtschafts- und Sozialgeschichte*, vol. 1. Stuttgart, pp. 335 ~ 357.

Spruyt, H. (1994) *The Sovereign State and Its Competitors. An Analysis of Sys-*

tems Change, Princeton.

Spufford, P. (1988) *Money and its Use in Medieval Europe*, Cambridge.

Stabel, P. (1997) *Dwarf Among Giants. The Flemish Urban Network in the Late Middle Ages*, Leuven/Apeldoorn.

Stone, D. (1997) 'The productivity of hired and customary labour: evidence from Wisbech Barton in the fourteenth century', *Economic History Review*, 2nd ser. 50,4:640~656.

Storti Storchi, C. (1984) 'Statuti viscontei di Bergamo', in M. Cortesi (ed.) *Statuti rurali e statuti di valle. La provincia di Bergamo nei secoli XIII – XVIII*, Bergamo, pp. 51~92.

——(1988) 'Lo statuto quattrocentesco di Crema', in M. Cortesi (ed.) *Crema 1185. Una contrastata autonomia politica e territoriale*, Cremona, pp. 155~179.

——(1990) 'Aspetti generali della legislazione statutaria lombarda in età viscontea', in *Legislazione e società nell'Italia medievale. Per il VII centenario degli statuti di Albenga* (1288), Bordighera, pp. 55~70.

——(1992) 'Statuti e decreti. Cenni sulla legislazione vigevanese nel Trecento', in G. Chittolini (ed.) *Metamorfosi di un borgo. Vigevano in età visconteo-sforzesce*, Milan, pp. 43~54.

Stromer, W. von (1976) 'Die oberdeutschen Geld-und Wechselmärkte. Ihre Entwicklung vom Spätmittelalter bis zum DreiBigjährigen Krieg', *Scripta Mercaturae* 1: 23~49.

——(1977) 'Innovation und Wachstum im Spätmittelalter. Die Erfindung der Drahtmühle', *Technikgeschichte* 44: 65~74.

——(1978) *Die Gründung der Baumwollindustrie im Mitteleuropa. Wirtschaftspolitik im Spätmittelalter*, Stuttgart.

——(1986) 'Gewerbereviere und Protoindustrien im Spätmittelalter und Frühneuzeit', in H. Pohl (ed.) *Gewerbe- und Industrielandschaften vom Spätmittelalter bis ins 20. Jahrhundert*, Stuttgart, pp. 39~111.

Studi Melis (1978) *Studi in memoria di Federigo Melis*, 5 vols, Naples.

Studi Sapori (1957) *Studi in onore di Armando Sapori*, 2 vols, Milan.

Stumpo, E. (1988) 'Reddito nazionale e debito pubblico. La finanza pubblica in Piemonte nella seconda metà del secolo XVII', in A. Guarducci (ed.) *Prodotto lordo e finanza pubblica. Secoli XIII ~ XIX*, Florence, pp. 653~702.

Sugden, R. (1986) *The Economics of Rights, Co-operation and Welfare*, Oxford.

Sussman, N. (1998) 'The late medieval bullion famine reconsidered', *Journal of Economic History* 58, 1: 126 ~ 154.

Sutton, A. E (1989)'The early linen and worsted industry of Norfolk and the evolution of the London Mercers' Company', *Norfolk Archaeology* 40: 201 ~ 225.

Swanson, II. (1999) *Medieval British Towns*, Houndmills/London.

Sweezy, P. (1950) 'A critique [of Dobb 1946]', *Science and Society*. Reprinted in R. H. Hilton (ed.) (1978) *The Transition from Feudalism to Capitalism*, London, pp. 33 ~ 56.

Taborelli, G. (ed.) (1986) *Commercio in Lombardia*, 2 vols, Milan.

Tagliabue, L. (1991 ~ 1992) 'Aspetti di vita economico-sociale a Monza dagli atti del notaio Andreolo de Polla (1442 ~ 1451)', unpublished M. A. thesis, Facoltà di Lettere e Filosofia, University of Milan.

Tangheroni, M. (1973) *Politica, commercio, agricoltura a Pisa nel Trecento*, Pisa.

——(1978) 'Di alcuni accordi commerciali tra Pisa e Firenze in materia di cereali', in *Studi in memoria di Federigo Melis*, 5 vols, Naples: vol. 2, pp. 211 ~ 220.

—— (1988) 'Il sistema economico della Toscana nel Trecento', in S. Gensini (ed.) *La Toscana nel secolo XIV. Caratteri di una civiltà regionale*, Pisa, pp. 41 ~ 66.

Tarello, G. (1976) *Storia della cultura giuridica moderna, I. Assolutismo e codificazione del diritto*, Bologna.

TeBrake, W. H. (1988)'Land drainage and public environmental policy in medieval Holland', *Environmental Review* 12(Fall): 75 ~ 93.

Teisseyre-Sallmann, L. (1990) 'Hiérarchie et complémentarité dans un réseau urbain régional. Le Bas-Languedoc oriental et cévenol aux XVIIe et XVIIIe siècles', *Histoire économique et société* 9: 337 ~ 364.

't Hart, M. (1989) 'Cities and statemaking in the Dutch republic, 1580 ~ 1680', *Theory and Society* 18: 663 ~ 687.

—— (2000) 'Town and country in the Netherlands, 1550 ~ 1750', in S. R. Epstein (ed.) *Town and Country in Europe*, 1300 ~ 1750, Cambridge.

Thoen, E. (1988) *Landbouwekonomie en bevolking in Vlaanderen gedurende de late Middeleeuwen en het begin van de Moderne Tijden. Testregio: de kasselrijen van Oodenaarde en Aalst (eind 13de-eerste helft 16de eeuw)*, Ghent, 2 vols.

—— (1990) 'Technique agricole, cultures nouvelles et économie rurale en Flandre au bas Moyen Age', in *Plantes et cultures novelles en Europe occidentale, au Moyen Age et à l'époque moderne*, Flaran, pp. 51 ~ 67.

——(1994) 'Die Koppelwirtschaft im flämischen Ackerbau vom Hochmittelalter bis zum 16. Jahrhundert', in A. Verhulst and Y. Morimoto (eds) *Economie rurale et économie urbaine au moyen âge*, Gent/Fukuoka, pp. 135～153.

—— (1997) 'The birth of "the Flemish husbandry"： agricultural technology in medieval Flanders', in G. Astill and J. Langdon (eds) *Medieval Farming and Technology. The Impact of Agricultural Change in Northwest Europe*, Leiden, New York/Cologne.

Thoen, E. and I. Devos (1999) 'Pest in de zuidelijke Nederlanden tijdens de Middeleeuwen en de Moderne Tijden. Een status quaestionis over de ziekte in haar sociaal-economische context', in *La peste aux Pays-Bas： considérations médicohistoriques 650 ans après la Peste Noire*, Brussels, pp. 19～43.

Thoen, E. and H. Soly (eds) (1999) *Labour and Labour Markets Between Town and Countryside (Middle Ages ～ 19th Century)*, Brussels.

Thomas, J. (1996) 'Foires et marchés ruraux en France à l'époque moderne', in C. Desplat (ed.) *Foires et marchés dans les campagnes de l'Europe médiévale et moderne*, Toulouse, pp. 177～207.

Thompson, I. A. A. (1994a) 'Castile： polity, fiscality, and fiscal crisis', in P. T. Hoffman and K. Norberg (eds) *Fiscal Crises, Liberty, and Representative Government, 1450～1789*, Stanford： 140～180.

—— (1994b) 'Castile： absolutism, constitutionalism, and liberty', in P. T. Hoffman and K. Norberg (eds) *Fiscal Crises, Liberty, and Representative Government*, 1450～1789, Stanford： 181～225.

Thomson, J. K. J. (1983) 'Variations in industrial structure in pre-industrial Languedoc', in M. Berg, P. Hudson and M. Sonenscher (eds) *Manufacture in Town and Country Before the Factory*, Cambridge, pp. 61～91.

—— (1996) 'Proto-industrialization in Spain', in S. C. Ogilvie and M. Cerman (eds) (1996) *European Proto-Industrialization*, Cambridge, pp. 85～101.

Tilly, C. (1990) *Coercion, Capital, and European States, AD 990-1990*, Cambridge, Mass./Oxford.

Timbal, P. -C. (1958) 'Les lettres de marque dans le droit de la France médiévale', in *L'Étranger*, Brussels, pt. 2, pp. 108～138.

Tiraboschi, A. (1880) 'Cenni intorno alia valle Gandino ed ai suoi statuti', *Archivio storico lombardo* 7： 5～40.

Titow, J. Z. (1987) 'The decline of the fair of St. Giles, Winchester, in the thirteenth and fourteenth centuries', *Nottingham Medieval Studies* 31： 58～75.

Tits-Dieuaide, M. -J. (1975) *La formation des prix céréaliers en Brabant et en Flandre au XVe siècle*, Brussels.

——(1981) ' L ' évolution des techniques agricoles en Flandre et en Brabant du XIVe au XVIe siècle ' , *Annales ESC* 36 ,3 :362 ~ 381.

——(1984) ' Les campagnes flamandes du XIIIe au XVIIIe siècle, ou les succès d'une agriculture traditionnelle', *Annales ESC* 39 ,3 :590 ~ 610.

——(1987) ' L ' évolution des prix du blé dans quelques villes d'Europe occidentale du XVe siècle au XVIIIe siècle ' , *Annales E. S. C.* 42 ,3 :529 ~ 548.

Topolski, J. (1985) ' A model of east-central European continental commerce in the sixteenth and the first half of the seventeenth century ' , in A. Maçzak, H. Samsonowicz and P. Burke (eds) *East-Central Europe in Transition from the Fourteenth to the Seventeenth Century*, Gambridge/Paris, pp. 128 ~ 139.

Toubert, P. (1976) ' Les statuts communaux et l'histoire des campagnes lombardes au XIVe siècle', in Toubert, *Études sur l'Italie médiévale (IXe - XIVe s.)* , London.

Tracy, J. D. (1985) A *Financial Revolution in the Habsburg Netherlands : " Renten" and " Renteniers" in the County of Holland, 1515 ~ 1566*, Berkeley/Los Angeles/London.

Tranchant, M. (1993) ' Navires et techniques de navigation en Atlantique à la fin du Moyen Age ' , M. A. diss. , University of Poitiers.

Tupling, G. H. (1936) ' An alphabetical list of the markets and fairs of Lancashire recorded before the year 1701 ' , *Transactions of the Lancashire and Cheshire Antiquarian Society* 51 :86 ~ 110.

Turnau, I. (1983) ' The diffusion of knitting in medieval Europe ' , in N. B. Harte and K. G. Ponting (eds) *Cloth and Clothing in Medieval Europe. Essays in Memory of Professor E. M. Carus-Wilson*, London, pp. 368 ~ 390.

Ugolini, P. (1985) ' La formazione del sistema territoriale e urbano della Valle Padana ' , in C. De Seta(ed.) *Storia d'Italia. Annali 8* , Turin, pp. 159 ~ 240.

Unger, R. W. (1978) ' The Netherlands herring fishery in the late Middle Ages : the false legend of Willem Beukels of Biervliet ' , *Viator* 9 :335 ~ 356.

——(1980) *The Ship in the Medieval Economy 600 ~ 1600*, London.

——(1983) ' Integration of Baltic and Low Countries grain markets, 1400 ~ 1800 ' , in J. M. von Winter (ed.) *The Interactions of Amsterdam and Antwerp with the Baltic Region, 1400 ~ 1800*, Leiden, pp. 1 ~ 10.

Unwin, T. (1981) ' Rural marketing in medieval Nottinghamshire ' , *Journal of His-*

torical Geography 7:231 ~ 251.

Usher, D. E. E. (1953) 'The medieval fair of St. Ives', in Usher, *Two Studies of Medieval Life*, Cambridge, pp. 1 ~ 83.

Valdéon Baruque, J. (1971) 'La crisis del siglo XIV en Castilla; revisión del problema', *Revista de la Universidad de Madrid*, *Estudios de História Economica II*, 79:161 ~ 184.

Vandenbroeke, C. (1998) 'Macro-history in Flanders; a reconstruction of the gross regional product around 1560', *Journal of European Economic History* 28, 2:359 ~ 366.

van der Wee, H. (1963) *The Growth of the Antwerp Market and the European Economy* (*Fourteenth-Sixteenth Centuries*), 3 vols, Louvain.

——(1977) 'Monetary, credit and banking systems', in E. E. Rich and C. H. Wilson(eds) *The Cambridge Economic History of Europe*, V. *The Economic Organization of Early Modern Europe*, Cambridge, pp. 290 ~ 393.

——(1988) 'Industrial dynamics and the process of urbanization and de-urbanization in the Low Countries from the late middle ages to the eighteenth century. A synthesis', in van der Wee(ed.) *The Rise and Decline of Urban Industries in Italy and in the Low Countries* (*Late Middle Ages – Early Modern Times*), Louvain, pp. 307 ~ 381.

van der Wee, H. and T. Peeters (1970) 'Un modèle dynamique de croissance interséculaire du commerce mondial (XIe – XVIIe siècles)', *Annales E. S. C.* 25, 1:100 ~ 126.

van Houtte, J. A. (1940) 'La genèse du grand marché international d'Anvers à la fin du moyen âge', *Revue Belge de Philologie et d'Histoire* 19:87 ~ 126.

——(1966) 'The rise and decline of the market of Bruges', *Economic History Review*, 2nd ser. 19:29 ~ 47.

——(1977) *An Economic History of the Low Countries 800 ~ 1800*, London.

van Werveke, H. (1963) 'The economic policies of governments; the Low Countries', in M. M. Postan, E. E. Rich and E. Miller(eds) (1963) *Cambridge Economic History of Europe*, III. *Economic Organization and Policies in the Middle Ages*, Cambridge, pp. 340 ~ 360.

van Zanden, J. L. (1993) *The Rise and Decline of Holland's Economy. Merchant Capitalism and the Laboure Market*, Manchester.

Varanini, G. M. (1976) 'Dal comune allo stato regionale', in N. Tranfaglia and M. Firpo(eds) *La Storia. I grandi problemi dal Medioevo all'Età contempora-*

nea, II. Il Medioevo, 2. *Popoli e strutture politiche*, Turin, pp. 693 ~ 724.

——(1992) *Comuni cittadini e stato regionale. Ricerche sulla Terraferma veneta*, Verona.

——(1994) ' L ' organizzazione del distretto cittadino nell'Italia padana dei secoli XIII - XIV (Marca Trevigiana, Lombardia, Emilia) ' , in G. Chittolini and D. Willoweit (eds) (1994) *L'organizzazione del territorio in Italia e Germania : secoli XIII - XIV*, Bologna : 133 ~ 233.

——(1997) ' Governi principeschi e nodello cittabino di organizzazione del territorio nell'Italia del Quattrocento ' , in G. Chittolini (ed.) *Principi e città alla fine del Medioevo*, San Miniato, pp. 95 ~ 127.

Venendaal, A. J. Jr. (1994) ' Fiscal crises and constitutional freedom in the Netherlands, 1450 ~ 1795 ' , in P. T. Hoffman. and K. Norberg (eds) (1994) *Fiscal Crises, Liberty, and Representative Government, 1450 ~ 1789*, Stanford, pp. 96 ~ 139.

Ventura, A. (1964) *Nobiltà e popolo nella società veneta del ' 400 e ' 500*, Bari.

Verhulst, A. (1985) ' L ' intensification et la commercialisation de l'agriculture dans les Pays-Bas méridionaux au XIIIe siècle ' , in *La Belgique rurale du Moyen Âge à nos jours Mélanges offerts à Jean-Jacques Hoebanx*, Brussels, pp. 89 ~ 100.

——(1990) ' The " agricultural revolution " of the Middle Ages reconsidered ' , in B. S. Bachrach and D. Nicholas (eds) *Law, Custom and the Social Fabric in Medieval Europe. Essays in Honor of Bryce Lyon*, Kalamazoo, pp. 17 ~ 28.

Verlinden, C. (1963) ' Markets and fairs ' , in M. M. Postan, E. E. Rich and E. Miller (eds) (1963) *Cambridge Economic History of Europe, III. Economic Organization and Policies in the Middle Ages*, Cambridge : 119 ~ 153.

Viazzo, p. p. (1989) *Upland Communities. Environment, Population and Social Structure in the Alps Since the Sixteenth Century*, Cambridge.

Waites, B. (1982) ' Medieval fairs and markets in north-east Yorkshire ' , *Ryedale Historian* 11 : 3 ~ 10.

Waley, D. (1978) *The Italian City Republics*, 2nd ed. , London.

Walford, C. (1883) *Fairs Past and Present. A Chapter in the History of Commerce*, London.

Walker, W. (1981) *Essex Markets and Fairs*, Chelmsford.

Wallerstein, I. M. (1974) *The Modern World-System*, 1, *Capitalist Agriculture and the Origins of the World-Economy in the Sixteenth Century*, New York.

Walter, J. and R. Schofield(eds) (1989a) *Famine, Disease and the Social Order in Early Modern Society*, Cambridge.

—— (1989b) 'Famine, disease and crisis mortality in early modern society', in J. Walter and R. Schofield (eds) *Famine, Disease and the Social Order in Early Modern Society*, Cambridge, pp. 1 ~ 74.

Waters, D. W. (1968) 'Science and techniques of navigation in the Renaissance', in C. S. Singleton (ed.) *Art, Science and History in the Renaissance*, Baltimore, Md.

Watson, A. M. (1981) 'Towards denser and more continuous settlement: new crops and farming techniques in the early Middle Ages', in J. A. Raftis (ed.) *Pathways to Medieval Peasants*, Toronto, pp. 65 ~ 82.

—— (1983) *Agricultural Innovation in the Early Islamic World. The Diffusion of Crops and Farming Techniques, 700 ~ 1100*, Cambridge.

Watts, D. G. (1967) 'A model for the early fourteenth century', *Economic History Review*, 2nd ser. 20, 4: 543 ~ 547.

Weber, M. (1961) *General Economic History*, New York.

—— (1978) *Economy and Society*, ed. G. Roth and C. Wittich, 2 vols, Berkeley/Los Angeles/London.

Weinbaum, M. (1943) *British Borough Charters 1307 ~ 1640*, Cambridge.

Weingast, B. R. (1993) 'Constitutions as governance structures: the political foundations of secure markets', *Journal of Institutional and Theoretical Economics* 149, 1:286 ~ 311.

—— (1995) 'The economic role of political institutions: market-preserving federalism and economic development', *Journal of Law, Economics, and Organization* 7, 1:1 ~ 31.

—— (1997) 'The political foundations of limited government: parliament and sovereign debt in 17th-and 18th-century England', in J. N. Drobak and J. V. C. Nye (eds) (1997) *The Frontiers of the New Institutional Economics*, San Diego/London, pp. 213 ~ 246.

Weir, D. R. (1989) 'Markets and mortality in France, 1600 ~ 1789', in J. Walter and R. Schofield (eds) *Famine, Disease and the Social Order in Early Modern Society*, Cambridge, pp. 201 ~ 234.

—— (1995) 'Family income, mortality, and fertility on the eve of the demographic transition: a case study of Rosny-sur-Bois', *Journal of Economic History* 55, 1:1 ~ 26.

Wielandt, F. (1971) 'Münzen, Gewichte und Masse bis 1800', in H. Aubin. and W. Zorn (eds) (1971) *Handbuch der deutschen Wirtschafts- und Sozialgeschichte*, vol. 1, Stuttgart, pp. 658~678.

Wiesner, M. E. (1986) *Working Women in Renaissance Germany*, New Brunswick, N. J.

Wolf, E. R. (1983) *Europe and the People Without History*, Berkeley/Los Angeles.

Wolff, P. (1954) *Commerce et marchands de Toulouse*, Paris.

——(1976) 'Esquisse d'une histoire de la draperie en Languedoc du XIIe au début du XVIIe siècle', in M. Spallanzani (ed.) (1976) *Produzione commercio e consumo dei panni di lana (nei secoli XII - XVIII)*, Florence, pp. 435~462.

Wood, L. J. (1974) 'Population density and rural market provision', *Cahiers d'Études africaines* 14:715~726.

Woude, A. van der, A. Hayami and J. de Vries (eds) (1990) *Urbanization in History. A Process of Dynamic Interactions*, Oxford.

Young, A. (1993) 'Invention and bounded learning by doing', *Journal of Political Economy* 101:443~472.

——(1998) 'Growth without scale effects', *Journal of Political Economy* 106, 1:41~63.

Yun, B. (1994) 'Economic cycles and structural changes', in T. Brady, H. A. Oberman, and J. Tracy (eds) *Handbook of European History, 1400~1600. Late Middle Ages, Renaissance and Reformation*, Leiden/New York/Cologne, pp. 377~411.

Zanetti, D. (1964) *Problemi alimentari di una economia preindustriale. Cereali a Pavia dal 1398 al 1700*, Turin.

Zaninelli, S. (1969) 'Vita economica e sociale', in A. Bosisio and G. Vismara (eds) *Storia di Monza e della Brianza*, 3 vols, Milan.

Zanoni, L. (1911) *Gli Umiliati nei loro rapporti con l'eresia, l'industria della lana ed i Comuni nei secoli XII e XIII sulla scorta di documenti inediti*, Milan.

Zdekauer, L. (1920) *Fiera e mercato in Italia sulla fine del Medioevo*, Macerata.

Zelioli Pini, F. (1992) 'Economia e società a Lecco nel tardo medioevo. La famiglia de Molzio tra XIV e XV secolo', *Archivi di Lecco* 15, 4:1~278.

Zilibotti, F. (1994) 'Endogenous growth and intermediation in an "archipelago" economy', *Economic Journal* 104:462~473

Zorzi, A. (1990) 'Lo stato territoriale fiorentino (secoli XIV - XV). Aspetti giurisdizionali', *Società e storia* 13:799～825.

Zug Tucci, H. (1978) 'Un aspetto trascurato del commercio medievale del vino', in *Studi in memoria di Federigo Melis*, 5 vols, Naples, vol. 3, pp. 311～348.

Zulaica Palacios, F. (1994) *Fluctuaciones economicas en un periodo de crisis. Precios y salarios en Aragon en la baja Edad Media (1300～1430)*, Zaragoza.

Zupko, R. E. (1977) *British Weights and Measures. A History from Antiquity to the Seventeenth Century*, Madison/London.

索　引
（索引部分所标页码为原文页码，请参见本书边码）

图书在版编目(CIP)数据

自由与增长:1300~1750 年欧洲国家与市场的兴起/(美)爱泼斯坦著;宋丙涛译. —北京:商务印书馆,2011
ISBN 978-7-100-07339-4

Ⅰ.①自… Ⅱ.①爱…②宋… Ⅲ.①政治制度-关系-经济增长-研究-欧洲-1300~1750 Ⅳ.①F150.9

中国版本图书馆 CIP 数据核字(2010)第 162495 号

所有权利保留。

未经许可,不得以任何方式使用。

自由与增长
1300~1750 年欧洲国家与市场的兴起

〔美〕S. R. 爱泼斯坦 著

宋丙涛 译

彭凯翔 校

商 务 印 书 馆 出 版
(北京王府井大街 36 号 邮政编码 100710)
商 务 印 书 馆 发 行
北京民族印务有限责任公司印刷
ISBN 978-7-100-07339-4

2011 年 12 月第 1 版　　　　开本 880×1230　1/32
2011 年 12 月北京第 1 次印刷　印张 10¾

定价:23.00 元